UNIVERSITÉ DE PARIS

BIBLIOTHÈQUE
DE LA
FACULTÉ DES LETTRES

XXXII

LES RAPPORTS DE LA FRANCE ET DE L'ESPAGNE
APRÈS LE PACTE DE FAMILLE, JUSQU'A LA FIN DU MINISTÈRE DU DUC DE CHOISEUL

PAR

Louis BLART

ÉLÈVE DE L'ÉCOLE NORMALE SUPÉRIEURE

PARIS
LIBRAIRIE FÉLIX ALCAN
108, BOULEVARD SAINT-GERMAIN, 108

UNIVERSITÉ DE PARIS

BIBLIOTHÈQUE

DE LA

FACULTÉ DES LETTRES

XXXII

LES RAPPORTS DE LA FRANCE ET DE L'ESPAGNE

APRÈS LE PACTE DE FAMILLE

JUSQU'À LA FIN DU MINISTÈRE DU DUC DE CHOISEUL

LIBRAIRIE FÉLIX ALCAN, 108, BOULEVARD SAINT-GERMAIN, PARIS, 6e

BIBLIOTHÈQUE
DE LA
FACULTÉ DES LETTRES DE L'UNIVERSITÉ DE PARIS

I. — **De l'authenticité des Épigrammes de Simonide**, par AMÉDÉE HAUVETTE, professeur-adjoint de langue et de littérature grecques à la Faculté. 1 vol. in-8°. . . . . 5 fr.

II. — **Antinomies linguistiques**, par VICTOR HENRY, professeur de sanscrit et de grammaire comparée des langues indo-européennes à la Faculté. 1 vol. in-8°. . . . . 2 fr.

III. — **Mélanges d'histoire du moyen âge**, publiés sous la direction de M. le professeur LUCHAIRE, par MM. LUCHAIRE, DUPONT-FERRIER et POUPARDIN. 1 vol. in-8°. . . . . 3 fr. 50

IV. — **Études linguistiques sur la Basse-Auvergne. Phonétique historique du patois de Vinzelles**, par A. DAUZAT, licencié ès lettres. Préface de A. THOMAS, chargé du cours de philologie romane à la Faculté. 1 vol. in-8°. . . . . 6 fr.

V. — **La Flexion dans Lucrèce**, par A. CARTAULT, prof. de poésie latine, à la Faculté. 1 vol. in-8°. . . . . 4 fr.

VI. — **Le Treize Vendémiaire an IV**, par HENRY ZIVY, étudiant à la Faculté. 1 vol. in-8°. 4 fr.

VII. — **Essai de reconstitution des plus anciens mémoriaux de la Chambre des Comptes de Paris** (*Pater, Noster*[1], *Noster*[2], *Qui es in cœlis*, *Croix*, A[2]), par MM. JOSEPH PETIT, archiviste aux Archives nationales, GAVRILOVITCH, MAURY et TEODORU, avec une préface de CH.-V. LANGLOIS, chargé de cours à la Faculté. 1 vol. in-8°, avec une planche hors texte. . . . . 9 fr.

VIII. — **Études sur quelques manuscrits de Rome et de Paris**, par ACHILLE LUCHAIRE, professeur d'histoire du moyen âge à la Faculté. 1 vol. in-8°. . . . . 6 fr.

IX. — **Étude sur les Satires d'Horace**, par A. CARTAULT, professeur de poésie latine à la Faculté. 1 vol. in-8°. 11 fr.

X. — **L'Imagination et les Mathématiques selon Descartes**, par PIERRE BOUTROUX, licencié ès lettres. 1 vol. in-8°. . . . . 2 fr.

XI. — **Étude sur le dialecte alaman de Colmar (Haute-Alsace)**, par VICTOR HENRY, prof. de sanscrit et de grammaire comparée des langues indo-européennes à la Faculté. 1 vol. in-8°. . . . 7 fr.

XII. — **La main-d'œuvre industrielle en Grèce**, par P. GUIRAUD, professeur-adjoint à la Faculté. 1 vol. in-8°. 7 fr.

XIII. — **Mélanges d'histoire du moyen âge**, publiés sous la direction de M. le professeur LUCHAIRE, par MM. LUCHAIRE, HALPHEN, HUCKEL. 1 vol. in-8°. . . . . 6 fr.

XIV. — **Mélanges d'Étymologie française**, par ANTOINE THOMAS, professeur de littérature du moyen âge et philologie romane à la Faculté. 1 vol. in-8°. . . . . 7 fr.

XV. — **La Rivière Vincent Pinzon.** *Étude sur la cartographie de la Guyane*, par P. VIDAL DE LA BLACHE, prof. de géographie à la Faculté. 1 vol. in-8°. . . . . 6 fr.

XVI. — **Constantin V, empereur des Romains.** *Étude d'histoire byzantine* (740-775), par ALFRED LOMBARD, licencié ès lettres, avec une préface de CH. DIEHL, chargé de cours à la Faculté. 1 vol. in-8°. 6 fr.

XVII. — **Recherches sur le Discours aux Grecs de Tatien**, suivies d'une *traduction française du Discours* avec notes. 1 vol. in-8°. . . . . 6 fr.

XVIII. — **Troisièmes mélanges d'histoire du moyen âge**, publiés sous la direction de M. le professeur LUCHAIRE, par MM. LUCHAIRE, BEYSSIER, HALPHEN et J. CORDEY. 1 vol. in-8°. . . . . 8 fr. 50

XIX. — **Les métamorphoses d'Ovide et leurs modèles grecs**, par G. LAFAYE, professeur-adjoint à la Faculté. 1 vol. in-8°. . . . . 8 fr. 50

XX. — **Quatrièmes mélanges d'histoire du moyen âge**, publiés sous la direction de M. le professeur LUCHAIRE, par MM. JACQUEMIN, FARAL et BEYSSIER. 1 vol. in-8°. . . . . 7 fr. 50

XXI. — **Mélanges d'histoire littéraire**, publiés sous la direction de M. le professeur LANSON, par MM. FRÉMINET, DUPIN et DES COGNETS. 1 vol. in-8°. . . . . 6 fr. 50

XXII. — **Les archives de la cour des comptes, aides et finances de Montpellier**, par E. MARTIN CHABOT, archiviste paléographe. 1 vol. in-8°. . . . . 8 fr.

XXIII. — **A propos du Corpus Tibullianum; un siècle de philologie latine classique**, par A. CARTAULT, professeur de poésie latine à la Faculté. 1 vol. in-8°. . . . . 18 fr.

XXIV. — **Cinquièmes mélanges d'histoire du moyen âge**, publiés sous la direction de M. le professeur LUCHAIRE, par MM. AUBERT, CARON, DULONG, GUÉBIN, HUCKEL, LORETTE, LYON, Mlle MACHKEWITCH et M. MAX FAZY. 1 vol. in-8°. . . . . 5 fr.

XXV. — **Mélanges d'histoire ancienne**, I, par G. BLOCH, professeur d'histoire romaine à la Faculté, Jérôme CARCOPINO, ancien membre de l'école française de Rome, professeur agrégé d'histoire au lycée du Havre, et L. GERNET, agrégé de l'Université, pensionnaire de la fondation Thiers. 1 vol. in-8. 12 fr. 50

XXVI. — **Le latin de Saint Avit, évêque de Vienne (450?-526?)**, par Henri GOELZER, professeur à la Faculté des Lettres de l'Université de Paris avec la collaboration de Alfred MEY, ancien élève de la Faculté des Lettres de Paris, professeur au lycée Charlemagne. 1 vol. in-8. . . . . 25 fr.

XXVII. — **Le Distique élégiaque chez Tibulle, Sulpicia, Lygdamus**, par A. CARTAULT, professeur de poésie latine à la Faculté. 1 vol. in-8°. . . . . 11 fr.

XXVIII. — **Studies on Lydgate's Syntax in The Temple of Glas**, par André COURMONT, élève de la Faculté des Lettres, agrégé de l'Université. 1 vol. in-8°. . . . . 5 fr.

XXIX. — **Le mouvement de 1314 et les chartes provinciales de 1315**, par André ARTONNE, archiviste paléographe, licencié ès lettres. 1 vol. in-8°. . . . . 7 fr. 50

XXX. — **L'isochronisme dans le vers français**, par Paul VERRIER, chargé de cours à la Sorbonne. 1 vol. in-8°. 2 fr.

XXXI. — **Les « Maisons sacrées » de Délos au temps de l'indépendance de l'île (315-166,5 av. J.-C.)**, par Sylvain MOLINIER, élève de l'École normale supérieure, diplômé d'études supérieures d'histoire et de géographie. . . . . 5 fr.

XXXII. — **Les Rapports de la France et de l'Espagne après le pacte de famille, jusqu'à la fin du ministère du duc de Choiseul**, par Louis BLART, élève de l'École normale supérieure. 1 vol. in-8°. . . . . 8 fr.

CHARTRES. — IMPRIMERIE DURAND, RUE FULBERT.

UNIVERSITÉ DE PARIS

BIBLIOTHÈQUE

DE LA

FACULTÉ DES LETTRES

XXXII

LES RAPPORTS DE LA FRANCE ET DE L'ESPAGNE

APRÈS LE PACTE DE FAMILLE, JUSQU'A LA FIN DU MINISTÈRE DU DUC DE CHOISEUL

PAR

Louis BLART

ÉLÈVE DE L'ÉCOLE NORMALE SUPÉRIEURE

PARIS

LIBRAIRIE FÉLIX ALCAN

108, BOULEVARD SAINT-GERMAIN, 108

1915

M. Lucien Blart, élève de l'École normale supérieure, avait à peine achevé cette étude préparée sous ma direction auprès de la Faculté des Lettres de Paris qu'il était enlevé par une mort subite à la tendresse de sa famille dont il était l'unique et légitime espoir, à l'affection de ses maîtres qui l'avaient en particulière estime, à la science et à l'Université qui paraissaient avoir le droit de compter sur son travail, sa conscience, et son zèle.

Je l'attendais le 5 juin à la Sorbonne pour revoir avec lui son Mémoire, avant que l'examen du Diplôme d'études supérieures d'histoire et de géographie n'en consacrât les résultats excellents lorsque j'appris brusquement la fatale nouvelle.

La Faculté a décidé de publier, tel qu'il m'a été remis, ce Mémoire. Elle a voulu que grâce à ce travail d'étudiant digne d'être conservé et soumis au jugement du public, tout ne fût pas perdu d'une vie pleine de promesses qui ne se réaliseront pas.

Émile Bourgeois.

PRÉFACE

De récents travaux ont renouvelé l'histoire des relations de la France et de l'Espagne au XVIIIe siècle. Mgr A. Baudrillart, dans sa magistrale étude sur *Philippe V et la Cour de France*[1], M. E. Bourgeois dans le *Secret des Farnèse*[2], ont retracé les rapports diplomatiques entre les diverses branches de la maison de Bourbon jusqu'au traité d'Aix-la-Chapelle. La situation des deux couronnes au temps de Louis XVI et à la veille de la Révolution a été mise en lumière par le minutieux travail de M. H. Doniol : *Histoire de la participation de la France à l'établissement des Etats-Unis d'Amérique*[3] et par M. F. Rousseau[4]. L'époque intermédiaire, moins favorisée, ne semble pas avoir encore fait l'objet de recherches importantes. Seuls M. Soulange-Bodin[5] et M. A. Bourguet[6] ont essayé d'éclaircir les relations entre les deux puissances au temps du roi Ferdinand VI et les négociations relatives au Pacte de Famille. En particulier, la période qui s'étend depuis la conclusion de cette alliance jusqu'aux débuts de la guerre d'Amérique est demeurée à peu près entièrement inexplorée. De nombreuses monographies de détail ont touché à quelques-uns des points qui font l'objet de cette étude; mais nulle part encore on ne trouve un exposé d'ensemble sur les rapports de la France et de l'Espagne après le Pacte de Famille et sur les conséquences immédiates de ce traité. C'est cette lacune que l'on s'est efforcé de remplir.

Les documents qui permettent d'éclaircir cette question sont

1. 5 volumes. Paris, 1890.
2. Paris, 1909.
3. 5 volumes. Paris, 1886-92.
4. *Règne de Charles III d'Espagne*, 2 vol. Paris, 1907.
5. *La diplomatie de Louis XV et le Pacte de Famille*. Paris, 1894.
6. *Le duc de Choiseul et l'alliance espagnole*. Paris, 1906.

relativement assez abondants et de facile accès. La correspondance d'Espagne, au ministère des Affaires Etrangères, fait connaître toutes les péripéties essentielles, malgré des lacunes regrettables, surtout au point de vue des affaires commerciales, malgré l'absence presque complète des lettres particulières écrites par le duc de Choiseul au marquis d'Ossun, ambassadeur de France en Espagne et au marquis de Grimaldi, secrétaire d'Etat du roi Charles III. A ce point de vue, elle est heureusement complétée par un recueil, en deux volumes (France, Mémoires et Documents 574 et 575) qui contient les copies d'un assez grand nombre de lettres envoyées par le duc de Choiseul personnellement au marquis d'Ossun, lettres écrites par le ministre sans passer par l'intermédiaire des bureaux. Nul des historiens qui ont eu l'occasion de s'occuper de cette période n'a tiré parti de cette collection, qui contient toutes les pièces importantes. M. J. Flammermont[1] lui-même, qui la cite, n'en a pris qu'une connaissance très imparfaite. Les papiers de l'abbé Beliardi, conservés à la Bibliothèque Nationale, donnent des renseignements intéressants sur les relations commerciales entre les deux puissances. Ils fournissent en particulier le texte du traité de commerce du 2 janvier 1768, celui de la convention sur les consuls du 13 mars 1769, textes d'autant plus précieux que ces traités figurent seulement par fragments dans la Correspondance du ministère des Affaires Étrangères. Néanmoins, ces écrits ne paraissent pas offrir tout l'intérêt que semblaient faire pressentir des recherches récentes[2]. En ce qui concerne la question des Jésuites, la correspondance de Rome fournit les documents principaux, surtout si on la complète avec les lettres tirées des archives particulières de la famille de Bernis, publiées par M. F. Masson dans son livre : *Le cardinal de Bernis depuis son ministère*[3]. La correspondance des agents étrangers donne également des renseignements intéressants sur les relations de la France et de l'Espagne après le Pacte de Famille. Sir W. Coxe[4] a extrait des archives anglaises un certain nombre de lettres qui

1. *Le chancelier Maupeou et les Parlements*. Paris, 1883.

2. M. P. Muret, Les *papiers de l'abbé Beliardi et les relations commerciales de la France et de l'Espagne au milieu du* XVIIIe *siècle*. *Revue d'histoire moderne*, 1902-1903.

3. Paris, 1884.

4. *L'Espagne sous les Rois de la Maison de Bourbon*. Traduction Muriel, 6 vol. Paris, 1827.

jettent un jour assez vif sur le gouvernement de Madrid au temps de Charles III. Quelques messages du nonce à Paris, cités par le P. Theiner[1], renseignent sur l'état des partis à la cour de Louis XV, mais surtout, la correspondance du comte de Mercy-Argenteau, ambassadeur impérial, avec l'impératrice Marie-Thérèse et le prince de Kaunitz, publiée par le chevalier d'Arneth[2] et par M. J. Flammermont[3], fournit des détails du plus haut prix sur tout ce qui concerne le renvoi du duc de Choiseul.

C'est un devoir pour moi d'exprimer ici mes sentiments de vive reconnaissance aux personnes qui ont bien voulu guider ou faciliter mes recherches, tout particulièrement à mon maître, M. E. Bourgeois, pour la bienveillante sollicitude et la complaisance inépuisable avec lesquelles il a constamment dirigé et surveillé mes efforts ; à Mgr Baudrillart qui a bien voulu me communiquer de précieux renseignements sur l'affaire des Jésuites, à MM. Espinas et Tausserat-Radel, les éminents conservateurs des Archives aux Affaires Étrangères, à M. Hirschauer, qui s'est mis entièrement à ma disposition pour me communiquer les papiers inédits de M. H. Léonardon conservés à la Bibliothèque de Versailles. J'adresse enfin le témoignage de ma vive gratitude à tous ceux qui, de près ou de loin, m'ont fait l'honneur de s'intéresser à ce travail.

1. P. Theiner, *Histoire du pontificat de Clément XIV*. Traduction de l'abbé P. de Geslin, 2 vol. Paris, 1852.

2. A. d'Arneth et A. Geffroy, *Correspondance secrète entre Marie-Thérèse et le comte de Mercy-Argenteau*. 3 vol. Paris, 1874.

3. A. d'Arneth et J. Flammermont, *Correspondance secrète du comte de Mercy-Argenteau et du prince de Kaunitz*. Paris, 1891.

BIBLIOGRAPHIE

I. — Sources (manuscrites et imprimées).

Correspondance d'Espagne de 1761 à 1771. Aff. étr. Espagne. Corr. 533-564. Supp. 15, 16, 17.

Correspondance particulière du duc de Choiseul avec le marquis d'Ossun. Aff. étr. France. Mém. et doc. 574, 575.

Correspondance de Rome de 1767 à 1770. Aff. étr. Rome 843-803.

Correspondance de Turin (1759, 1763, 1764). Aff. étr. Turin 230, 238, 239.

Correspondance de Naples (sept.-oct. 1765). Aff. étr. Naples 85.

Correspondance d'Angleterre (janv. 1767, juillet 1770). Aff. étr. Angleterre 473, 492.

Lettres de Louis XV à Charles III. Arch. nat. K. 144, n° 181 et 182.

Lettres du comte de Broglie à Louis XV (juillet 1767, mars 1771), Aff. étr. France. Mém. et doc. 540 et 540 *bis*.

Correspondance secrète de Louis XV (éd. E. Boutaric, 2 vol., Paris, 1866), et Arch. nat. K. 158-159.

A. d'Arneth et A. Geffroy, *Correspondance secrète entre Marie-Thérèse et le comte de Mercy-Argenteau*, t. I. Paris, 1874.

A. d'Arneth et J. Flammermont, *Correspondance secrète du comte de Mercy-Argenteau avec l'empereur Joseph II et le prince de Kaunitz*, t. II. Paris, 1891.

F. Feuillet de Couches, *Louis XVI, Marie-Antoinette et Mme Elisabeth*, t. I. Paris, 1864.

J. Flammermont, *Les correspondances des agents diplomatiques étrangers en France avant la Révolution*. Paris, 1896.

Abbé Béliardi, Papiers. Bibl. nat. Mss. ff. 10764-10770, 13417-13419.

Mémoires sur le commerce français en Espagne. Aff. étr. Espagne. Mém. et doc. 32, 132.

J.-L. Favier, *Précis de faits sur l'administration de M. de Choiseul*, 1769. Aff. étr. France. Mém. et doc. 581 et *Rev. de la Révol. fr.*, mai 1899, p. 411-463.

Comte de Broglie, *La France et le système politique de l'Europe*, 1773. Arch. nat. K. 157-159, n° 2.
Cardinal de Bernis, *Mémoires et lettres*, 2 vol. Paris, 1878.
Duc de Choiseul, *Mémoires*. Paris, 1904.
Baron de Besenval, *Mémoires*. Paris, 1827.
Prince de Talleyrand, *Mémoires*, t. V. Paris, 1892.

II. — Études et travaux.

1° *Histoires générales.*

a) France.

H. Martin, *Histoire de France*, t. XVI, XVII. Paris, 1861.
H. Carré, *Le règne de Louis XV* (*Histoire de France* de M. E. Lavisse, t. VIII, 2). Paris, 1909.
A. Jobez, *La France sous Louis XV*, t. V, VI. Paris, 1869-1873.

b) Espagne.

W. Coxe, *L'Espagne sous les rois de la maison de Bourbon*. Traduction Muriel, t. IV, V. Paris, 1827.
F. Rousseau, *Règne de Charles III d'Espagne*, 2 vol. Paris, 1907.
A. Morel-Fatio, *Etudes sur l'Espagne*, t. II. Paris, 1890.

2° *Les rapports de la France et de l'Espagne au XVIIIe siècle.*

De Flassan, *Histoire générale et raisonnée de la diplomatie française*, t. VI, VII. Paris, 1811.
E. Bourgeois, *Manuel historique de politique étrangère*, t. I. Paris, 1892.
A. Morel-Fatio et H. Léonardon, *Recueil des instructions données aux ambassadeurs et ministres de France. Espagne*, t. III. Paris, 1899.
J. Reinach, *Id. Naples et Parme*. Paris, 1893.
Vicomte de Caix de Saint-Aymour, *Id. Portugal*. Paris, 1886.
Mgr A. Baudrillart, *Philippe V et la cour de France*, 5 vol. Paris, 1890-1901.
E. Bourgeois, *Le secret des Farnèse*. Paris, 1909.
Sautreau, *Négociations de la France et de l'Espagne depuis 1748 jusqu'en 1788 (an VIII)*. Aff. étr. Espagne. Mém. et doc. 89.
R. Waddington, *Histoire de la guerre de Sept-Ans*, 4 vol. Paris, 1898-1908.
A. Soulange-Bodin, *La diplomatie de Louis XV et le Pacte de famille*. Paris, 1894.
A. Bourguet, *Le duc de Choiseul et l'alliance espagnole*. Paris, 1906.

A. Bourguet, Un ultimatum franco-espagnol au Portugal. *Rev. d'hist. dipl.*, 1910, p. 25-38.

3° *Le duc de Choiseul avant son ministère.*

P. de Nolhac, *Louis XV et Mme de Pompadour*. Paris, 1904.
Vicomte M. Boutry, *Choiseul à Rome*. Paris, 1895.
M. Filon, *L'ambassade de Choiseul à Vienne en 1757 et 1758*. Paris, 1872.
P. Calmettes, *Choiseul et Voltaire*. Paris, 1902.
Comte A. Vandal, *Louis XV et Elisabeth de Russie*. Paris, 1882.

4° *Les affaires commerciales.*

P. Muret, *Les papiers de l'abbé Béliardi et les relations commerciales de la France et de l'Espagne au milieu du XVIIIe siècle. Rev. d'hist. mod.*, 1902-1903.

5° *L'affaire des Jésuites.*

H. Böhmer, *Les Jésuites*. Traduction G. Monod. Paris, 1909.
Comte A. de Saint-Priest, *Histoire de la chute des Jésuites au XVIIIe siècle*. Paris, 1846.
J. Crétineau-Joly, *Histoire de la Compagnie de Jésus*, t. V. Paris, 1845.
J. Crétineau-Joly, *Clément XIV et les Jésuites*. Paris, 1847.
P. Aug. Theiner, *Histoire du pontificat de Clément XIV* (traduit par l'abbé P. de Geslin), 2 vol. Paris, 1852.
P. Aug. Carayon, *Charles III et les Jésuites de ses États d'Europe et d'Amérique en 1767*. Paris, 1868.
F. Masson, *Le cardinal de Bernis depuis son ministère*. Paris, 1884.

6° *La chute du duc de Choiseul.*

Duc de Broglie, *Le Secret du roi*, 2 vol. Paris, 1878.
C. Vatel, *Histoire de Mme du Barry*, t. I. Versailles, 1883.
J. Flammermont, J.-L. Favier. Sa vie et ses écrits. *Rev. de la Révol. française*, fév.-avril 1899, p. 161, p. 314.
J. Flammermont, *Le chancelier Maupeou et les Parlements*. Paris, 1883.
E. Daubigny, *Choiseul et la France d'Outre-Mer après le traité de Paris*. Paris, 1892.
G. Maugras, *Le duc et la duchesse de Choiseul*. Paris, 1902.
G. Maugras, *La disgrâce du duc et de la duchesse de Choiseul*. Paris, 1903.
P. de Nolhac, *Marie-Antoinette Dauphine*. Paris, 1898.
Cl. Saint-André, *Mme du Barry*. Paris, 1909.

LES RAPPORTS DE LA FRANCE ET DE L'ESPAGNE APRÈS LE PACTE DE FAMILLE JUSQU'A LA FIN DU MINISTÈRE DU DUC DE CHOISEUL

CHAPITRE PREMIER

LA FRANCE ET L'ESPAGNE EN 1761

Le 15 août 1761, après des négociations qui ne furent pas sans difficultés, le Pacte de famille unissait la France et l'Espagne.

A ce moment, depuis cinq ans déjà, la France se trouvait engagée dans une double lutte à la fois maritine et continentale. Le traité du 1er mai 1756 avec l'Autriche avait amené une révolution complète dans le système politique de la Cour de Versailles. A l'origine, sans doute, le caractère purement défensif de cette alliance n'impliquait aucune rupture des accords précédemment conclus, avec la Prusse en particulier. Mais, comme il était facile de le prévoir, l'Autriche n'avait pas tardé à entraîner la France dans les hostilités qu'elle préparait contre Frédéric II. Deux nouvelles conventions, du 1er mai 1757 et du 30 décembre 1758, rendaient l'alliance autrichienne particulièrement onéreuse à la France, qui, par la seconde, s'engageait à tenir sur pied une armée de cent mille hommes en Westphalie et à verser un subside mensuel de cinq cent soixante-seize mille francs. En 1761, si, après des alternatives de revers retentissants et de succès moins remarqués, l'armée française n'avait encore, malgré tout, subi aucun échec sérieux, ses avantages n'étaient pas assez solides pour lui permettre de faire dans le Hanovre des progrès réels. A cette guerre d'Allemagne secondaire pour les intérêts français, malgré l'importance des effectifs engagés, se joignait, sur mer, contre l'Angleterre, une autre lutte beaucoup plus grave, et, à vrai dire, la seule importante. Le soin apporté par le gouvernement de Louis XV aux affaires continentales ne lui permettait pas de consacrer des forces suffisantes à la défense des côtes et des colonies; la faiblesse numérique des troupes, jointe à l'infériorité de la marine, avait fait des hostilités contre la Grande-Bretagne une suite presque ininterrompue de désastres. Après une première et unique victoire, la prise de Port-Mahon par M. de la Galissonnière, la France avait vu deux de ses flottes détruites à Lagos (août), à l'embouchure de la Vilaine (novembre 1759), et depuis septembre 1759, elle avait perdu successivement Québec et toutes ses possessions de l'Amérique du Nord, Pondichéry et l'Inde en janvier 1761, Belle-Isle le 7 juin 1761.

En août 1761, le Canada, la Guadeloupe, les Indes Orientales, le Sénégal, Belle-Isle se trouvaient au pouvoir des Anglais. La prolongation de la lutte accroissait le nombre des catastrophes; le ministère français, désireux de négocier à tout prix, entamait à Londres des pourparlers; le 5 août, il consentait à traiter sur les bases de l'*uti possidetis*; il se bornait à demander la possession d'un port quelconque dans le golfe du Saint-Laurent, pour y abriter les vaisseaux pêcheurs de Terre-Neuve, la restitution des navires pris avant la guerre, et l'autorisation de faire remplacer par des garnisons impériales les troupes françaises qui tenaient quelques places fortes en Allemagne au nom de l'impératrice-reine. Le gouvernement anglais trouvait encore ces revendications excessives et, le 15 août, W. Pitt, qui dirigeait toujours à cette époque la politique britannique, répondit aux demandes françaises par un refus équivalant à une rupture. De toute évidence, le secours d'une puissance étrangère devenait indispensable à la France, impuissante par elle-même à dégager ses colonies et à éviter de nouveaux revers.

A l'intérieur, le ministère français, sans se trouver aux prises avec des circonstances aussi redoutables, se heurtait cependant à des difficultés délicates. C'était le moment où, à propos de l'affaire du P. La Valette, le parlement de Paris entreprenait l'expulsion de la compagnie de Jésus. Le 6 août 1761, il défendait à tous les sujets du roi de faire partie de la Société, interdisait l'enseignement à tous les membres de la compagnie. Et l'autorité royale, incertaine, redoutant les troubles qu'une pareille mesure pouvait produire, s'apprêtait à suspendre l'exécution de l'Edit du Parlement. D'autre part, la guerre, le système d'impôts, le régime économique avaient beaucoup ralenti la vie industrielle et commerciale du Royaume. Développer les manufactures, ranimer le commerce, lui donner des débouchés nouveaux, comptaient parmi les soucis du gouvernement.

Ces préoccupations affectaient médiocrement le souverain qui, déjà depuis près d'un demi-siècle, était assis sur le trône de France. Certes, Louis XV ne manquait pas de clairvoyance ; d'un esprit très délié, d'une intelligence toujours en éveil, il comprenait toute la gravité des questions qu'il devait régler ; mais, apathique, indifférent, vieilli avant l'âge, il semblait regarder sans intérêt les événements qui se pressaient autour de lui, dans la mesure seulement où ils intéressaient le seul bien qu'il désirât avec passion : la paix. Ainsi sa personnalité demeure presque complètement absente des négociations diplomatiques de ce temps ; à peine, de loin en loin, est-il question de lui dans la correspondance de ses ministres.

Ce n'est pas que, à l'occasion, il ne fût capable d'imposer sa volonté et de la faire éclater au grand jour par quelque coup de théâtre préparé de longue main, par quelque disgrâce retentissante ; mais ce n'étaient là que des sursauts, des circonstances extraordinaires. Le reste du temps, dans les intrigues dont il amusait son désœuvrement, il se plaisait à combiner des plans politiques, à ajuster des négociations à l'insu de ses ministres, à contrarier leurs projets, à faire échouer secrètement les plans proposés officiellement en son nom. Il semblait que ces négociations, si elles se fussent révélées à la pleine lumière, eussent perdu pour lui tout leur charme. La question de la paix, les affaires d'Espagne lui paraissaient trop simples pour susciter sa curiosité : il s'en reposait sur son ministre, le duc de Choiseul.

Depuis le 1er novembre 1758, le comte de Stainville était secrétaire d'Etat des Affaires étrangères. Porté aux nues par les thuriféraires de la philosophie, qui voulurent reconnaître en lui un des leurs, rabaissé sans mesure par des historiens qu'aveuglaient des principes opposés et une antipathie héréditaire, il reste l'une des figures les plus discutées du XVIIIe siècle. En 1761, il se trouvait alors au plus haut point de la faveur et de la gloire. Jeune encore, malgré la petitesse de sa taille, malgré la difformité de ses traits, il savait, par la hardiesse de son maintien, la noblesse de ses manières, l'intelligence de son regard, la vivacité de ses réparties, le charme de son langage, exercer une véritable séduction. Ses succès de galanterie étaient demeurés célèbres à la Cour de Versailles. Sans scrupules, aimant le plaisir et le luxe, souvent frivole, il ne perdait pas de vue ses intérêts personnels, et n'avait négligé aucune occasion de se pousser dans la faveur du roi.

Fils d'un grand chambellan du duc de Lorraine[1], devenu colonel du régiment de Navarre, Choiseul devait sa fortune politique à une aventure de cour. Il avait révélé à la marquise de Pompadour une intrigue de Louis XV avec Mme de Choiseul-Romanet, apparentée aux Stainville et, sacrifiant sa cousine, acquis des titres à la reconnaissance de la puissante favorite[2]. Dès lors, toutes les barrières s'étaient abaissées devant lui : ambassadeur à Rome en 1754, puis à Vienne en 1757, il se montrait, par conviction autant que par calcul, le champion déterminé de l'alliance autrichienne en 1758. Triomphant des hésitations du secrétaire d'État aux affaires étrangères, l'abbé de Bernis, il le faisait renvoyer et exiler pour prix de ses scrupules et prenait sa place. Duc et pair de France en 1759, sûr de dominer le roi par l'appui de la marquise, il tenait dans le conseil un rang prépondérant.

Mais il ne désirait pas les charges uniquement par vanité ; à ses défauts, il joignait une intelligence profonde, un sens exact des réalités politiques. Maître du pouvoir, il se révéla homme de gouvernement et digne successeur des ministres d'État qui depuis deux siècles l'avaient précédé à la tête de la France. Sa correspondance diplomatique frappe par la netteté des vues qui y sont exposées, par la précision, l'énergie et la brièveté des termes, mais aussi par la violence et la liberté inouïes du langage, la facilité avec laquelle, excité par ses propres paroles, il en vient souvent à dépasser sa pensée, à formuler des critiques et à faire des blessures que l'on n'efface jamais. Au demeurant, trop léger et trop généreux, quand il n'y allait pas de son propre intérêt, pour avoir de la haine, Choiseul se calmait promptement. Il tentait alors d'adoucir par des propos aimables, par des services rendus, les coups que son esprit trop prompt avait portés ; s'imaginant que ceux dont il avait froissé l'amour-propre pardonneraient aussi facilement qu'il avait oublié.

1. M. H. Carré, *o. c.*, p. 268. Sur la biographie du père du duc de Choiseul, voir le comte d'Haussonville : *Histoire de la réunion de la Lorraine à la France*, t. IV, passim.

2. *Mémoires du duc de Choiseul*, p. 69 et 77.

En présence des nécessités de la France, il voyait le besoin d'une politique nouvelle; il sentait que le grand principe fondamental de la diplomatie française depuis deux siècles, la lutte contre la Maison d'Autriche, avait fait son temps. La situation avait changé. Le grand ennemi n'était plus sur le continent, mais sur mer: l'Angleterre. Choiseul espérait alors, par des alliances, compenser l'infériorité numérique des flottes. Une étroite union avec l'Autriche et son alliée la Russie devait assurer sur le continent une paix qui permît d'employer toutes les forces françaises à la lutte maritime. Mais, seule, la France ne pouvait songer à entreprendre cette guerre avec succès; il lui fallait un appui, et, cet appui, elle le trouvait dans l'Espagne, puissance maritime menacée également par les prétentions de l'Angleterre à l'hégémonie. Reprenant alors la grande pensée de Louis XIV à la fin de son règne, Choiseul voulait, en face des Etats protestants, constituer la ligue des puissances catholiques, opposer l'Europe latine et bourbonienne à l'Europe germanique[1].

En même temps, l'Espagne, pays neuf, sans industrie nationale, à peu près dépourvu de commerce intérieur, offrant aux produits français un débouché facile, ouvrait à l'industrie et au commerce un champ d'action nécessaire. Ces motifs, et, en plus, le désir de contracter une alliance qui fût son œuvre personnelle, la sympathie peut-être pour un roi qu'on disait gagné à des idées nouvelles, tout amenait le duc de Choiseul à se rapprocher de la Cour de Madrid, à rechercher dans l'Espagne l'alliée nécessaire et indissoluble de la France.

A cette époque, les intérêts espagnols s'accordaient presque sur tous les points avec ceux de la France, et l'appui de la Cour de Versailles devenait de plus en plus indispensable aux rois catholiques. Depuis le XVIe siècle, deux questions préoccupaient surtout le gouvernement de Madrid: les colonies américaines et la prépondérance en Italie. Un nouveau motif avivait, depuis les débuts du règne de Philippe V, les prétentions italiennes de la cour espagnole: les ambitions de la reine Élisabeth Farnèse toujours en quête de couronnes royales ou ducales en faveur des nombreux infants qui composaient sa postérité. Cette politique avait réussi. Les traités de 1713-1714 avaient retiré à l'Espagne

1. Bien entendu, il s'agit ici de vues purement politiques; les affinités de religion et de race ne tenaient pas la moindre place dans les plans du duc de Choiseul.

toutes ses possessions dans la péninsule. En 1761, deux états italiens étaient au pouvoir de princes espagnols : le royaume de Naples, reconstitué par le troisième traité de Vienne (1738) en faveur de D. Carlos, fils aîné de Philippe V et d'Élisabeth Farnèse ; les duchés de Parme, Plaisance et Guastalla attribués par le traité d'Aix-la-Chapelle à l'infant D. Philippe, frère cadet de D. Carlos.

Mais les convoitises espagnoles se heurtaient en Italie aux ambitions plusieurs fois séculaires de la Maison d'Autriche. Les Habsbourg guettaient toujours le moment propice pour rentrer en possession de leurs territoires perdus, pour recouvrer la suprématie dans la péninsule, cherchant toutes les occasions de s'immiscer dans les affaires italiennes par des mariages, des revendications surannées ou des chicanes de détail. Le 10 août 1759, la mort sans postérité du roi d'Espagne Ferdinand VI, dernier fils de Philippe V et de Marie-Louise de Savoie, avait appelé au trône de Madrid le premier né d'Élisabeth Farnèse, le roi des Deux-Siciles, D. Carlos. Aux termes du traité d'Aix-la-Chapelle, il devait abandonner la couronne de Naples à son frère l'infant D. Philippe, moyennant la rétrocession par ce prince du duché de Parme à la Maison d'Autriche. Charles III, ayant obtenu de céder ce trône à son troisième fils, l'infant D. Fernando, pouvait toujours craindre une intervention autrichienne. En second lieu, sitôt la guerre continentale terminée, le roi de Sardaigne pouvait, également en vertu du traité d'Aix-la-Chapelle, revendiquer la majeure partie du Placentin occupé par l'infant duc de Parme. Sans doute, depuis 1756, l'alliance de la France et de l'Autriche avait conjuré le péril provisoirement. Il importait cependant qu'un traité liât sans retard l'Espagne avec Louis XV, pour éviter que la Cour de Versailles, comme témoignage d'amitié, ne fît à sa nouvelle alliée le sacrifice des intérêts espagnols.

En Amérique, l'Espagne retrouvait l'ennemie de la France, l'Angleterre. Par tous les moyens, sous les formes les plus diverses, la puissance britannique menaçait la prospérité et l'existence même du beau domaine colonial espagnol, qui, sans autre interruption que le Brésil, s'étendait du Mexique au détroit de Magellan. Par la violence, d'abord : à l'improviste, une escadre pouvait débarquer sur un point quelconque des côtes américaines, et tout faisait prévoir que les troupes anglaises, une fois descendues, n'en sortiraient pas aisément ; le gouvernement de Madrid vivait dans la terreur perpétuelle de semblables événements. Déjà des empiétements successifs avaient permis à la nation envahissante de s'établir dans le golfe du Mexique, sur la côte des Mosquitos et de se refuser à toute évacuation, malgré les représentations multipliées de l'Espagne.

La puissance maritime anglaise était surtout un danger permanent par le tort considérable qu'elle faisait au commerce espagnol. Le roi catholique se réservait le monopole des relations économiques avec les colonies. Seul, il leur fournissait les produits manufacturés qui leur manquaient; toutes les richesses des Indes devaient être transportées dans un seul port espagnol, Cadix et sur des navires espagnols; à l'arrivée comme au départ, des droits énormes frappaient les marchandises. Aussi, les corsaires anglais assaillaient l'Amérique latine, y introduisaient en secret leurs marchandises à un prix assez élevé pour réaliser d'importants bénéfices, de beaucoup inférieur cependant à celui du commerce régulier; en retour, ils soutiraient une grande partie des produits les plus précieux. L'Amérique espagnole était écrasée de contrebande, et ce négoce clandestin faisait le plus grand tort, non seulement au gouvernement, mais encore aux négociants espagnols, frustrés de la source principale, sinon unique de leurs revenus.

Enfin, là ne se bornaient pas les empiétements de l'Angleterre; elle visait à tenir l'Espagne elle-même, comme elle y avait réussi pour le Portugal, sous une véritable tutelle économique et même politique, à compléter la main mise sur toute la péninsule ibérique. La contrebande anglaise s'étendait aux côtes mêmes du continent espagnol, et une dizaine d'années avant le pacte de famille, au temps de Ferdinand VI, s'était constitué à la cour de Madrid, sous le patronage de l'ambassadeur anglais, sir Keene, un véritable parti anglais, qui voulait entraîner le royaume à la remorque de l'Angleterre, et en faire dans les affaires européennes un satellite du cabinet de Londres. Cette politique, soutenue par un grand nombre de membres de l'aristocratie, favorisée par la reine Dona Barbara de Portugal, avait trouvé son principal représentant dans le ministre dirigeant de 1746 à 1754, D. Jose Carvajal. Situation d'autant plus grave, qu'à cette époque, malgré les efforts réitérés du pouvoir royal, la décadence ne s'était pas arrêtée, et que, au milieu du XVIIIe siècle, l'Espagne bourbonienne se trouvait retombée presque dans ce même état de misère et d'alanguissement économiques, qui, sous les dehors factices d'une société brillante, avait précipité son abaissement au temps des derniers rois de la maison de Habsbourg. Sans doute Philippe V avait bien tenté des réformes, mais réalisé seulement des améliorations de détail. Il n'avait pas eu assez de clairvoyance ou de fermeté pour déceler et guérir à fond les maux dont se mourait l'Espagne : une armée insuffisante et mal équipée, une flotte nombreuse mais négligée, l'absence à peu près complète d'industrie nationale, pas de commerce, une aristocratie luxueuse et oisive, une bourgeoisie dédaigneuse du travail, une nation accoutumée à vivre des trésors que lui donnait l'Amérique.

La désaffection générale des Espagnols pour les emplois publics livrait les premières charges du royaume à des étrangers indifférents aux intérêts nationaux. En 1761, un Irlandais, le général Wall, remplissait les fonctions de secrétaire d'état aux Affaires étrangères et à la guerre; un Sicilien, le marquis de Squillace, administrait les finances; un Génois, le marquis de Grimaldi, occupait la première ambassade, celle de France. La situation de l'Espagne réclamait donc une alliance capable de la protéger dans une certaine mesure contre les attaques de ses ennemis, un appui qui lui permît de détourner ses préoccupations des affaires étrangères pour se consacrer toute entière à son relèvement industriel, commercial et politique. Tout lui commandait de s'unir à la France.

Cependant, ni les chefs du Gouvernement, ni la majorité de la population ne comprenaient cette nécessité. Les guerres, plus fertiles en revers qu'en succès, qui, deux siècles durant, mirent aux prises l'Espagne et la France, avaient implanté au cœur des Espagnols une haine trop vive de leurs voisins pour qu'elle s'éteignît avec le changement de dynastie. On ne pouvait demander à l'amour-propre castillan d'oublier si vite ses blessures. Une hostilité profonde contre les Français était encore le sentiment dominant de la nation, et, bien loin de réagir contre cette tendance, les souverains bourboniens durent souvent faire des concessions, satisfaire aux passions nationales. Sans doute, à des époques différentes, quelques hommes d'État, par goût ou par raison, saisirent les avantages d'une union étroite avec la France. Sous le règne de Ferdinand VI, en particulier, le marquis de la Ensenada chercha dans l'alliance française une force à opposer à l'influence sans cesse envahissante des Anglais à la Cour d'Espagne; mais son parti était toujours demeuré sans racines profondes dans le pays.

En 1761, d'ailleurs, on ne pouvait suspecter d'attachement à la France les hommes qui occupaient les principales fonctions.

1. Le 10 août 1759.

Sans doute, depuis deux ans déjà, le roi Ferdinand VI, entièrement gagné à l'alliance anglaise était mort[1]; mais Charles III avait conservé l'ancien ministère. Le ministre prépondérant, le général Wall, réunissait les deux portefeuilles des affaires étrangères et de la guerre. Irlandais d'origine, après une existence agitée passée à l'armée et dans la diplomatie au service de la France et de l'Espagne, D. Ricardo Wall, successeur de D. José Carvajal en 1754 comme ministre d'État, titulaire des affaires étrangères, avait hérité en 1757, du ministère de la guerre à la mort de D. Sebastiano d'Eslava. C'était l'ambassadeur britannique, sir Keene[1], qui l'avait fait appeler au pouvoir, et, créature de l'Angleterre, D. Ricardo Wall ne cessait de pousser à une union intime avec le cabinet de Londres, même à une rupture avec la France. D'une intelligence médiocre, sans grande ambition, il vivait au demeurant en bonne harmonie avec ses collègues et ne se souciait pas de les dominer dans leurs ministères pourvu qu'on le laissât en paix dans les siens.

A côté de lui, le bailli d'Arriaga, le seul des secrétaires d'État qui ne fût pas d'origine étrangère, gouvernait la marine. Honnête, probe, d'une grande piété, mais borné et de vues étroites D. Juliano d'Arriaga ne paraissait certes pas l'homme qui convenait pour régénérer la puissance de son pays. « D. Juliano d'Arriaga, ministre de la Marine et des Indes, disait de lui lord Bristol est un homme bien intentionné, mais entièrement mené par les Jésuites, et, quoiqu'il se réunisse souvent avec les deux autres, on ne lui demande jamais son avis sur les affaires de son département[2] ». Nommé par les soins du général Wall pour remplacer le marquis de la Ensenada, disgrâcié en 1754, il se montrait plein de docilité envers son protecteur. Sir Keene, au lendemain de sa nomination, écrivait : « Arriaga sera le secrétaire pour les affaires de l'Amérique et de la marine à condition qu'il ne se mêlera de rien et ne prendra à l'égard de ces contrées aucune mesure... sans au préalable prendre l'avis de M. Wall. Par ce moyen, ce dernier reste réellement, on peut le dire, secrétaire, et Arriaga devient son premier commis[3] ». Arriaga

1. Sir W. Coxe, *L'Espagne sous les Rois de la maison de Bourbon*, trad. Muriel, IV, p. 150 et sq.

2. Lettre particulière de lord Bristol à lord Halifax, 13 janvier 1764, citée par S. W. Coxe, IV, p. 513.

3. Lettre particulière de sir Keene à sir Th. Robinson, 31 juillet, 1754, citée par S. W. Coxe, IV, p. 189.

paraissait ainsi entièrement gagné à la cause anglaise. « Il est convaincu, assurait lord Bristol, peu de jours avant le pacte de famille, que la marine espagnole n'est pas en état de lutter contre celle de la Grande-Bretagne et qu'elle ne le sera encore de longtemps. Il croit fermement, par principe autant que par expérience que l'Espagne ne peut rien gagner à interrompre l'heureuse tranquillité dont elle jouit maintenant[1]. »

Le secrétaire d'État des finances, Leopoldo de Grégorio, marquis de Squillace n'était pas, lui non plus, favorable à la France. Sans doute, rien ne l'attachait, par nature, à l'influence anglaise. Il n'appartenait pas aux conseils du roi Ferdinand. Charles III l'avait amené de Naples et nommé gouverneur du conseil des finances, intendant général des contributions. Il faisait preuve d'une grande habileté professionnelle, témoignait d'une application infatigable, d'un désir certain de bien administrer les finances espagnoles. Malgré les soupçons des contemporains, il ne semble pas possible de mettre en doute sa probité. Mais, à ces réelles qualités, il joignait un esprit austère, inflexible, une obstination qui détournait de lui les sympathies. Par défaut de justesse d'esprit il plaçait des minuties sur le même plan que les questions essentielles.

Sorti d'une humble condition, Squillace avait toujours conservé les marques de son origine ; il se sentait déplacé à la Cour. Napolitain, il ne cachait pas aux Espagnols son mépris pour leurs mœurs et leurs usages. « L'on peut dire, écrivait de lui le marquis d'Ossun au duc de Choiseul, que ce ministre, avec de l'esprit, une conception heureuse et beaucoup de facilité dans le travail, manquait de lumières nécessaires, ne connaissait pas assez les hommes et surtout n'avait pas bien saisi le caractère et le génie des Espagnols. Assuré de l'estime et de la confiance du roi son maître, opiniâtre dans ses idées et fort mal entouré, il méprisait les formes et faisait trop souvent usage de l'autorité absolue[2]. » Personnellement, il n'éprouvait aucun sentiment d'affection ou d'éloignement pour l'Angleterre, mais, comme l'écrivait lord Bristol : « Vous pouvez compter qu'il sera toujours opposé à la guerre, et, comme le trésor est loin d'être garni et que les mesures prises jusqu'ici pour le remplir ont fait jeter les

1. Lettre particulière de lord Bristol à W. Pitt, 13 août 1761, citée par W. Coxe, *o. c.*, IV, p. 424 et sq.

2. Lettre du marquis d'Ossun au duc de Choiseul, 5 juillet 1766. Aff. étr. Espagne, DXLVI, f° 162.

hauts cris contre lui, il est persuadé qu'il ne pourrait pas se soutenir, si les besoins de l'État rendaient nécessaire une demande de subsides et qu'il fallût imaginer de nouveaux moyens pour lever des impôts extraordinaires[1]. » Un autre motif l'éloignait de la France : il voulait relever la situation économique de l'Espagne et les Français tenaient alors la plus grande place dans le trafic régulier de la péninsule.

Donc, si en 1761, les intérêts de l'Espagne la portaient à rechercher l'alliance française, rien dans les sentiments de la nation, ni dans les tendances du gouvernement, ne faisait regarder cette union comme probable ou même possible. Elle fut l'œuvre personnelle de ceux à qui revenait l'autorité suprême, le roi Charles III et la reine-mère. La naissance, l'éducation, les intérêts incitaient le nouveau monarque à suivre une politique différente de son prédécesseur. Cependant, il ne paraissait pas le souverain fait pour régénérer l'Espagne. Au physique, de petite taille, laid, avec un nez saillant et une bouche édentée; au moral, un esprit borné, très pieux, mais d'une dévotion étroite et même matérielle; très facile à gouverner, comme tous les autoritaires, mais incapable de jamais renoncer à une idée une fois implantée dans son esprit, se perdant dans les minutieux détails des travaux administratifs, passionné pour la chasse et les exercices violents. Une grande qualité compensait en lui tous ces défauts. Comme son arrière grand-père Louis XIV, il avait la plus haute idée de ses devoirs de roi et, pour les remplir, il savait se contraindre à un travail rigoureux. La force de l'application suppléait en lui à l'insuffisance de l'esprit. Frappé de l'état de délabrement où se trouvait son royaume, il voulut y porter remède, relever le commerce et l'industrie, restaurer l'armée et la marine, libérer ses colonies et son gouvernement du joug que faisait peser sur eux la tutelle de l'Angleterre. Un motif de haine personnelle l'animait d'ailleurs contre cette nation. En 1742, au moment de la guerre de la Succession d'Autriche, une flotte anglaise était venue sous le port de Naples, elle avait sommé le roi de garder la neutralité et de rappeler ses troupes unies à l'armée franco-espagnole contre l'Autriche. Hors d'état de résister, D. Carlos avait obéi ; mais il ne devait jamais pardonner cette humiliation que sa fierté naturelle lui rendait encore plus sensible.

1. Lettre particulière de lord Bristol à W. Pitt, 13 août 1761, cité par sir W. Coxe, o. c., IV, p. 424.

Belliqueux du reste, malgré des apparences pacifiques, il s'enivrait volontiers de pensées guerrières, et, à l'occasion, rêvait de conquêtes. Mêlé, dès sa jeunesse, aux intrigues italiennes de la politique des Farnèse, il sentait, beaucoup plus que Ferdinand VI, le prix du concours de la France dans la péninsule : « Ce qu'il souhaite avant tout, mandait lord Bristol, c'est d'affermir son fils le roi de Naples sur le trône où il l'a placé. Chaque vue et chaque négociation pour procurer la tranquillité à l'Espagne a pour but d'aider le jeune monarque sicilien dans le cas où quelque puissance chercherait à le troubler dans la possession tranquille de son royaume[1]. » A ce moment même la Grande-Bretagne suscitait à l'Espagne de multiples difficultés en Amérique. Elle fondait des établissements sur la côte des Mosquitos, émettait des prétentions à la coupe du bois de campêche, refusait de laisser participer les navires espagnols à la pêche de Terre-Neuve.

Ainsi, voyant les avantages de l'alliance française en Italie et contre l'Angleterre, Charles III comprenait la nécessité de secourir la France avant qu'elle ne fût entièrement écrasée par les Anglais qui ne manqueraient pas, après avoir accablé Louis XV, de tourner toutes leurs forces contre l'Espagne isolée, si elle tentait d'échapper à leur hégémonie. Néanmoins, il ne rompit pas dès le début avec la politique de son prédécesseur. Il conserva même les anciens ministres, par cette horreur du changement qu'il poussait jusqu'à la manie. De plus, la reine, Marie-Amélie de Saxe se montrait favorable à l'alliance anglaise, luttant non sans succès contre les penchants de son mari. Ce fut après sa mort, survenue le 27 septembre 1760, que Charles III se rapprocha nettement de la France, secondé et poussé dans cette voie par l'influence de la reine sa mère.

On a trop souvent méconnu le rôle de la veuve de Philippe V à la cour de Charles III. Sans doute, vieillie, affaiblie par des infirmités de toutes sortes, presque aveugle, Elisabeth Farnèse n'était plus en état de prendre la même part qu'autrefois au gouvernement ; et, l'eût-elle voulu, il ne lui fallait plus songer à tenir auprès de son fils la place prépondérante qu'elle avait occupée sous son faible mari. Mais cette nature impulsive et autoritaire, que l'âge n'assouplissait pas, avait conservé de son long séjour à la tête des affaires le goût et les habitudes du pouvoir. Elle

1. Lettre particulière de lord Bristol à W. Pitt, 13 août 1761, cité par sir W. Coxe, o. c., IV, p. 424.

avait été tenue à l'écart, dans la retraite sous le règne de Ferdinand VI. L'avènement de Charles III fut pour elle un triomphe. La mort de la reine Amélie lui rendit tout son crédit. Une communauté de sentiments, d'intérêts l'unissait à son fils. C'était pour cet infant qu'elle avait convoité si longtemps une couronne en Italie, c'était afin de lui assurer l'héritage des Farnèse qu'elle avait mis en œuvre tous les ressorts de sa diplomatie subtile et active. Fils docile et reconnaissant, Charles III ne manqua jamais, dans les cas importants, de prendre les conseils de sa mère et, bien que la vieille reine eût conservé de sa longue vie avec Philippe V l'habitude de faire de la nuit le jour, il venait fréquemment prendre ses avis. Cette influence a échappé aux historiens et même à la plupart des contemporains [1] ; mais quoique discrète, elle n'en était pas moins réelle et s'est manifestée à plusieurs reprises au grand jour. Le marquis d'Ossun, dans sa correspondance, note avec soin tous les détails où se révèle cette action de la reine et ne cesse d'appeler l'attention de son ministre sur le rôle de cette princesse à la Cour d'Espagne et sur son attachement à l'alliance française. Elle haïssait les anciens ministres de Ferdinand VI ; une tendresse presque sénile l'attachait aux Infants souverains en Italie ; pour assurer leur sécurité elle se montrait toute disposée à répondre à l'appel de la France.

Cet accord entre les vues du duc de Choiseul, du roi d'Espagne et de la reine-mère se trouvait fortifié par l'inclination personnelle des deux ambassadeurs à Madrid et à Paris, le marquis d'Ossun et le marquis de Grimaldi. Pierre-Paul, marquis d'Ossun, était un ancien officier général, distingué, qui avait paru non sans gloire sur les champs de bataille de la guerre de la Succession d'Autriche. Passé de l'armée dans la diplomatie, il représentait depuis 1752 le Gouvernement français à la Cour des deux Siciles. Charles III à peine monté sur le trône demanda à Louis XV d'emmener avec lui à Madrid le marquis d'Ossun. L'ambassadeur avait pris en grande affection le souverain auprès duquel il vivait. On lui reprochait même en France d'être plus

1. Lord Bristol écrivait, il est vrai : « On a accordé à la Reine-Mère bien plus de capacité qu'elle n'en a. Autant qu'on peut en juger par les petites menées auxquelles elle a eu recours, elle n'a pas renoncé à l'idée de prendre part aux affaires du gouvernement. Elle se moque publiquement des trois personnages principaux qui marquent ici : le général Wall, le marquis de Squillace et le duc de Losada. » Lettre particulière de lord Bristol à W. Pitt, 13 août 1761, d'après sir W. Coxe, o. c., p. 424.

espagnol que français. Il représentait le type du parfait *honnête homme,* de belle prestance, de nobles manières, cultivé, possédant des aperçus sur tous les sujets, mais assez superficiel et sans grande largeur de vues. Ses dépêches contrastent avec celles du duc de Choiseul par leur longueur, leur diffusion, la facilité banale et le peu de force des expressions. S'il est injuste de dire que « capable tout au plus de remplir l'office d'un simple agent de transmission, les négociations délicates passeront au-dessus de sa tête sans qu'il paraisse s'en apercevoir[1] » ; néanmoins, il semble s'être parfois mépris sur l'importance des affaires qu'il avait à traiter et s'être ainsi attiré, peut-être à tort, les reproches sévères de son gouvernement. Excellent courtisan, habile à tirer parti de toutes les ressources du langage diplomatique, il savait répondre par des politesses flatteuses aux dures réprimandes que son ministre parfois lui infligea ; mais, il conservait le souvenir des affronts subis et le moment venu, les rappelait avec amertume[2]. Bien qu'apparenté par alliance au duc de Choiseul[3], il garda envers lui une attitude toujours hostile. C'est du moins ce qu'on peut conjecturer, à cause de son extrême circonspection, de sa correspondance et de ses actes. Mais, il se montrait d'un extrême dévouement envers le roi d'Espagne, jouissait auprès de lui d'un grand crédit et son intervention devait avoir parfois pour effet d'éluder des situations délicates.

Par sa naissance, le marquis de Grimaldi appartenait à l'une des familles de Gênes les plus anciennes et les plus considérées. Chargé de représenter à Madrid les intérêts de sa nation, il avait bientôt quitté la République comme Alberoni, pour le service plus lucratif de l'Espagne. De 1749 à 1757, il exerça pour elle son talent diplomatique auprès de diverses cours. Le 14 janvier 1761, le choix de son souverain le désignait pour remplacer à Versailles D. Jaimes Massonnes de Lima, peu goûté à la Cour de France. Esprit fin, politique souple et avisé, malgré une vanité sans bornes qui lui faisait parfois commettre des imprudences, exempt par sa naissance des préjugés espagnols, il comprenait quels avantages sa couronne pouvait tirer du Pacte de Famille, et

1. M. F. Rousseau, *o. c.*, I, p. 19.

2. Voir la lettre particulière du marquis d'Ossun au duc de la Vrillière, 9 avril 1771, Aff. étr. Espagne, DLXII, f° 374, et la lettre de Mme d'Ossun à M. d'Ossun, 20 septembre 1771. Aff. étr. Espagne, DLV, f° 287.

3. Son fils devait épouser Mlle de Grammont, à qui, par sa sœur, le duc de Choiseul était allié.

jusqu'à la fin de sa carrière, il resta invariablement attaché à l'alliance française. Un lien d'amitié personnelle l'unissait au duc de Choiseul, bien qu'à plusieurs reprises, il se soit élevé entre eux des nuages et que le ministre ait conçu des doutes peu fondés d'ailleurs sur la solidité des principes de son collègue. Leurs brouilles, sur des points de détail, ne durèrent pas, et chacun prit à cœur d'effacer les mauvaises impressions qu'auraient pu laisser des procédés trop vifs. Après l'élévation du marquis de Grimaldi au secrétariat d'État des Affaires étrangères, tous deux restèrent en correspondance et en liaison étroite. A plusieurs reprises, l'intimité qui régnait entre les deux hommes d'État adoucit les difficultés et ouvrit la voie des arrangements. Par un phénomène curieux, mais fréquent dans l'histoire diplomatique, tandis que l'ambassadeur français était subjugué par la cour d'Espagne, l'ambassadeur espagnol était entièrement gagné à l'influence française. Grâce à l'accord du roi d'Espagne et du duc de Choiseul, grâce à la bonne volonté des deux ambassadeurs, l'alliance fut conclue.

Par le Pacte de famille du 15 août 1761[1], la France et l'Espagne contractaient une alliance offensive et défensive, qui s'étendait à tous les cas, sauf aux guerres de la France en Allemagne et contre les puissances du Nord. Les deux couronnes devaient se porter secours avec toutes leurs forces, dans un délai de trois mois, mettre à la disposition de la cour alliée dix-huit mille hommes d'infanterie et six mille hommes de cavalerie si la puissance requise se trouvait la France, dix mille hommes d'infanterie et deux mille de cavalerie si c'était l'Espagne. Le Pacte était strictement réduit aux princes de la Maison de Bourbon[2]. On invitait le roi des Deux-Siciles et l'Infant duc de Parme à donner leur adhésion[3]. Par une convention secrète annexée au traité[4], le roi de France s'engageait à faciliter un accommodement entre l'Infant D. Philippe et le roi de Sardaigne au sujet de la

1. Voir le texte à l'appendice I.

2. C'est par erreur que M. H. Carré, *o. c.*, p. 287, déclare « il pouvait être étendu aux rois de Portugal et de Sardaigne ». Voir article 21.

3. Article 19. M. H. Carré dit inexactement que « bientôt en effet, D. Philippe de Parme et Ferdinand de Naples y adhérèrent », *o. c.*, p. 287. L'accession du roi de Naples et du duc de Parme devint l'objet de longues et laborieuses négociations; elle n'était pas encore accomplie en 1770 au moment de la chute du duc de Choiseul. Pour le roi de Naples, en particulier, elle n'eut jamais lieu.

4. Voir le texte à l'appendice II.

rétrocession du Placentin[1]. Il promettait au roi catholique d'unir les griefs de l'Espagne aux siens propres dans la négociation qu'il entreprenait alors à Londres. En retour, la cour de Madrid devait rompre avec l'Angleterre si la paix n'était pas conclue avant le 1er mai 1762.

Ainsi, les deux puissances avaient besoin l'une de l'autre ; l'Espagne, indispensable à la France dans la guerre maritime, assurait en outre au commerce français un précieux débouché ; en Italie, par l'alliance autrichienne, en Amérique contre l'Angleterre, la France était d'une utilité extrême à l'Espagne. Mais, dans cette union, on ne peut voir le rapprochement de deux pays, le résultat d'un accord fondé sur des sentiments nationaux. Les ministres à Madrid se montraient nettement hostiles, la nation défavorable. En France, l'opinion regarda le traité avec indifférence, et une alliance aussi intime portait avec elle l'improbation discrète des diplomates de profession. C'était une alliance de raison, voulue par quelques hommes d'état, le duc de Choiseul en France, le roi Charles III et la reine-mère en Espagne. Là se trouvait la force, mais aussi la faiblesse d'un tel accord. Si les circonstances se montraient défavorables, si les contractants ne retiraient pas du traité tous les avantages immédiats qu'ils avaient espérés, ils devaient craindre les reproches de leurs conseillers, les attaques de leurs ennemis, rester eux-mêmes livrés au doute et au découragement. Le succès ou la défaveur du pacte de famille était à la merci des événements.

1. Voir plus haut, p. 6.

CHAPITRE II

LA PARTICIPATION DE L'ESPAGNE A LA GUERRE DE SEPT ANS

Au lendemain du Pacte de famille, ce fut, parmi les auteurs du traité, une allégresse générale. Après un demi-siècle, la grande pensée de Louis XIV se réalisait : enfin, il n'y avait plus de Pyrénées. En trois jours, la nouvelle arriva à Madrid. « Un courrier de M. de Grimaldi, écrivait le marquis d'Ossun, arriva ici le 18 à dix heures du matin et j'appris avant midi, par Sa Majesté catholique même, que le Pacte de famille et la convention conclue entre les deux monarques avaient été signés à Versailles le quinze du courant[1] » ; et, tout à sa joie, l'ambassadeur de France détaillait les témoignages de satisfaction du roi d'Espagne, comblait de louanges les membres de la Famille royale, même tous les ministres : « M. Wall, ajoutait-il, Monsieur, paraît content de nos traités. C'est un ministre qui a de l'expérience, de la prudence, de la probité et de grandes ressources dans l'esprit. On peut regarder comme certain qu'il marchera de très bon pied... La reine d'Espagne, que le roi son fils a sans doute informée de la condescendance qu'a eue Sa Majesté par rapport à l'établissement de l'Infant, m'a chargé d'assurer le roi de la vive reconnaissance dont elle est pénétrée et des sentiments d'attachement, de tendresse et de vénération dont son cœur est rempli pour Sa Majesté. » Peu de jours après, le roi Charles III écrivait de sa main une lettre personnelle au roi de France et conférait au duc de Choiseul l'ordre de la Toison d'Or[2]. De son côté, le ministre

1. Lettre du marquis d'Ossun au duc de Choiseul, 24 août 1761. Aff. étr. Espagne, DXXXIII, f° 331.

2. La nomination, tenue secrète pour ne pas donner l'éveil aux Anglais, ne fut rendue publique que le 12 décembre.

français s'exprimait avec la même netteté : « Je n'ai qu'un système politique pour la France, qui est une union intime avec l'Espagne ; tous les autres systèmes sont illusoires, j'ai consommé ce projet depuis trois ans et dans ce moment-ci je suis très heureux[1]. »

La suite ne répondit pas à ce beau commencement, et, après les douceurs de la lune de miel, les inévitables conflits ne tardèrent pas à se produire. Une pensée flattait l'orgueil, les instincts dominateurs du duc de Choiseul. Tout-puissant à Versailles, il désirait diriger les conseils de Madrid. En laissant à son cousin Choiseul-Praslin les Affaires étrangères, il s'était réservé la correspondance avec l'Espagne. Reprenant dans son entier le projet de Louis XIV au moment de la guerre de la Succession d'Espagne, il entendait faire de la cour de Madrid, non seulement l'alliée, mais le satellite de la France. Il voulait gouverner l'Espagne. Sans doute, il ne prétendait pas s'immiscer dans les affaires intérieures du Royaume, mais il aspirait à conduire sa politique extérieure, pour triompher avec elle partout où l'intérêt de son pays se trouverait en jeu. Les deux puissances ne gagneraient-elles pas à une telle conduite? Il valait mieux, à tous égards, pour la suite et la promptitude des affaires, que la décision appartînt à un seul et que les ministres espagnols se bornassent à ratifier les conclusions prises à Versailles.

Naturellement ce désir ne prenait pas dans l'esprit du duc une forme aussi nette; mais, homme d'état d'un mérite supérieur, ayant conscience de cette supériorité, il tolérait malaisément la contradiction, souffrait du moindre obstacle apporté à ses plans. Une telle conduite, hasardée vis-à-vis d'une cour de tout temps fière de son indépendance, désireuse de sauver avant tout les apparences, l'était encore plus avec des ministres en secret hostiles, avec un monarque qui portait au plus haut degré le souci de sa dignité. « Comme issu de la famille des Bourbons, remarquait l'ambassadeur anglais, le roi catholique a de l'attachement pour la France, mais comme espagnol et monarque puissant, qui occupe un trône non moins recommandable, il ne veut pas que ses Etats, pendant son règne, soient gouvernés par des Français, comme cela se pratiquait sous Philippe V[2]. » Le duc de Choiseul sentait bien toute la hardiesse

1. Lettre particulière du duc de Choiseul au marquis d'Ossun, 15 août 1761. Aff. étr. France, Mém. et Doc., DLXXIV, f° 46.

2. Lettre particulière de lord Bristol à sir W. Pitt, 13 août 1761, citée par S. W. Coxe, o. c., IV, p. 424.

de sa conduite. Il demandait sans cesse au marquis d'Ossun d'adoucir la forme sèche et brutale des instructions qui lui venaient de Paris, comme d'employer tous ses soins à faire accepter sans modifications les projets qui lui seraient transmis.

Dès le début, le désaccord se manifesta. Chacun des contractants, comme il est naturel, voulait tirer le plus possible du traité, réclamait pour lui tous les bénéfices de l'Alliance, laissant toutes les charges à son partenaire. La convention secrète du 15 août 1761[1] fixait au 1er mai 1762, comme dernier délai, la déclaration de guerre de l'Espagne à l'Angleterre. Le duc de Choiseul, qui fondait les plus grandes espérances sur le concours immédiat de la cour de Madrid, voulut avancer le terme de la rupture. Les chances d'accord avec la Grande-Bretagne se faisaient plus rares. Le 1er septembre 1761, W. Pitt répondit aux dernières propositions du ministère français, portées à Londres par M. de Bussy : il concédait l'île Saint-Pierre, mais sans le droit de la fortifier ni d'y recevoir des vaisseaux étrangers ; d'autre part, il exigeait la restitution des places occupées en Allemagne au nom de l'impératrice reine, se refusant de rendre les bâtiments pris avant la guerre. Le 9 septembre, le duc de Choiseul faisait un dernier effort de conciliation : il demandait de joindre Miquelon à Saint-Pierre, et offrait de remplacer les troupes françaises par des troupes impériales dans les villes occupées pour le compte de l'Autriche. Pour toute réponse, le ministre anglais rappelait, sans autre formalité, son envoyé de Paris (20 septembre 1761).

La lutte allait donc reprendre avec une nouvelle vigueur et le duc de Choiseul désirait entrer en campagne, au début de 1762, avec les forces réunies des deux couronnes : « Il n'y a certainement aucun danger pour l'Espagne à se déclarer dès à présent et il peut y en avoir de très considérables à différer sa déclaration ; il est au moins essentiel que Sa Majesté catholique entre en guerre au plus tard au mois de décembre prochain, ainsi qu'elle l'a fait espérer[2]. » — Dans ses diverses propositions à la Cour de Londres, le gouvernement français avait joint à ses plaintes les griefs de l'Espagne : l'établissement des Anglais sur la côte des Mosquitos, l'affaire du bois de campêche, le droit des Espagnols à pêcher la

1. Voir plus haut, p. 16.

2. Lettre du duc de Choiseul au marquis d'Ossun, 29 septembre 1761. Aff. étr. Espagne, DXXXIII, f° 475.

morue sur les côtes de Terre-Neuve[1]. Aussi le duc de Choiseul observait qu'« il paraîtra d'abord fort singulier à toute l'Europe qu'après le mémoire remis par M. de Bussy à la Cour de Londres sur la nécessité de la jonction des intérêts de l'Espagne à ceux de la France dans la négociation pour la paix on voit l'ambassadeur de Sa Majesté catholique continuer de résider à Londres[2]. »

Le Roi Charles III n'était pas éloigné de condescendre aux désirs de son allié. Cependant, comme rien ne le menaçait directement, il n'était pas pressé d'entrer en lutte. Il tenait à être prêt, rien de plus. Ses ministres le détournaient d'une action trop prompte. Ils alléguaient la nécessité de mettre en défense les colonies menacées, d'attendre le retour des galions chargés des trésors d'Amérique. D'ailleurs la situation n'était pas encore désespérée et le roi catholique ne voyait pas d'inconvénient à traîner en longueur, pour faire valoir davantage tout le prix de son intervention. Aussi, le 12 octobre, le marquis d'Ossun fit savoir à sa cour que, selon toute vraisemblance, l'Espagne ne se déclarerait pas avant le temps fixé. Le général Wall intriguait secrètement auprès du roi Charles III pour retarder la guerre et l'ambassadeur français laissait entendre que « sans ses insinuations Sa Majesté catholique se serait déterminée à rompre sur-le-champ avec l'Angleterre[3] ».

Le duc de Choiseul insistait, s'impatientait, dénonçait la tactique du cabinet de Londres « qui va s'étudier à endormir Sa Majesté catholique par des complaisances et même des espérances de terminer les différends à la satisfaction du roi d'Espagne » et qui n'aura d'autre vue politique que « celle d'empêcher ou du moins de retarder l'union de l'Espagne à la France[4] ». Il montrait l'impératrice reine sur le point d'ouvrir un Congrès en Allemagne ; la France obligée d'y participer ; et, une fois la paix faite, l'Angleterre restée seule avec l'Espagne de façon à ne plus tenir aucun compte de ses revendications. Il faisait valoir des considérations purement militaires : si l'Espagne se déclarait seulement au mois de mai, elle n'agirait efficacement que

1. Voir plus haut, p. 12.
2. Lettre du duc de Choiseul au marquis d'Ossun, 29 septembre 1761. Aff. étr. Espagne, DXXXIII, f° 475.
3. Lettre du marquis d'Ossun au duc de Choiseul (19 octobre 1761. Aff. étr. Espagne, DXXXIV, f° 96.
4. Lettre du duc de Choiseul au marquis d'Ossun, 13 octobre 1761. Aff. étr. Espagne, DXXXIV, f° 44.

dans le cours de 1763 et, pendant une année, les Anglais auraient tout le loisir de mettre la main sur les derniers débris de l'Empire colonial français.

Un changement politique survenu en Angleterre parut alors retarder encore l'intervention du roi Charles III. L'union des griefs français et espagnols dans le mémoire de M. de Bussy avait irrité au plus haut point W. Pitt. Sans plus attendre, il proposa de saisir les galions espagnols et d'envoyer à Madrid une déclaration de guerre. Il se heurta à l'opposition du roi Georges III, ce monarque qui venait de monter sur le trône avec la ferme intention de ressaisir l'autorité souveraine usurpée par l'aristocratie parlementaire.

Georges III, pensant que la paix extérieure lui rendrait sa liberté vis-à-vis du Parlement, voulait terminer la guerre le plus promptement possible et empêcher toute nouvelle extension des hostilités. A son instigation, le chef du cabinet, lord Bute, qui lui était tout dévoué s'opposa à la proposition de W. Pitt et le tout-puissant ministre, combattu dans le conseil, donna sa démission (5 octobre 1761). Lord Bute, resté seul maître du pouvoir, offrit à la Cour de Versailles de traiter sur les bases du dernier ultimatum français ; en même temps il multiplia les marques de bienveillance envers l'Espagne.

Le gouvernement de Louis XV pouvait à ce moment obtenir la paix des Anglais. Mais les circonstances n'étaient plus les mêmes. Le duc de Choiseul n'avait envoyé à Pitt son *ultimatissimum* que dans un moment de détresse. Les passions nationales qui se réveillaient en France à la suite de la prise de Belle-Isle, de l'invasion anglaise en Bretagne, les votes de subsides offerts spontanément par les Etats provinciaux, surtout l'Alliance espagnole lui faisaient espérer des conditions plus avantageuses [1]. Il rejeta les ouvertures de Londres.

Ce fut du moins pour le gouvernement de Madrid un excellent prétexte à ne pas entrer en lice avant le délai indiqué. Le duc de Choiseul le sentit bien. Dès le 19 octobre dans une lettre très pressante, il appuyait de toutes ses forces sur la nécessité de déjouer les ruses trop grossière du cabinet britannique : « Les ministres anglais peuvent changer, je suis bien sûr que la volonté du roi et celle du roi d'Espagne ne changeront pas ; nous avons fait à la cour de Londres les

1. M. H. Martin, *Histoire de France*, XV, p. 580.

avances les plus désavantageuses aux deux couronnes pour obtenir la paix ; elles n'ont pas réussi et nous persistons à croire que l'état de guerre seul peut nous dédommager de l'humiliation des sacrifices que nous voulions faire. Voilà le véritable moment d'arrêter les progrès de l'ennemi commun ; le trouble de son intérieur, les embarras qu'il rencontre dans ses moyens doivent nous faire augurer que la déclaration de l'Espagne réduira l'Angleterre à un système pacifique et modéré. Je crois donc que le moment est venu où Sa Majesté catholique doit se déclarer[1]. »

Tandis qu'à Madrid Choiseul insistait, le général Wall, toujours attaché au fond du cœur à son ancien système de l'alliance anglaise, avait cru facile, à la nouvelle de la chute de W. Pitt, de relâcher l'union des deux cours[2]. Il cherchait à écarter toute intervention de l'Espagne dans la guerre maritime. Il dut renoncer à son projet : le roi d'Espagne s'échauffait, entrait dans les vues du duc de Choiseul, dont au fond il n'avait jamais été bien éloigné ; il pensait comme lui que le moment était arrivé de tenter une grande entreprise contre l'Angleterre. Néanmoins, il se borna à des paroles, et, tandis que le duc de Choiseul multipliait ses instances, le roi catholique se contenta d'agiter avec ses ministres et le gouvernement français un plan de campagne détaillé. On sommerait le Portugal de se déclarer pour ou contre ; en cas de refus, on marcherait contre lui (selon le désir de la France qui tenait à cette guerre pour immobiliser dans la péninsule les Anglais, obligés de venir au secours de leur allié) ; on ferait une diversion sur l'Irlande et les Iles Britanniques, on attaquerait Gibraltar, on renverrait une flotte espagnole aux Antilles délivrer la Martinique menacée, enlever la Jamaïque. La Cour de Madrid proposait même à la France de détacher quelques troupes pour contraindre la Hollande à fermer ses ports aux Anglais. Avec le temps, les vues devenaient plus vastes, les détails se précisaient, les projets étaient merveilleusement ordonnés, rien n'y manquait que l'exécution. Le roi d'Espagne ne se déclarait toujours pas et le duc de Choiseul, malgré tous ses efforts, ne parvenait pas à triompher de la nonchalance espagnole.

Une affaire d'amour-propre vint brusquer le dénouement. La cour de Londres n'avait pas tardé à soupçonner l'existence du

1. Lettre du duc de Choiseul au marquis d'Ossun, 19 octobre 1761. Aff. étr. Espagne, DXXXIV, f° 87.

2. Lettre du marquis d'Ossun au duc de Choiseul, 26 octobre 1761. Aff. étr. Espagne, DXXX, f° 129.

Pacte de famille, demeuré secret. L'intimité qu'affichaient à Paris le duc de Choiseul et le marquis de Grimaldi, les marques de faveur, les témoignages de satisfaction prodigués par le roi Charles III au marquis d'Ossun, surtout l'union des griefs de l'Espagne et de la France dans le mémoire remis à Londres par M. de Bussy mirent en éveil le gouvernement anglais. Déjà, W. Pitt, on l'a vu, proposait d'entrer immédiatement en guerre contre l'Espagne. Lord Bute, par des moyens plus conciliants, s'efforça d'éclaircir les dispositions du roi catholique. Le 1er novembre 1761, sur l'ordre de son gouvernement, Rocheford, lord Bristol, ambassadeur d'Angleterre à Madrid, demanda à D. Ricardo Wall des explications sur la nature du lien qui unissait les deux branches de la Maison de Bourbon. Cette brusque demande blessa la susceptibilité du roi Charles III, et, plus touché de cette offense que par tous les motifs jusqu'alors invoqués en faveur de la guerre, il se montra dès lors disposé à précipiter la rupture. Le 1er novembre le général Wall se borna à répondre sèchement au plénipotentiaire anglais que « Sa Majesté catholique n'a conclu aucun traité avec la France au préjudice et au détriment de l'Angleterre[1] ».

La situation ne tarda guère à s'envenimer. Lord Bristol parlait de quitter Madrid pour cause de santé. Le 22 novembre, il réclama de nouveau une réponse plus explicite. Le roi d'Espagne poussa aussitôt les préparatifs. Le 30 novembre enfin, il ordonna la levée de la quinte (un homme pour cinq ou six familles), porta huit mille hommes sur la frontière de Portugal et éleva à cinquante quatre le nombre de ses vaisseaux de guerre. Seul le général Wall se flattait encore personnellement « de la possibilité d'une conciliation avec l'Angleterre[2]. » De son côté, le comte de Fuentes, ambassadeur d'Espagne à Londres, manda que le cabinet britannique refusait toute concession sur les points contestés entre l'Espagne et l'Angleterre. Dans une troisième démarche, lord Bristol fit savoir qu'un retard dans la communication équivaudrait à une rupture[3]. Le 7 décembre, le roi d'Espagne était décidé à la guerre. Le 8, sur son ordre, le général Wall écrivit au marquis de Grimaldi qu'il faisait saisir

1. Lettre de lord Bristol à lord Bute, 1er novembre 1761. Aff. étr. Espagne, DXXXIV, f° 191.

2. Lettre du marquis d'Ossun au duc de Choiseul, 30 novembre 1761. Aff. étr. Espagne, DXXXIV, f° 237.

3. Sir W. Coxe, o. c., IV, p. 465.

tous les bâtiments anglais en station dans les ports espagnols. « On a aussi expédié pour l'Amérique des ordres circulaires et on y a ajouté celui non seulement de se défendre, mais d'attaquer et de porter secours aux Français sur mer et sur terre[1]. » Le même jour, il enjoignait au comte de Fuentès de quitter la cour de Londres, après avoir donné aux navires espagnols sur la Tamise le temps d'échapper[2].

Le 10 décembre, enfin, Charles III accomplit le pas décisif : le général Wall remit à lord Bristol la note suivante, qui consommait la rupture entre les deux cours : « Monsieur, votre Excellence me déclara avant-hier et même elle voulut bien me mettre par écrit qu'elle avait ordre de me demander une réponse positive et catégorique par laquelle elle pût savoir si l'Espagne songeait à s'unir à la France contre l'Angleterre, déclarant en même temps qu'elle prendrait le refus pour une agression et déclaration de guerre, qu'en conséquence elle serait obligée de se retirer de cette cour. C'est bien plutôt l'esprit d'arrogance et de discorde qui a conseillé une démarche si inconsidérée et qui, par malheur pour le genre humain, n'a point cessé d'animer le gouvernement britannique, et que s'est faite, dans ce moment-là même, une déclaration de guerre et une insulte à la grandeur du roi. Votre Excellence peut songer à se retirer dans le temps et de la manière qui lui conviendra, c'est l'unique réponse que Votre Excellence aura de moi et que Sa Majesté m'a ordonné sans hésiter de lui faire[3]. » Le Pacte de famille, jusqu'alors resté secret, fut divulgué et le 12 décembre 1761, la nomination du duc de Choiseul à la Toison d'Or rendue publique. Le ministre français témoigna sa satisfaction : « J'ai lu au roi, écrivit-il au marquis d'Ossun, le mémoire de lord Bristol et la réponse de l'Espagne. Cette dernière est faite avec toute l'adresse imaginable. J'ai lu peu de pièces politiques qui méritent autant d'éloges. Tout y est vrai, noble et adroit[4]. »

Le 26 janvier 1762, le général Wall rémit un mémoire à son

1. Lettre du général Wall au marquis de Grimaldi, 8 décembre 1761. Aff. étr. Espagne, DXXXIV, f° 263.

2. Lettre du général Wall au comte de Fuentès, 8 décembre 1761. Aff. étr. Espagne, DXXXIV, f° 264.

3. Lettre du général Wall à lord Bristol, 10 décembre 1761. Aff. étr. Espagne, DXXXIV.

4. Lettre du duc de Choiseul au marquis d'Ossun, 15 décembre 1761, f° 275. Aff. étr. d'Espagne, DXXXIV, f° 307.

ambassadeur en Portugal, D. Jose Torrero. Il lui mandait d'adresser à la cour de Lisbonne, conjointement avec le représentant français, M. O'Dunne, l'injonction de fermer dans un délai de quatre jours tous les ports portugais aux navires britanniques, soit militaires, soit marchands. Le duc de Choiseul poussait à l'entreprise ; il conseillait même de saisir l'occasion pour renouveler la tentative de Philippe II et pour annexer définitivement le Portugal[1]. Le 16 mars, D. Jose Torrero remit le mémoire. Le 20, D. Luis d'Acunha, secrétaire d'Etat des Affaires Étrangères à Lisbonne, répondit par une simple offre de neutralité. Le 27 mars, les cours alliées signifièrent alors l'envoi de troupes espagnoles dans les Etats du roi de Portugal, laissant ce monarque libre de les recevoir comme alliées ou comme ennemies. Le duc de Choiseul paraissait satisfait. Il comptait sur l'appui efficace de l'Espagne, voyait déjà la ruine politique et financière de la Grande-Bretagne : « On peut me reprocher de voir en beau, écrivait-il le 5 avril au marquis d'Ossun, cela est vrai, mais cette manière augmente mon courage et je pense que les deux monarchies, malgré des malheurs redoublés, doivent avoir confiance dans la solidité de leur existence. Si j'étais le maître, nous serions vis-à-vis de l'Angleterre comme l'Espagne vis-à-vis des Maures, et, si l'on prenait bien véritablement ce parti, l'Angleterre serait réduite et détruite d'ici à trente ans. Tout ne se fait pas en un jour ; mais le courage est de tous les moments : inspirez-le au ministère espagnol[2]. »

Soudain, le ministre français changea complètement d'attitude. Le 5 janvier 1762, succombait à Saint-Pétersbourg, après vingt ans de règne, la tsarine Elisabeth Pétrovna. Avec son neveu le tsar Pierre III de Holstein-Gothorp, la politique russe s'inspirait de principes tout à fait opposés. Le nouveau monarque, fervent admirateur du roi de Prusse, abandonna sans tarder l'alliance autrichienne pour venir avec toutes ses forces au secours de Frédéric II[3]. Cette défection détermina l'impératrice reine, découragée par le peu de succès de ses entreprises, depuis six ans, en Silésie et en Saxe, à entamer des négociations directes avec

1. Lettre du duc de Choiseul au marquis d'Ossun, 17 nov. 1761. Aff. étr. Espagne, DXXXIV, f° 180.

2. Lettre du duc de Choiseul au marquis d'Ossun, 5 avril 1762. Aff. étr. Espagne, DXXXV, f° 32. Ce passage a été reproduit littéralement par Choiseul dans son mémoire au roi de 1765.

3. M. H. Martin, *Histoire de France*, XV, p. 592.

la Prusse. La paix continentale était à la veille de se faire sans la participation de la France, au moment où la guerre maritime devenait de plus en plus périlleuse : le 12 février 1762, la Martinique, dernière possession française aux Antilles, tombait au pouvoir des Anglais. On n'avait encore tiré aucun secours effectif de l'Espagne, depuis huit mois qu'avait été signé le Pacte de famille. Malgré les promesses de la cour de Madrid, on pouvait prévoir que ses troupes et sa flotte ne seraient jamais prêtes en temps utile. Devant le désir formel de Louis XV et dans le délabrement des finances françaises, devant la nécessité de ne pas laisser la France seule en face de l'Angleterre, le duc de Choiseul comprit que cette fois l'alliance espagnole était venue trop tard au secours du Royaume, et, remettant à une autre époque ses projets de revanche, il se prononça délibérément pour la paix.

Le 16 avril 1762, onze jours seulement après son épître enthousiaste, Choiseul pria le marquis d'Ossun de proposer la paix à la Cour de Madrid... « Les Anglais, écrivit-t-il, débarassés de la guerre du continent, seront assez puissants pour nous empêcher de reprendre nos colonies et de réparer la perte affreuse de la Martinique, mais même pour entamer avec succès les possessions espagnoles en Amérique... Le langage que je vous tiens ne m'est pas ordinaire. Sans la conclusion désagréable de la Cour d'Allemagne que je prévois, je ne me serais pas soumis à cet avis ; mais j'entrevois le danger, et il est de mon devoir de le sentir et de le faire connaître[1]. »

Précisément alors une occasion s'offrit de traiter avec l'Angleterre. Le comte d'Estaing, encore simple brigadier, fait prisonnier sur parole, n'avait pas craint de prendre part, malgré ses engagements, à une nouvelle expédition sur la côte de Coromandel[2]. Une seconde fois prisonnier à Londres des Anglais, il pouvait s'attendre à toutes les représailles. Néanmoins, lord Egremont, secrétaire d'État des Affaires étrangères, consentit à le remettre en liberté, même avant le paiement de sa rançon. Puis, par l'intermédiaire du comte de Viry, ambassadeur de Sardaigne à Londres, il fit une réponse des plus obligeantes à

1. Lettre du duc de Choiseul au marquis d'Ossun, 17 avril 1762. Aff. étr. Espagne, DXXXVI, f° 60.

2. Voir sur cette question l'ouvrage du marquis Calmon-Maison, *L'Amiral d'Estaing*. Paris, 1910, p. 14, 80.

une lettre de remerciments du duc de Choiseul[1]. Le ministre anglais laissait entendre qu'on arriverait facilement à un accord en prenant pour base les deux derniers *ultimata*. Le comte de Choiseul, cousin du duc, et plus tard duc de Praslin, était devenu le 13 octobre 1761, secrétaire d'Etat des Affaires étrangères, sauf pour l'Espagne et le Portugal que conservait le duc de Choiseul. Ce fut lui que le roi chargea aussitôt de poursuivre les négociations. On pouvait espérer de conclure à des conditions modérées.

Cependant, liée par le Pacte de famille, la France ne pouvait rien faire sans l'assentiment de l'Espagne. Le cabinet de Versailles se faisait de graves illusions s'il s'imaginait trouver à Madrid une alliée docile, disposée à prendre les armes et à les déposer au premier signe et selon les intérêts de la France. Le roi Charles III se sentait peu de goût pour le rôle de subalterne qu'on lui réservait à Paris. Comment la France espérait-t-elle, après avoir excité les désirs belliqueux du souverain espagnol, après avoir flatté et entretenu ses visions de grandeur et de gloire militaire, réussir à les contenir? L'entrée en campagne avait encore accru son ambition. Aux termes de la convention secrète avec la France, Minorque lui appartenait en cas de succès; il se voyait déjà maître du Portugal[2], il comptait recouvrer Gibraltar[3]. Son enthousiasme s'échauffait avec le temps et rien ne lui paraissait au-dessus de ses forces.

A côté de ces rêveries, des motifs plus justes déterminaient Charles III à continuer la guerre. L'Autriche, frustrée de la Silésie par une paix désavantageuse, ne chercherait-elle pas en Italie, avec l'appui de la Prusse, toute heureuse de cette diversion, un dédommagement aux dépens des Infants[4]? Déjà en février 1762, pour se mettre à l'abri d'une pareille entreprise, le roi d'Espagne avait, au grand déplaisir du duc de Choiseul[5] entrepris

1. Lettre de lord Égremont au duc de Choiseul, 1er mai 1762. Aff. étr. Espagne, DXXXVI. Aff. 176 et sq.

2. Lettre du marquis d'Ossun au duc de Choiseul, 31 mai 1762. Aff. étr. Espagne DXXXVI, f° 275.

3. Lettre du marquis d'Ossun au duc de Choiseul, 26 avril 1762. Aff. étr. Espagne, DXXXVI, f° 93.

4. Lettte du marquis d'Ossun au duc de Choiseul, 2 mai 1762. Aff. étr. Espagne, DXXXVI, f° 122.

5. Voir les lettres du duc de Choiseul au marquis d'Ossun, du 26 janvier 1762 (Aff. étr. Espagne, DXXXV, f° 105), et du 22 mars (*id.*, f° 340), et surtout la lettre particulière du 22 février (Aff. étr. France, Mém. et Doc., DLXXIV, f° 66).

une négociation directe avec la Cour de Vienne. Les pourparlers n'aboutirent à aucun résultat[1], et nulle garantie effective ne protégeait les princes italiens.

L'entourage du roi le portait sans doute à la paix. Le général Wall, en particulier, s'y employait de tout son pouvoir : « Le général Wall, mandait un peu plus tard M. O'Dunne, sent que le roi son maître ne peut rien gagner à la guerre et peut y perdre beaucoup[2]. » Mais il ne pouvait rien et le roi paraissait plus que jamais déterminé à n'écouter aucun conseil. Sans doute, le 26 avril, il déclara au marquis d'Ossun « qu'il avait principalement pris les armes pour tirer la France de l'embarras où elle se trouvait, et aussi pour obtenir une juste satisfaction des griefs de l'Espagne contre l'Angleterre ; qu'il paraissait que la France désirait la paix et en avait besoin, qu'en conséquence il n'était point éloigné d'y donner les mains, pourvu qu'elle pût se faire à des conditions honnêtes et raisonnables[3]. » Cependant la cession du Canada qui, par ses dépendances du Mississipi, donnait aux Anglais accès sur le golfe du Mexique, lui portait, disait-il, préjudice ; il s'étonnait de voir la France accepter des conditions aussi désavantageuses.

Bref, il autorisait les négociations, mais la Grande Bretagne devait faire droit à toutes ses requêtes, détruire tout établissement sur la côte des Mosquitos, renoncer à la coupe du bois de Campêche, reconnaître aux navires espagnols la pêche de la morue sur les bancs de Terre-Neuve. De plus, clause aggravante, les anciens traités de commerce trop favorables au négoce anglais ne seraient pas renouvelés. C'était mettre son accession à des conditions à peu près illusoires. Le roi d'Espagne voulait, sans combat et plutôt vaincu, réduire l'Angleterre à des concessions qu'il aurait difficilement obtenues après des victoires décisives. Il entendait d'ailleurs se réserver une pleine indépendance, mais en même temps empêcher toute négociation secrète entre les cabinets de Versailles et de Londres. L'entremise de l'ambassadeur piémontais l'inquiétait ; il demandait à la Cour de France de renoncer le plus vite possible à cet intermédiaire[3].

1. Lettre du duc de Choiseul au marquis d'Ossun, 22 mars 1762. Aff. étr. Espagne, DXXXV, f° 340.

2. Lettre de M. O'Dunne au duc de Choiseul, 22 août 1762. Aff. étr. Espagne, DXXXVII, f° 86.

3. Lettre du marquis d'Ossun au duc de Choiseul, 26 avril 1762. Aff. étr. Espagne, DXXXVI, f° 94.

Autant en somme valait rejeter les propositions françaises; le marquis d'Ossun s'en rendit bien compte et, le 2 mai, il exprima ses doutes au duc de Choiseul: « Ce prince cherche en même temps à se rendre de plus en plus maître du temps de la conclusion de la paix, puisque le roi s'est engagé à ne point la faire sans que celle de l'Espagne soit en même temps conclue. J'avoue, Monsieur, que cette tournure me paraît indiquer un commencement de méfiance ou de la finesse... Quoi qu'il en soit, il est évident que, de toutes les méthodes à prendre pour négocier la paix entre les deux couronnes et l'Angleterre, celle que propose l'Espagne est la plus dangereuse et la plus propre à faire naître des tracasseries et de la mésintelligence entre les Cours de Versailles et de Madrid[1]. »

De son côté le duc de Choiseul se voyait dans une situation fausse: il sentait bien tout ce qu'il y avait d'étrange à solliciter l'Espagne d'entrer en paix avant d'avoir « tiré un coup de fusil[2] ». « Le marquis de Grimaldi, écrivait-il un peu plus tard, me fait une objection très forte, il me dit qu'il était extraordinaire que le roi ayant engagé le roi catholique à devancer l'époque de sa déclaration de guerre qui ne devait être faite que le 1er de mai, la France ait traité la paix dès le commencement d'avril. La réponse à cette objection est simple. La France a toujours regardé la déclaration de l'Espagne comme le véhicule puissant pour la paix[3]. » Ainsi le ministre de Louis XV, convaincu que l'état présent des affaires demandait une prompte paix, redoublait d'efforts pour gagner et persuader le roi d'Espagne. Malheureusement l'attitude du cabinet anglais, conciliante vis-à-vis de la France, dure et hautaine envers l'Espagne, n'irrita que davantage le roi Charles III.

Lord Egremont fit savoir au Gouvernement français, par l'intermédiaire du comte de Viry, qu'il concédait l'autorisation de pêcher la morue sur la côte de Terre-Neuve, ainsi qu'à Saint-Pierre et à Miquelon qui appartiendraient à la France en toute propriété. L'Angleterre restituerait la Guadeloupe, Marie-Galande, la Martinique, mais garderait les quatre îles neutres: Sainte-

1. Lettre du marquis d'Ossun au duc de Choiseul, 2 mai 1762. Aff. étr. Espagne, DXXXVI, f°

2. Lettre du duc de Choiseul au marquis d'Ossun, 17 mai 1762. Aff. étr. Espagne, DXXXVI, f° 218.

3. Lettre du duc de Choiseul au marquis d'Ossun, 17 août 1762. Aff. étr. Espagne, DXXXVII, f° 49.

Lucie, les Saintes, Tabago, Saint-Vincent, dont elle venait de s'emparer, et la Grenade avec les Grenadines. Gorée serait également rendue, mais, en Amérique, le Mississipi servirait de frontière entre le Canada anglais et la Louisiane française. Belle Isle serait échangée contre Minorque. Le ministre britannique promettait un arrangement facile sur les affaires des Indes et les fortifications de Dunkerque. Dans l'ensemble, ces conditions pouvaient paraître relativement douces.

Au contraire, les concessions à l'Espagne étaient insignifiantes. Les prises faites en temps de paix seraient de part et d'autre restituées; l'Angleterre subordonnait l'abandon des établissements sur la côte des Mosquitos à une garantie explicite en sa faveur de la coupe du bois de Campêche; on procéderait au renouvellement de tous les traités de commerce; les Espagnols continueraient ainsi que par le passé, la pêche sur les bancs de Terre-Neuve, mais par simple tolérance et non comme un droit.

Aussi les propositions reçurent-elles à Paris et à Madrid un accueil différent. Le duc de Choiseul parut satisfait. Il se borna à demander l'Ile Royale au Canada, Sainte Lucie aux Antilles, Pondichéry, Chandernagor, Yanaon, Karikal et Mahé dans les Indes Orientales. Alors il pressa plus que jamais l'Espagne d'accepter, et le 17 mai, dans une lettre particulière, écrivit au marquis d'Ossun : « Le roi désire *passionnément*[1] la paix... Vos soins doivent se porter à amener le roi catholique à achever son ouvrage, qui est de rendre la paix à la France après avoir amené l'Angleterre à faire des propositions raisonnables... Usez de vos talents et de la confiance que vous méritez à Madrid pour déterminer sa majesté catholique à cette paix; l'instant est pressé, car il est à craindre que les Anglais ne se lient, s'ils s'impatientent, au Tzar, et, alors j'ignore ce qui arrivera et il est certain que la paix ne se fera pas de sitôt... Vous savez que je n'ai jamais été du sentiment de précipiter la paix, mais dans cette occasion, si le roi d'Espagne y consent, je crois qu'il ne faut pas manquer le moment. Je vous demande en grâce de vous employer tout entier à cet objet[2]. » Malgré cet appel pressant le roi catholique ne se montra nullement disposé à y consentir : il ne trouvait pas du tout satisfaisantes les propositions anglaises qui le concernaient. Il se refusait

1. Le mot est ainsi souligné dans le texte.

2. Lettre particulière du duc de Choiseul au marquis d'Ossun, 17 mai 1762. Aff. étr. France, Mém. et Doc., DLXXIV, f° 76.

à rien rabattre de ses prétentions. Il fondait les plus grandes espérances sur la révolution de palais qui, en juillet 1762, amena en Russie la mort du tsar Pierre III et l'avènement de sa femme la tzarine Catherine II. Il voulait continuer la guerre.

Or, à ce moment même, le duc de Choiseul recevait de l'Angleterre les offres de plus en plus engageantes : le 31 juillet 1762, lord Egremont cédait sur la possession de la Nouvelle-Orléans, un moment revendiquée par la Grande-Bretagne, sur l'occupation des places de Westphalie, consentait enfin à restituer Sainte-Lucie. Le ministre français, attaché d'abord aux intérêts de la France, impatienté de la résistance espagnole, traçait dès le 22 juillet, le tableau le plus sombre de la situation de la guerre et des conditions nouvelles dans lesquelles il faudrait soutenir la lutte : « La continuation de la guerre augmenterait plutôt nos pertes qu'elle ne les diminuerait ;... du côté de l'Amérique, il était vraisemblable que nous avions perdu la Louisiane et que nous en recevrions incessamment la nouvelle... il ne nous resterait plus dans cette partie du monde que Saint-Domingue... Sa majesté connaissait les hasards que les secours et la défense de cette colonie couraient, lorsque l'on n'était pas supérieur en mer aux ennemis qui la menaçaient... Si l'attaque de la Havane réussissait, il était moralement impossible de défendre Saint-Domingue l'année prochaine... Nous avons représenté au roi qu'il ne restait plus rien aux Français en Afrique, que quant à l'Asie, il ne leur restait que les îles de France et de Bourbon, lesquelles, sans des accidents de mer que l'on peut regarder comme des miracles, doivent être prises cette année et le seraient certainement l'année prochaine. Quant à l'Europe, le roi était instruit de la position de son armée en Allemagne : elle est telle, après l'échec du 24[1] que Sa Majesté a été obligée d'écrire à ses généraux de la manière la plus absolue, pour les engager à garder à tous risques Cassel et Goettingue... Il faut donc prévoir que les armées du roi rentreront cet hiver dans le royaume et que la guerre se fera sur nos frontières et dans nos provinces... mais je suis bien sûr qu'après avoir perdu nos alliés et nos conquêtes en Allemagne, nos généraux ne seront pas meilleurs en Alsace qu'en Hesse[2]. »

1. Le 24 juin 1762, bataille de Whilelmstadt, gagnée par le prince Ferdinand de Brunswick sur le prince de Soubise et le maréchal d'Estrees.

2. Lettre du duc de Choiseul au marquis d'Ossun, 22 juillet 1762 Aff.. étr. Espagne, DXXXVI, f°s 491 et sq.

Le 8 août, après réception des dernières offres anglaises, le duc de Choiseul constatait avec douleur que « la France et l'Angleterre sont d'accord sur leurs conditions de paix personnelles, de sorte que, si nous étions seuls en guerre, dans les mêmes circonstances où nous nous trouvons, il est évident que la paix serait faite[1] ». Enfin, comme la Cour d'Angleterre se plaignait des embarras apportés par l'Espagne à la négociation, le duc de Choiseul fit écrire par le roi de France au roi d'Espagne une lettre qui était une véritable mise en demeure.

Dans un billet particulier au marquis d'Ossun, le duc de Choiseul ne cachait pas ses mécomptes : « La lettre que le roi écrit à Sa Majesté catholique, Monsieur, est si importante que je m'étais proposé à Sa Majesté pour la porter à Madrid ; après des instances réitérées faites dans le Conseil, le roi a jugé à propos de me retenir auprès de sa personne ; mais des ministres lui ont conseillé d'envoyer sa lettre par M. O'Dunne, afin que la démarche portât une marque d'attention plus positive. M. le marquis de Puysieulx, qui a opiné dans le Conseil, s'est chargé de nous détailler les raisons qui ont déterminé son opinion, et j'ai pensé ainsi que lui, que la reddition de cette lettre, en quoi consiste la solution de M. O' Dunne, ne devait pas vous déplaire... Ses soins et les vôtres doivent être employés à nous la faire parvenir le plus tôt qu'il sera possible[1] ». Le marché était nettement mis en main à l'Espagne. On lui signifiait qu'elle n'avait plus qu'à se soumettre.

Déjà cependant le conflit entre les deux cours paraissait s'apaiser. Le 2 août, le roi d'Espagne, avant d'avoir reçu la lettre du roi, son cousin, avait commencé à se relâcher de ses prétentions, accordait aux Anglais la coupe *provisionnelle* du bois de Campêche, laissait subsister pendant six mois les anciennes conventions commerciales jusqu'à la conclusion du nouveau traité. Il donnait ses pleins pouvoirs au marquis de Grimaldi pour négocier avec lord Bedford, plénipotentiaire à Paris. Lorsque M. O' Dunne, porteur de la missive royale, arriva à Saint-Ildefonse le 18 août, il crut l'affaire arrangée et revint à Paris dès le 5 septembre, supposant le différend terminé.

En réalité, l'Espagne n'avait fait aucune concession de nature à satisfaire vraiment les Anglais : l'accord reposait sur un malentendu. Le 20 septembre, le duc de Choiseul dut rappeler

1. Lettre particulière du duc de Choiseul au marquis d'Ossun, 9 août 1762. Aff. étr. France, Mém. et Doc., DLXXIV, f° 95.

une fois encore qu'il ne subsistait plus un seul différend entre la France et l'Angleterre et que l'obstination du roi catholique arrêtait seule les négociations : « Il n'est pas question, assurait-il de la part de l'Espagne de changer aucune des propositions de l'Angleterre ; elles vont toutes avec la condition *sine qua non*, et vous pouvez affirmer que l'univers entier aurait beau se relayer pour conférer avec M. de Bedford que je doute que ce même univers réussit à lui faire changer un mot. » Le ministre français laissait même échapper cette boutade où perçait l'irritation : « J'ai dit au roi que je n'avais pas le courage, et je doute que l'on trouve quelqu'un qui l'ait, de continuer cette négociation ; cela me serait absolument impossible. J'abjurerais plutôt, pour aller aux galères, la partie politique et je ne vous cacherais pas qu'après avoir manqué deux fois la paix, j'espère que le roi approuvera que je ne tente plus d'y réussir[1] ». Dans une lettre particulière du même jour à d'Ossun il s'exprima encore plus nettement : « Jusque-là les deux cours pouvaient avoir des complaisances réciproques, laisser un champ libre à leurs sentiments et même aux compliments, mais aujourd'hui c'est une division précise, en forme et sans nulle tergiversation. Car je vous avoue qu'il y a eu beaucoup de différence entre ce que M. O'Dunne nous a dit et que vous nous avez mandé et ce que contenaient les instructions auxquelles M. de Grimaldi était astreint... Le roi d'Espagne veut-il la guerre ou la paix ? S'il veut la dernière, ainsi qu'il l'a dit, écrit, promis au roi son cousin, il faut qu'il adopte les articles. S'il veut la guerre, il faut qu'il les rejette, il n'y a pas de milieu. » Et comme l'Espagne faisait des difficultés pour laisser les Anglais s'établir aux bouches du Mississipi : « Je vous préviens que nous ne souffrirons pas que la paix soit manquée pour (cet) article... La Louisiane nous appartient en toute souveraineté et le roi n'entend point que les dispositions qu'il fait relativement à son bien puissent être contrariées au point de détruire un ouvrage aussi utile à son royaume[2]. » La thèse était nettement posée et, un an après le Pacte de famille, le duc de Choiseul signifiait nettement à la Cour de Madrid que, si elle voulait continuer la guerre, elle n'avait plus à compter sur l'appui de la France.

1. Lettre du duc de Choiseul au marquis d'Ossun, 20 septembre 1762. Aff. étr. Espagne, DXXXVII, f°s 160 et sq.

2. Lettre particulière du duc de Choiseul au marquis d'Ossun, 20 septembre. Aff. étr. France, Mém. et Doc., DLXXIV, f°s 109 et sq..

Le roi Charles III comprit qu'il ne pouvait résister davantage ; le 28 septembre, il autorisait le marquis d'Ossun à « tirer son gouvernement d'inquiétude en lui annonçant en général que l'Espagne ne fera pas manquer la paix ». Mais il tenait bien à préciser qu'il cédait uniquement aux volontés de la France, et mettait en lumière toute l'étendue du sacrifice qu'il faisait : « Je n'ai entrepris la guerre que pour procurer la paix au roi mon cousin ; puisqu'il est content des conditions que lui offre l'Angleterre, je ne ferai pas manquer la paix de la France pour mes intérêts personnels ; je les remets absolument entre les mains du roi mon cousin ; j'espère qu'il voudra bien faire tout ce qui dépendra de lui pour obtenir ce que je demande[1] . »

Et pourtant, l'Espagne n'avait-elle pas mauvaise grâce à se montrer si difficile?. La conduite de ses troupes, depuis le commencement de la lutte, ne l'autorisait pas à de telles prétentions. Il était difficile d'apporter aux préparatifs plus de nonchalance, jointe à plus de présomption, que ne le faisait la Cour de Madrid. La sommation au Portugal, qu'il importait de brusquer, fut remise le 16 mars 1762 seulement, trois mois après la rupture avec l'Angleterre. D. José Carvalho, comte d'Oeyras[2] qui dirigeait alors la politique portugaise, avait su habilement profiter de tous ces retards. Tandis qu'il amusait l'Espagne .par de feintes négociations, il poussait avec rapidité ses armements. Dès le 16 février, M. O' Dunne mandait que « on arme ici plusieurs vaisseaux et l'on travaille jour et nuit à mettre l'entrée du port (de Lisbonne), en état de défense[3] ». Tout au contraire, le gouvernement espagnol différait de jour en jour. Dans chacune de ses lettres, le marquis d'Ossun annonçait un nouveau retard. Tantôt, on alléguait la difficulté des levées, l'absence d'un service régulier d'intendance; tantôt on attendait l'arrivée du corps auxiliaire français qui, porté à seize mille hommes en vertu du Pacte de famille, devait sous le prince de Beauveau, participer à la conquête du Portugal. Tantôt enfin on accusait l'impéritie, la mauvaise volonté du commandant en chef, le marquis de Sarria, frère de l'ancien ministre, créature de l'Angleterre D. José Carvajal, et lui-même

1. Lettre du marquis d'Ossun au duc de Choiseul, 29 septembre 1762. Aff. étr. Espagne, DXXXVII, f° 201.

2. Plus tard marquis de Pombal.

3. Lettre de M. O'Dunne au marquis d'Ossun, 16 février 1762. Aff. étr. Espagne, DXXXV, f° 209.

« vieux général goutteux, aussi lourd d'esprit que de corps[1] ». Aucun plan régulier de campagne ; le temps se perdait en marches et en contre-marches.

D'abord on décida d'investir Almeida, la grande forteresse portugaise de la frontière, la clef des routes qui mènent au Douro et au Tage. L'expédition à peine commencée, on l'interrompit : le roi d'Espagne voulait éviter Lisbonne, résidence de la cour, par égard pour sa sœur Doña Mariana-Victoria, reine de Portugal. On résolut alors d'occuper toute la partie qui s'étend entre le Douro et la frontière de Galice, le pays de Tras-Os-Montes. L'armée espagnole tout entière fut portée sur la rive droite du Douro. Enfin, on se rendit compte qu'une entreprise aussi excentrique ne produirait aucune impression sérieuse sur la Cour de Lisbonne. Brusquement, on modifia de nouveau tous les plans. On constitua trois corps d'armée : le premier, sous le marquis de Sarria, qui, après une marche pénible, avait franchi le Douro à Zamora, reçut l'ordre d'enlever Chaves et de marcher sur Oporto. Un deuxième corps rassemblé à Ciudad Rodrigo par le comte de Maceda, prépara le siège d'Almeida. Le lieutenant général D. Grégorio Munian, établi à Badajoz avec le troisième corps, fut chargé de menacer l'Estramadure portugaise. On envahissait ainsi le Portugal sur trois points différents, mais c'était la troisième fois qu'on changeait le plan depuis le début de la campagne.

Le moindre incident servait de prétexte à un retard. Le 5 avril, l'ambassadeur français manda que l'expédition de Portugal se trouvait retardée de quelques jours, « parce qu'il faut passer une rivière que les pluies ont grossie[2]. » Projetée pour le milieu de décembre 1761, ce fut seulement à la fin d'avril 1762 que l'expédition espagnole, forte de vingt trois mille hommes, franchit la frontière. Alors, le comte d'Ocyras jeta le masque. L'armée portugaise qui, au début, comptait à peine vingt mille hommes[3], se montait alors à plus de quarante mille[4]. A la sortie du royaume, le représentant espagnol, D. Jose Torrero fut détenu jusqu'à l'arrivée en Portugal de l'ambassadeur portugais à Madrid,

1. M. F. Rousseau, *o. c.*, I, p. 76.

2. Lettre du marquis d'Ossun au duc de Choiseul, 5 avril 1762. Aff. étr. Espagne, DXXXVI, f° 36.

3. Sir W. Coxe, *o. c.*, IV, p. 492.

4. Lettre du marquis d'Ossun au duc de Choiseul, 19 avril 1762. Aff. étr. Espagne, DXXXVI, f° 84.

le marquis de Silva. Un corps de troupes anglaises, sous la conduite du comte de Lippe et du brigadier général Burgoyne, débarqua au secours du gouvernement de Lisbonne. Il n'y avait plus aucun espoir de conquérir cette année le Portugal; le 19 avril, le marquis d'Ossun mandait qu'il ne fallait plus guère se faire d'illusions sur cet objet[1].

Néanmoins, le roi d'Espagne et ses ministres affectaient une belle confiance, publiaient des bulletins de triomphe à propos de minuscules succès. Le marquis de Sarria avait pris Miranda[2], à la suite d'une brèche déterminée par l'explosion d'un magasin à poudre; à la fin de mai, il entra dans Chaves, évacuée par les Portugais. Le 15 août seulement, l'armée espagnole, renforcée des troupes françaises du prince de Beauveau, commença le siège d'Almeida et s'empara de la place après dix jours, le 25, sans résistance sérieuse. Là s'arrêtèrent les victoires espagnoles. Les paysans soulevés arrêtèrent la marche de D. Alexandro O' Reilly, qui s'avançait de Chaves sur Villaréal, et le contraignirent à se replier sur le gros de l'armée. Le roi catholique attribua tous ces retards à l'insuffisance du marquis de Sarria et le remplaça par le plus habile de ses généraux, le comte d'Aranda, revenu de son ambassade de Varsovie. Il était trop tard, et l'intervention anglaise réduisit à néant les efforts du nouveau commandant en chef. A la fin d'août, le comte de Lippe avait achevé de concentrer les troupes portugaises, et après une marche forcée de cinq jours le brigadier général Burgoyne enleva un détachement espagnol[3]. Par une offensive hardie, les généraux anglais remontèrent la vallée du Tage et se portèrent sur la route de la capitale, entièrement découverte. Le comte d'Aranda accourut en toute hâte pour couvrir Madrid; mais, gagné de vitesse, il trouva Abrantès déjà occupée par les Anglais. Il tenta vainement de franchir le Tage, fut arrêté par le brigadier général Burgoyne : satisfaite de son succès, l'armée anglo-portugaise ne poussa pas plus loin et campa sur la ligne de Guarda à Abrantès. Elle avait atteint son but et brisé l'offensive espagnole.

Aux colonies, c'était encore bien pis : aussitôt après la déclaration de guerre, les Anglais envoyèrent une flotte s'emparer de la

1. Lettre du marquis d'Ossun au duc de Choiseul, 19 avril 1762. Aff. étr. Espagne, DXXXVI, f°s 84 et sq.

2. Voir Rousseau, *Règne de Charles III d'Espagne*, t. I, p. 76 et sq.

3. Sir W. Coxe, *o. c.*, IV, p. 495 et sq.

principale possession espagnole dans les Antilles, l'île de Cuba. Le 2 juin l'amiral Pocock traversa le canal de Bahama, à la tête d'une escadre de vingt neuf bâtiments, ayant à son bord quatorze mille hommes commandés par lord Albemarle [1]. Le ministère français avait insisté pour que la Havane fût mise en état de défense. La Cour de Madrid paraissait tout à fait rassurée sur l'état de sa colonie [2]. Le gouverneur disait « en propres termes qu'il demande à être employé à la Floride, parce que la place où il est se trouve si bien pourvue et dans un si bon état de défense qu'il ne pourrait pas s'y faire des mérites si elle était attaquée [3] ». Cependant, le duc de Choiseul s'étonnait que, « le 23 avril, plus de quatre mois après la déclaration de guerre, le commandant de la Havane ne connût pas encore la rupture entre l'Espagne et l'Angleterre [4]. »

Pour défendre, il est vrai, la citadelle de la Havane se trouvait un officier réputé pour ses mérites militaires, D. Juan de Prado. Une flotte espagnole de douze vaisseaux de ligne et de quatre frégates croisait aux abords de Cuba. Mais l'incurie espagnole succomba facilement devant la promptitude anglaise. Le 7 juin, l'amiral Pocock débarqua entre les rivières Nao et Caximar, tandis qu'un détachement amusait la garnison par une attaque feinte contre la partie occidentale de Cuba; le château du Morro, clef de la défense fut attaqué. D. Luiz Velasco, lieutenant du gouverneur, résista avec toute l'intrépidité castillane. Mais, trahi par le petit nombre de ses troupes et par ses faibles ressources, il ne put, malgré l'énergie de ses efforts, triompher de la multitude des assaillants. Le 30 juillet, l'arrivée aux Anglais de quatre mille hommes de renfort détermina la chute du Morro. D. Luiz Velasco fut tué. Restaient la ville même de la Havane et la citadelle, le fort Puntalès : après la prise du Morro, il ne restait aucune espérance de les sauver. Le gouverneur D. Juan de Prado se décida à capituler (13 août 1762).

Dans les autres colonies de l'Espagne, la situation n'était pas plus brillante. Le 24 septembre, une escadre anglaise, sous le

1. Sir W. Coxe, *o. c.*, IV, p. 485 et sq.

2. Lettre du marquis d'Ossun au duc de Choiseul, 3 juillet 1762. Aff. étr. Espagne, DXXXVI, f° 399.

3. Lettre du marquis d'Ossun au duc de Choiseul, 26 juillet 1762. Aff. étr. Espagne, DXXXVI, f° 532.

4. Lettre du duc de Choiseul au marquis d'Ossun, 13 juillet 1762. Aff. étr. Espagne, DXXXVI, f° 460.

brigadier Draper, avec deux mille trois cents hommes, attaqua Manille; on n'y connaissait même pas la déclaration de guerre. Le colonel Monson bombarda la place et somma l'archevêque D. Antonio Rojo, gouverneur intérimaire, d'épargner à la ville le pillage par une rançon de quatre millions de pesos, dont deux payables immédiatement. La capitulation d'ailleurs n'empêcha pas les Anglais de mettre le feu en cinq endroits de la cité et de tout saccager. Sans doute, en novembre 1762, D. Pedro Caballos attaqua la colonie portugaise du Sacramento, sur la rive gauche de la Plata, s'en rendit maître et s'y empara de vingt-six vaisseaux[1]; mais ce facile succès ne pouvait compenser la prise de Manille et la chute de la Havane. Ainsi, aux colonies comme en Europe, les résultats de la guerre ne justifiaient guère les prétentions de l'Espagne. Il ne lui convenait pas de mettre tant d'obstacles à la conclusion de la paix.

Elle se décidait à la paix, trop tard, comme elle s'était décidée à la guerre. Le 2 octobre 1762, alors que les propositions plus conciliantes du 29 septembre n'étaient pas encore parvenues de Madrid à la Cour de Louis XV, on apprit à Versailles la chute de la Havane. Si la paix devenait plus que jamais nécessaire, fallait-il l'acquérir par de nouveaux sacrifices? Ce fut un coup terrible pour le duc de Choiseul. Toutes les espérances qu'il avait fondées sur le concours militaire de l'Espagne s'évanouirent devant la triste réalité. Dès le 3 octobre, il écrivit au marquis d'Ossun : « Je ne vous parlerai pas ici de l'extraordinaire sécurité de la Cour de Madrid sur cet événement, sécurité qui m'avait gagné et qui m'éloigne encore plus du moment où nous sommes. Je ne vous détaillerai pas les fautes politiques que cette sécurité nous a fait faire relativement à la paix, non plus que les conséquences terribles pour la monarchie d'Espagne et pour la France que l'on peut prévoir de cette perte. Il est question à présent de partir du point où nous sommes et de savoir les intentions du roi d'Espagne. Les nôtres sont qu'il faut se presser de faire la paix à quelque prix que ce soit[2]. » Avec raison Choiseul vit alors les colonies espagnoles du continent américain envahies par les Anglais, la conquête du Portugal impossible, la France hors d'état de porter secours à l'Espagne. Il pressa la cour de

1. Sir W. Coxe, *o. c.*, IV, p. 492.
2. Lettre particulière du duc de Choiseul au marquis d'Ossun, 3 octobre 1762, Aff. étr. France, Mém. et Doc., DLXXIV, f°s 112 et sq.

Madrid d'envoyer le plus tôt possible ses pleins pouvoirs au marquis de Grimaldi. Néanmoins, à la réflexion, pour ne pas rendre le Pacte de Famille trop impopulaire à Madrid et pour faciliter l'accession de l'Espagne, le roi de France, par une lettre de sa main, le 9 octobre 1762, offrit au roi catholique la cession de la Louisiane, seule colonie de terre ferme qui restât aux Français en Amérique, comme dédommagement des compensations qu'il devrait donner aux Anglais pour recouvrer Cuba. « Je voudrais de tout mon cœur, écrivit-il avec un désintéressement tout royal, que l'Espagne ne souffrît point d'une guerre que la tendresse personnelle de Votre Majesté pour moi lui a fait entreprendre. Si la Nouvelle-Orléans et la Louisiane pouvaient être utiles à Votre Majesté pour la restitution de la Havane ou pour la dédommager de compensations qu'elle donnerait aux ennemis, je lui en offre la possession[1]. »

Mais, même après ce sacrifice, le Gouvernement français et le duc de Choiseul n'étaient pas au bout de leurs difficultés. La prise de la Havane avait piqué la vanité du roi d'Espagne : une seule défaite ne pouvait pas ruiner sa monarchie. A la nouvelle de cette catastrophe, il avait dit à l'ambassadeur de France : « Vous savez la nouvelle ; la Cour me l'annonçait hier matin, et je ne sais pourquoi, puisque les derniers détails que j'avais reçus pouvaient me donner de l'espérance. J'ai pris mon parti sans peine. Lorsqu'on fait la guerre, il faut s'attendre aux bons et aux mauvais succès ; mes troupes se sont bien défendues ; c'est ce qui m'a consolé et je n'ai jamais dormi plus tranquillement que la nuit dernière[2]. » Il remercia négligemment Louis XV de l'importante cession qu'il lui faisait, feignit de ne pas l'accepter, semblant d'ailleurs n'y attacher aucun prix, et fit sonner bien haut son désir de continuer la guerre.

Au fond Charles III laissait à la Cour de Versailles le soin de l'apaiser. Il voulait se dire contraint à signer la paix par complaisance envers le roi de France. Le général Wall déclarait alors très ostensiblement au ministre de France qu'il convenait de finir, que le sort de l'Espagne était d'être sacrifiée, que la

1. Lettre du roi de France au roi d'Espagne, 9 octobre 1762. Aff. étr. Espagne, DXXXVII, f°s 221 et sq.

2. Lettre du marquis d'Ossun au duc de Choiseul, 10 octobre 1762. Aff. étr. Espagne, DXXXVII, f° 228.

France n'était plus en état de continuer la guerre[1]. Ces prétentions ridicules de la Cour de Madrid révoltaient Choiseul : « M. d'Arriaga, quelque confiant qu'il soit, ne persuadera pas davantage que l'armée d'Espagne qui est en Portugal prendra Lisbonne cette année... Nous regardons ici comme le comble de la folie la rodomontade qui enivre la Cour de Madrid au point de lui faire prendre le parti de la continuation de la guerre plutôt que de faire une cession[2]. »

Ce fut alors que l'Angleterre fit connaître ses nouvelles conditions. Le 12 octobre, le duc de Nivernais, envoyé à Londres, reçut les propositions de lord Egremont : l'Angleterre garderait Cuba ou l'Espagne céderait un équivalent, soit l'île de Puerto Rico, soit la Floride entière, soit une partie du Yucatan ; les Espagnols renonceraient à la pêche de Terre-Neuve. Le 15 octobre, le duc de Choiseul, dans une lettre particulière et très secrète, conseilla à Madrid l'abandon de la Floride. Enfin toute comédie cessa. Le roi d'Espagne sentit qu'il s'était suffisamment fait prier et qu'il convenait de céder : le 22 octobre, il fit savoir au marquis d'Ossun que de nouvelles instructions étaient envoyées au marquis de Grimaldi et, le 3 novembre 1762, les préliminaires de Fontainebleau terminèrent la guerre maritime.

La France renonçait à ses prétentions sur les dépendances de l'Acadie, origine de la guerre ; elle cédait le Canada, l'Ile du Cap-Breton, les Iles du Saint-Laurent, la rive gauche du Mississipi, sauf la Nouvelle-Orléans. Elle renonçait à la Grenade et aux Grenadines, trois des îles neutres. Par contre, elle acquérait Sainte-Lucie, la quatrième, recouvrait la Guadeloupe, la Martinique, Marie-Galande, la Désirade et, en Afrique, Gorée. Elle rendait Minorque, abandonnait le Sénégal ; ses possessions aux Indes étaient rétablies dans l'état où elles se trouvaient en 1749, mais elle dut renoncer à tenir des troupes dans Chandernagor. L'Angleterre lui accordait encore le droit de pêche sur la côte de Terre-Neuve, avec Saint-Pierre et Miquelon comme points d'appui, mais sans le droit de les fortifier. D'autre part, les fortifications de Dunkerque seraient démolies et des commissaires anglais auraient la faculté de vérifier l'exécution de cette clause.

L'Espagne renonçait au droit de pêcher sur les bancs de Terre-

1. Lettre du marquis d'Ossun au duc de Choiseul, 22 octobre 1762. Aff. étr. Espagne, DXXXVII, f° 266.

2. Lettre du duc de Choiseul au marquis d'Ossun, 20 octobre 1762. Aff. étr. Espagne, DXXXVII, f°s 256 et sq.

Neuve ; elle laissait les Anglais couper du bois sur la côte de Campêche à la condition de démolir les établissements qu'ils avaient formés sur la côte des Mosquitos. La Cour de Londres restituait la Havane et toutes les conquêtes qu'elle pourrait encore faire. Mais l'Espagne cédait la Floride et tout ce qu'elle possédait à l'est du Mississipi. Le statu quo ante bellum était rétabli avec le Portugal. Le roi d'Espagne ne négligeait pas le présent qui lui était offert par la Cour de Versailles : le 23 novembre, la France abandonna en toute propriété la Louisiane à l'Espagne. Le traité définitif fut signé à Paris le 10 février 1763 et les ratifications échangées dans le courant de mars.

Le duc de Choiseul tirait la leçon de tous événements dans la lettre qu'il écrivit à Madrid pour annoncer la signature des préliminaires : « Il est sans doute fâcheux pour les deux premières monarchies de l'Europe d'être forcées par les dures conjectures et par les événements à subir en quelque sorte la loi du vainqueur. Mais il faut se rendre justice : nous n'avions certainement rien à espérer de mieux et beaucoup à craindre pour l'avenir[1]. »

Assurément, il n'y avait rien de mieux à faire. Mais que valaient alors les résultats immédiats du Pacte de famille, pour la France et pour l'Espagne ? A la France, l'alliance coûtait la Louisiane, et mille tracas subis au cours des négociations ; à l'Espagne, la Floride, sans compter la ruine de sa marine et les formidables dépenses entraînées par une guerre inutile. De telles conséquences n'étaient pas faites pour justifier auprès de l'opinion les auteurs de cet accord. En Espagne, un mouvement national se dessina plus que jamais contre les Français : le ministère avait beau jeu à insinuer au roi que l'appui de la France n'était d'aucune utilité. Seule, la cession de la Louisiane pouvait calmer un peu les transports de l'opinion. Aussi le duc de Choiseul recommandait-il à ses agents de Madrid, l'ambassadeur et le consul général, abbé Beliardi, de faire valoir le plus possible auprès de la population l'importance de ce don[2]. « Vous sentez combien il est intéressant pour nous de faire valoir la cession de la Louisiane, non pas tant au ministère espagnol qu'à la nation : je crois que vous ferez bien d'instruire l'abbé Beliardi de ce procédé généreux du roi, afin que parmi les commerçants, banquiers, etc...

1. Lettre du duc de Choiseul au marquis d'Ossun, 3 novembre 1762. Aff. étr. Espagne, DXXXVII, f° 290.

2. Lettre particulière du duc de Choiseul au marquis d'Ossun, 3 novembre 1762. Aff. étr. France, Mém. et Doc., DLXXIV, f° 125.

il puisse le faire sentir et tâcher que la nation, dans cet ordre qui est la partie intéressante pour nous, ne soit pas indisposée contre la France. » A Paris, de leur côté les ennemis du ministre français redoublèrent plus que jamais leurs attaques contre son système politique. Choiseul eut des luttes très vives à soutenir : « J'ai éprouvé à cette occasion, avouait-il à propos de l'affaire de la Havane, dans le Conseil, des désagréments personnels sur ma confiance, mais je n'ai point perdu courage et le roi *seul*[1] est aussi ferme que moi[2]. »

Enfin, ce qui surtout était grave, les auteurs de l'alliance éprouvaient une immense désillusion. Ils avaient la conviction intime de s'être trompés. Le roi d'Espagne souffrait de la perte de ses colonies et des concessions que son amour-propre avait dû faire. Le duc de Choiseul, de son côté, dans la première chaleur de la défaite, avait cherché à s'étourdir, à s'abuser : « Le mieux à faire, écrivait-il peu après la prise de Cuba, j'en conviens, est de travailler de concert avec le roi d'Espagne, à notre marine et à nos colonies pour réparer dans quelques années nos disgrâces. Il faut s'attendre à recommencer dans cinq ans la guerre sur le même plan, en y retranchant l'Allemagne, mais en prévenant nos ennemis et en les attaquant avant qu'ils soient préparés. Voilà ce que je pense naturellement[3]. » Mais, à la réflexion, à mesure que les fautes, les obstinations de l'Espagne s'accumulaient, la tristesse, le dégoût l'envahissaient : il doutait de son œuvre et cette réflexion, qui trahissait sa lassitude, lui échappa : « Je vous assure que, si je l'avais connue comme je la connais, je me serais bien gardé de proposer au roi de faire entrer dans la guerre une puissance qui, par sa faiblesse, ne peut que perdre et ruiner la France[4]. »

Ne faut-il pas cependant attribuer de telles paroles à l'amertume ressentie dans un premier moment de découragement? Le ministre français devait plus tard reprendre et conserver confiance dans l'œuvre qu'il avait accomplie, la poursuivre et la maintenir.

1. Le mot est ainsi souligné dans le texte.
2. Lettre particulière du duc de Choiseul au marquis d'Ossun, 9 octobre 1762. Aff. étr. Espagne, DXXXVII, f° 224.
3. Lettre particulière du duc de Choiseul au marquis d'Ossun, 9 octobre 1762. Aff. étr. Espagne, DXXXVII, f° 224.
4. Lettre particulière du duc de Choiseul au marquis d'Ossun, 20 octobre 1762. Aff. étr. Espagne, DXXXVII, f° 258.

CHAPITRE III

LES RELATIONS COMMERCIALES ENTRE LA FRANCE ET L'ESPAGNE APRÈS LE PACTE DE FAMILLE

En 1763, après la paix, en matière commerciale comme en politique, après un moment d'enthousiasme, l'alliance avait produit à Madrid et à Paris la même déception. Sur ce terrain en effet et sur ce terrain surtout, une antinomie irréductible existait entre les besoins des deux nations : l'opposition des intérêts devait amener un choc véritable.

A cette époque, l'Espagne avait à satisfaire aux besoins d'un double commerce, — d'abord, avec ses possessions : l'Amérique fournissait en abondance les denrées coloniales, café, sucre, indigo, cochenille, épices, surtout les métaux précieux, piastres du Mexique et du Pérou ; en retour, elle importait les produits indispensables à la vie des colons européens et toutes sortes d'objets manufacturés : toiles, laines, vêtements, instruments de travail, articles de luxe. Ce trafic, le gouvernement espagnol s'en était dès l'origine réservé le monopole. Il se faisait uniquement par le port de Cadix[1], qui possédait le privilège des rapports avec l'Amérique, sur des navires espagnols munis de patentes délivrées à cet effet, soumis à un contrôle rigoureux qui permettait d'acquitter les droits levés à l'entrée et à la sortie du royaume, indult sur les pièces d'or et d'argent, droit d'extraction de 3 pour 100. Ces droits élevés montaient jusqu'à 70 pour 100 de la valeur totale des objets[2].

D'autre part l'Espagne commerçait pour ses propres besoins. Elle vendait au dehors, comme tous les pays, ce que son sol

1. En 1764, la Corogne fut aussi autorisée à pratiquer ce commerce.

2. Lettre du marquis d'Ossun au duc de Choiseul, 30 mai 1763. Aff. étr. Espagne, DXXXVIII, f°s 192 et sq.

donnait en abondance et achetait tout ce qu'elle ne produisait pas en quantité suffisante pour fournir aux besoins de sa consommation. Pays neuf, elle exportait surtout des matières brutes, blés et laines, et importait des articles travaillés. Un système de taxes facilitait l'entrée des marchandises indispensables, écartait les denrées inutiles. Il n'y avait là rien de particulier. Mais une perturbation importante dans la vie économique résultait de ce fait que l'Espagne, s'étant constituée l'unique intermédiaire entre l'Europe et l'Amérique, devait, avec ses produits propres, écouler ceux de ses possessions coloniales, et acquérir dans les pays étrangers les objets manufacturés indispensables à ses colonies, objets que la pauvreté de son industrie la rendait, on l'a vu, impuissante à fournir. L'Espagne jouait ainsi le double rôle de consommateur et de courtier.

De plus, les relations avec l'Amérique occupant la plupart de ses navires, il ne lui restait pas de moyens d'exporter elle-même sur les marchés européens les produits de ses colonies, d'aller chercher les articles travaillés dans les pays qui les fabriquaient. Elle devait attendre et recevoir la visite des bâtiments étrangers, à son détriment et pour le plus grand profit des puissances qui pratiquaient ce commerce. Ce procédé rendait la fraude beaucoup plus facile et la contrebande, excitée par la convoitise des denrées coloniales, devenait un danger permanent, l'objet de préoccupations constantes et de mesures multiples, toujours éludées : plus le gouvernement de Madrid témoignait d'habileté dans le choix des moyens propres à arrêter le commerce illicite, plus les négociants déployaient d'ingéniosité pour le pratiquer.

Le duc de Choiseul entendit d'abord tirer parti de cette situation. Sa perspicace intelligence avait deviné toute l'importance des questions commerciales à une époque où elles étaient d'ordinaire extrêmement négligées. Il comptait, grâce aux nouveaux traités, obtenir pour les trafiquants français en Espagne une situation hors de pair et leur réserver, en fait, presque le monopole des échanges avec la péninsule. Il y voyait un moyen assuré de donner une impulsion nouvelle au commerce français et de trouver aux manufactures un débouché avantageux.

Or, précisément, le nouveau roi d'Espagne, Charles III et son ministre des finances, le marquis de Squillace, voulaient restaurer à l'intérieur comme à l'extérieur la puissance du royaume. Assurer le relèvement économique de l'Espagne était un des points essentiels de leur programme. Pour protéger l'industrie nationale encouragée par toutes sortes de mesures bienveillantes, ils voulaient lui épargner toute concurrence, frapper de lourds droits les marchandises importées en Espagne, retirer aux négociants étrangers les privilèges dont ils jouissaient, fermer plus que jamais toute porte à la contrebande. Enfin, songeant, le moment venu, à reprendre l'offensive, ils prétendaient relever la marine marchande, aller chercher les produits étrangers dans leurs ports respectifs, y introduire en retour par tous les moyens les objets fabriqués dans la péninsule, et faire ainsi de l'Espagne une grande puissance industrielle et commerçante. C'était une véritable guerre économique que le roi Charles III entreprenait de livrer. Et au libre échange, comme on dirait aujourd'hui, que le duc de Choiseul entendait imposer à l'Espagne, il se montrait résolu à opposer une politique plus que jamais protectionniste. Bien loin de songer à accroître les avantages des marchands français, le roi d'Espagne espérait au contraire les restreindre à la faveur du Pacte de famille, et, en échange de concessions sur le terrain diplomatique, diminuer les privilèges immenses que l'usage et les conventions antérieures accordaient dans ses états aux sujets de Louis XV.

A la suite de nombreux traités, tels que le traité des Pyrénées, la paix d'Utrecht, les nationaux français s'étaient déjà créé en Espagne une situation unique, supérieure à celle des indigènes eux-mêmes. A une époque où les navires étrangers, à peine arrivés dans un port, se trouvaient soumis au contrôle le plus rigoureux, les vaisseaux français jouissaient de l'exemption totale, absolue de la visite, à laquelle étaient astreints les sujets espagnols. Cette faveur s'étendait aux maisons, livres et magasins des négociants : par le Convenio d'Eminante qu'avait établi Juan d'Eminante le 24 janvier 1698, les produits français bénéficiaient d'une réduction sensible des tarifs ; par les dépêches de rémission, leurs marchandises payaient une fois pour toutes, à la frontière, les droits de douane et pouvaient ensuite circuler par tout le royaume sans acquitter aucune autre taxe[1]. Les sujets français qui résidaient en Espagne étaient exempts des charges municipales, du logement des gens de guerre, de la milice, des impositions arbitraires ; ceux qui s'y trouvaient de passage, les *Transeuntes*, comme on les appelait, ne relevaient pas des juridictions

1. Mémoire sur la situation du commerce français en Espagne. Aff. étr. Espagne, Mém. et Doc., XXXII, f°s 149 et sq., f°s 316 et sq.

ordinaires et portaient leurs différends commerciaux devant les gouverneurs de chaque district avec droit d'appel au Conseil suprême de guerre[1].

Les Français avaient tiré profit de cette situation. De tels privilèges leur assuraient sans conteste le premier rang dans le trafic légal de la péninsule. Sur les frontières de Navarre et de Catalogne avait lieu un mouvement de commerce assez actif, mais local; les côtes du Golfe du Lion et du Golfe de Gascogne étaient le siège d'un important courant de cabotage, mais le négoce français se concentrait surtout dans les grands ports de la Galice, ceux de la Méditerranée et de l'Océan. La Corogne, Carthagène et Cadix. Les navires venant de Marseille, de Saint-Malo, du Havre y apportaient les toiles fines, les soieries, les dentelles, les draps, les chapeaux, exportaient les laines, les vins, les huiles, les fruits d'Andalousie, la cochenille, l'indigo, les cuirs, les drogues médicinales, les bois de teinture, les piastres[2].

D'ailleurs et en surplus, les capitaines français mettaient à profit leurs privilèges pour pratiquer la contrebande sur la plus grande échelle. Le 30 janvier 1769 le consul de Cadix l'avouait ingénument au duc de Praslin[3]. L'importance de ce trafic illégal irritait les nationaux espagnols, spécialement les corps de métiers constitués, les *Gremios* qui, formant à Madrid une association puissante, et visant à l'exclusion des marchands étrangers, favorisaient contre eux les projets du gouvernement. Enfin un prétexte constant de conflits sans cesse renouvelés trouvait son aliment dans l'antipathie réciproque des deux nations. Les consuls français dans les ports espagnols multipliaient leurs plaintes contre les moindres vexations, grossissaient les affaires et compliquaient les débats ; de leur côté, les gouverneurs espagnols mettaient à profit toutes les occasions pour humilier les agents français et leur faire sentir en quelle piètre estime ils les tenaient.

L'antagonisme commercial des deux nations prit dès le début un caractère plus aigu, par suite de la raideur et du peu de formes qui caractérisaient le ministre espagnol, le marquis de Squillace. Le roi Charles III avait peut-être compté sur la raideur

1. Lettre du marquis d'Ossun au duc de Choiseul, 13 mars 1762. Aff. étr. Espagne, DXXXV, f°s 294 et sq.

2. Mémoire sur le commerce français en Espagne. Aff. étr. Espagne, Mém. et Doc., XXXII, f°s 346 et sq.

3. Lettre du consul de Cadix au duc de Praslin, 30 janvier 1769. Aff. étr. Espagne, DLVI, f° 85.

de son ministre comme il comptait sur l'indifférence du marquis d'Ossun, pour obtenir de la France des concessions. Et alors il allait se heurter à l'opposition clairvoyante et énergique du représentant du commerce français en Espagne, l'abbé Beliardi.

Dans ce monde diplomatique du XVIIIe siècle qui fourmillait d'aventuriers de toutes sortes, ce personnage n'est pas l'une des figures les moins curieuses. Né à Sinigaglia, près d'Ancône en 1723, l'abbé Beliardi chercha d'abord fortune de bien des côtés; on le vit à Rome, auprès du Pape Benoît XIV, puis en 1749, à Madrid, à la suite du cardinal de Porto-Carrero. Passé au service de la France, il fut nommé en 1757, agent général du commerce et de la marine en Espagne. Le duc de Choiseul le confirma dans sa charge, l'attacha à ses intérêts personnels, et en fit bientôt son représentant particulier à la Cour de Madrid. En correspondance fréquente avec le ministre, il accomplit plusieurs voyages à Versailles pour y prendre des instructions orales particulièrement utiles. Beliardi était pour le ministre un instrument précieux. Ses mémoires et ses lettres montrent en lui un esprit curieux de toutes questions, éveillé, fertile en projets et en idées nouvelles, très au courant des questions commerciales et coloniales[1]. Intelligent, habile, intrigant, d'une souplesse toute italienne, il sut parfois s'insinuer dans le domaine réservé au marquis d'Ossun. Au reste, on a trop exagéré son influence dans les affaires politiques[2] et il faut beaucoup rabattre

1. M. P. Muret, o. c., p. 659.

2. Une légende dont MM. P. Muret et F. Rousseau se sont fait les interprètes les plus autorisés s'est constituée peu à peu autour de ce personnage. On a voulu voir en lui une sorte d'agent officieux du duc de Choiseul à Madrid, chargé de contrecarrer et de détruire en secret les projets présentés par l'ambassadeur officiel, le marquis d'Ossun. Le duc de Choiseul, écrit M. P. Muret « traita les affaires d'Espagne par-dessus sa tête (au marquis d'Ossun), avec les ambassadeurs et les ministres espagnols, chargeant quand il était nécessaire Beliardi de véritables missions que d'Ossun ignorait en partie », o. c., p. 659. M. F. Rousseau est encore plus affirmatif: « Beliardi reçut les ordres confidentiels du ministre et connut ses plans secrets », o. c., II, p. 29. Cette tradition n'est pas nouvelle. Néanmoins les faits ne semblent pas la confirmer. On la trouve pour la première fois dans les notes ajoutées en 1771 par Favier à son *Précis de faits sur l'administration de MM. de Choiseul.* Favier dénonçait l'abbé Beliardi comme l'intermédiaire dont le duc de Choiseul se serait servi pour pousser, dans l'affaire des îles Malouines, l'Espagne à la guerre contre l'Angleterre (Voir plus loin, p. 153). La suite de ce récit montrera que l'attitude, très complexe, mais très nette du duc de Choiseul dans cette aventure diplomatique, ne permet pas une pareille supposition.

M. de Flassan, dans son *Histoire de la diplomatie française*, soutient une thèse analogue : « L'exposition des relations qui eurent lieu à ce sujet (des Jésuites) entre

de son rôle présumé dans les négociations diplomatiques. Il est certain du moins que l'ambassadeur de France, jaloux de la faveur et de la confiance dont il jouissait, lui voua, semble-t-il, une haine mortelle. Dans les affaires commerciales, il mit au service du duc de Choiseul tout le talent dont il était pourvu. Le marquis de Squillace trouva en lui un digne adversaire.

Le Pacte de famille, signé pour resserrer l'accord entre les deux nations, devint l'occasion même des conflits commerciaux des deux nations. La Cour d'Espagne s'arma du texte du traité pour retirer aux négociants français leurs privilèges. L'article 24 portait que « les sujets des hautes parties contractantes seront traités relativement au commerce et aux impositions dans chacun des deux royaumes en Europe comme les propres sujets du pays où ils aborderont ou résideront ; de sorte que le pavillon espagnol jouira en France des mêmes droits et prérogatives que le pavillon français et pareillement que le pavillon français sera traité en Espagne avec la même faveur que le pavillon espagnol. Les sujets des deux monarchies, en déclarant leurs marchandises, payeront

les cours de France, d'Espagne, de Naples et de Portugal et leurs négociations avec Rome, qui s'était déclarée ouvertement pour les Jésuites, formeraient un des monuments les plus piquants de la politique humaine ; mais le temps n'a encore dévoilé qu'une partie de ces négociations ou ne les dévoilera même jamais entièrement parce que beaucoup de démarches qui les accompagnèrent furent confiées à des sous-ordres ou opérées par des voies détournées et enveloppées du plus profond mystère afin de les soustraire à la vigilance des Jésuites. Ainsi, le duc de Choiseul ne correspondait pas sur ce sujet avec l'ambassadeur du roi en Espagne, M. d'Ossun, mais, avec l'abbé Beliardi, chargé des affaires de la marine et du commerce à Madrid », VI, p. 509. Sans doute, ce témoignage peut paraître d'un grand poids, l'auteur ayant publié son ouvrage à l'aide de documents conservés au ministère des Affaires étrangères. Néanmoins, comme dans les archives du ministère, on ne trouve pas d'autre texte que le mémoire de M. Favier à l'appui de cette hypothèse, il y a de fortes présomptions pour supposer que c'est de ce travail encore que M. de Flassan aura fait usage. En tout cas, un fait précis empêche d'admettre l'assertion relative aux Jésuites. C'est de mai à octobre 1767 que se place la négociation du duc de Choiseul avec la cour d'Espagne pour la suppression de la Compagnie de Jésus (v. plus loin, p. 106 et sq.). Or, à ce moment, l'abbé Beliardi était à Paris depuis le mois de janvier 1767 et ne revint à Madrid qu'à la fin d'octobre. Comme la question des îles Malouines et celle des Jésuites tiennent une place prépondérante dans les relations du duc de Choiseul avec la cour d'Espagne, le rôle de l'abbé Beliardi perd ainsi beaucoup de son importance.

Mais surtout, le duc de Choiseul entretint avec le gouvernement espagnol une correspondance directe ; il envoyait ses lettres à cachet volant au marquis d'Ossun. Plus d'une fois, il lui transmit des instructions qui différaient des ordres donnés dans le conseil ; dans les billets particuliers qu'il lui écrivait, il s'épancha souvent en réflexions amères sur les actes de son gouvernement. Il aurait commis une grave

les mêmes droits qui seront payés par les nationaux. L'importation et l'exportation leur seront également libres, comme aux sujets naturels et il n'y aura de droits à payer de part et d'autre que ceux qui seront perçus sur les propres sujets du souverain, ni de matières sujettes à confiscation que celles qui seront prohibées aux nationaux eux-mêmes ; et pour ce qui regarde ces objets, tous traités, conventions, ou arrangements antérieurs entre les deux monarchies resteront abolis ; bien entendu que nulle autre puissance étrangère ne jouira en Espagne non plus qu'en France d'aucun privilège plus avantageux que celui des deux nations. On observera les mêmes règles en France et en Espagne à l'égard du pavillon et des sujets du roi des Deux-Siciles, et Sa Majesté sicilienne les fera réciproquement observer à l'égard du pavillon et des sujets des couronnes de France et d'Espagne ».

Il suffit de lire l'article pour se rendre compte que les signataires entendaient par cet article améliorer la condition réciproque de leurs commerçants. Mais, s'inspirant de la lettre, non de l'esprit du traité, le marquis de Squillace, avec une subtilité qui

imprudence en négociant à l'insu de d'Ossun avec la cour de Madrid. Il se serait ainsi aliéné à jamais un homme qui aurait pu le dénoncer et le perdre.

Sans doute, le silence des papiers de l'abbé Beliardi n'est pas un argument. Ils ont été soigneusement expurgés de tout écrit politique et traitent uniquement de questions commerciales. En tous cas dans toute la correspondance du ministère des Affaires étrangères on ne voit qu'en deux circonstances l'abbé Béliardi se mêler d'affaires qui n'étaient pas du strict ressort de son département. D'abord, de juin à septembre 1765 : le comte de Fuentès, ambassadeur à Paris, était malade et il s'agissait de lui donner un successeur. Ce fut l'abbé Beliardi qui soumit à l'acceptation du duc de Choiseul les noms des différents candidats. L'affaire trouva son dénouement naturel dans le maintien du comte de Fuentès. Par la même occasion, le consul général donna quelques détails particuliers sur le conflit qui existait alors entre l'Angleterre et l'Espagne au sujet de la rançon de Manille (voir plus loin, p. 84 et sq.). Cette immixtion dans les questions politiques s'explique facilement. A ce moment l'abbé Beliardi venait d'arriver à Madrid ; il avait reçu de la bouche du duc de Choiseul ses dernières instructions et se trouvait plus à même que l'ambassadeur de traiter ces questions. Ses dépêches n'avaient rien de secret ; elles étaient renvoyées par le ministre aux bureaux, comme le prouvent les indications au crayon et à l'encre, parfois même de la main du duc de Choiseul, qui figurent encore sur le manuscrit des dépêches.

Enfin, en mai 1766, à la suite d'une révolte qui éclata à Madrid et amena un remaniement complet dans le personnel du gouvernement espagnol, l'abbé Beliardi, plus perspicace que le marquis d'Ossun, transmit des indications sur l'attitude des nouveaux ministres.

Ainsi, à plusieurs reprises, l'abbé Beliardi s'est essayé à jouer un rôle politique, d'ailleurs très minime. C'est tout ce qu'on peut affirmer avec certitude. Le reste n'est qu'hypothèse. On vient de voir les raisons qui rendent ces suppositions peu vraisemblables.

fait honneur à son esprit, sinon à sa droiture, en tira des conclusions tout à fait opposées. Agissant d'ailleurs, les faits le prouvèrent dans la suite, sur l'ordre du roi son maître, il allégua que les sujets des deux monarchies devaient payer les mêmes droits que les nationaux, et que tous traités, conventions ou engagements antérieurs demeuraient abolis. Comme, par une bizarrerie caractéristique de l'Espagne, c'étaient les sujets du roi catholique qui se trouvaient chez eux les moins favorisés de tous les négociants, cette interprétation ne tendait à rien moins qu'à la ruine des privilèges laborieusement acquis par la France. Le marquis de Squillace n'avertit même pas l'ambassadeur français : il affecta de considérer cette prétention comme un fait avéré qui ne prêtait pas à la moindre discussion.

En particulier, sous prétexte que les vaisseaux espagnols étaient soumis à la visite, il donna l'ordre d'y assujettir également les navires français[1]. Il reconnaissait, il est vrai, au gouvernement de Versailles le droit de traiter les bâtiments espagnols comme il traitait les vaisseaux français en Espagne. Pure plaisanterie, comme le faisait très justement remarquer le marquis d'Ossun : « La réciprocité de traitement, à laquelle le roi d'Espagne consent, n'est qu'une réciprocité de nom, d'autant que, lorsque vingt vaisseaux français aborderont dans les ports d'Espagne, il y en aura tout au plus un Espagnol qui viendra dans ceux de France, cette dernière puissance ayant un commerce actif, tandis que celui de l'autre n'est que passif[2]. » Les consuls firent entendre en vain de multiples protestations. En même temps, pour bien témoigner sa mauvaise volonté, le ministre des Finances chicanait à la France un malheureux emprunt de trois millions six cent mille piastres nécessaire pour la continuation de la guerre ; après de longues négociations, il concédait de mauvaise grâce neuf cent mille piastres remboursables dans les six mois.

Embarrassé par la question de la paix qui se compliquait de plus en plus, le duc de Choiseul ne voulut pas rendre les rapports de la France et de l'Espagne plus difficiles encore en y mêlant des questions accessoires. Il se borna d'abord à des représentations modérées. Mais, dès le 19 juillet 1762, il adressait un mémoire au marquis d'Ossun, où il rappelait que « les questions

1. Lettre du marquis de Squillace au marquis d'Ossun, 26 février 1762. Aff. étr. Espagne, DXXXV, f°s 223 et sq.

2. Lettre du marquis d'Ossun au duc de Choiseul, 13 mars 1762. Aff. étr. Espagne, DXXXV, f°s 294 et sq.

commerciales sont au premier rang des avantages rendus communs aux deux puissances par le Pacte de famille [1] ». Il exhortait le marquis d'Ossun à y donner toute son attention. Si la visite était imposée aux navires de France, le commerce français en Espagne subirait une rude atteinte. D'abord les capitaines se livraient à la contrebande, et le duc de Choiseul ne l'ignorait pas. Ensuite, les bâtiments seraient sujets à de multiples vexations qui détruiraient la sécurité et ruineraient la confiance. Le 5 septembre, dans une lettre particulière, il revint sur les droits de la France et se montra disposé à les défendre avec énergie : « Je crois qu'en partant du Pacte de famille, il est certain que nous devons jouir relativement au commerce de l'Espagne des avantages des Espagnols, sans perdre toutefois ceux des nations étrangères les plus favorisées [2]. »

Ce fut d'ailleurs seulement après la paix que Choiseul se décida à pousser l'affaire avec vigueur. Le droit de visite prenait une importance d'autant plus grande que les navires anglais ne s'y soumettaient pas ou l'éludaient avec la complicité des agents espagnols ; la concurrence britannique, de tout temps menaçante pour le négoce français dans la péninsule, prenait de ce fait un avantage marqué. De son côté, le Gouvernement de Madrid, délivré de la guerre, poursuivit avec plus d'ardeur que jamais ses plans de réforme économique et se montrait de moins en moins disposé à faire des concessions. L'abbé Beliardi constata très vite les funestes effets de ces mesures. L'augmentation des taxes sur les laines dérivait le commerce sur Bilbao, au plus grand profit des navires anglais ou hollandais, et au détriment de la ville de Bayonne [3].

Les conflits alors se multipliant, la Cour de France dut se résigner à accepter des pourparlers pour fixer le sens de l'article 24 du Pacte de famille et régler à l'avenir les rapports commerciaux entre les deux nations. Le Gouvernement espagnol proposait un traité de commerce. Le duc de Choiseul, craignant qu'il n'aboutît à la ruine du négoce français en Espagne, le 11 juillet 1763, rappela l'abbé Beliardi, afin de lui donner de

1. Mémoire du duc de Choiseul au marquis d'Ossun, 19 juillet 1762. Aff. étr. Espagne, Mém. et Doc., XXXII, f°s 309 et sq.

2. Lettre particulière du duc de Choiseul au marquis d'Ossun, 5 septembre 1762. Aff. étr. France, Mém. et Doc., DLXXIV, f° 102.

3. Lettre de l'abbé Beliardi au duc de Praslin, 28 mars 1763. Aff. étr. Espagne, DXXXVIII, f°s 126 et sq.

nouvelles instructions. Délivré de son principal adversaire, le ministère espagnol reprit la lutte avec plus d'ardeur. Le marquis d'Ossun s'efforça d'obtenir, au moins pendant toute la durée des négociations, la suspension provisoire de la visite. Les capitaines, les consuls refusaient de s'y soumettre : il en résultait des scènes de violence regrettables. Le marquis de Squillace fit bien cesser la visite de force, mais interdit aux vaisseaux de débarquer ou d'embarquer les marchandises tant qu'ils n'auraient pas accompli cette formalité. Autant valait prohiber d'un coup tout le commerce français. Il fallut que le 31 juillet, le duc de Choiseul protestât avec véhémence. Le général Wall sentit alors que son collègue allait trop loin, et, le 11 août, on consentit à Madrid à suspendre effectivement la visite à la condition d'une réciprocité absolue de la part du Gouvernement de Versailles.

La Cour de France n'était pas au bout de ses peines. Quatre jours après, sans doute, sous l'influence du roi et sur les instances réitérées du marquis de Squillace, le général Wall revint sur sa première décision. Il spécifia que l'exemption provisoire ne s'appliquait pas à la visite commune à toutes les nations. On distinguait en effet, deux sortes de visites : la première, dénommée *de règle* ou *de fundeo*, obligatoire pour tous les navires. A son arrivée dans un port chaque vaisseau remettait la déclaration de son chargement ; huit jours après se pratiquait la visite ; les bâtiments français seuls en étaient exempts. Il y avait aussi, la visite arbitraire qui pouvait se renouveler, sans avis préalable, au gré des autorités, visite par suite beaucoup plus incommode et nuisible au commerce. Ce fut cette dernière seule que le général Wall consentait à suspendre. Si les bateaux français voulaient commercer en Espagne, ils demeuraient soumis à la visite *de fundeo* (15 août 1763). Le gouvernement de Madrid ayant étendu cette visite aux vaisseaux anglais, qui l'avaient acceptée avec la certitude de trouver dans la faveur des employés subalternes largement rétribuée le moyen d'en être dispensés, la France manquait du principal argument à opposer aux prétentions espagnoles. Le duc de Choiseul, avec son esprit pratique, comprit qu'il n'y avait rien à faire et que le mieux était « provisoirement, de subir la visite, sans acquiescement comme sans résistance[1] ». Au demeurant, il entendait bien ne se prêter

1. Lettre du duc de Choiseul au marquis d'Ossun, 5 septembre 1763. Aff. étr. Espagne, DXXXIX, f° 182.

qu'à une négociation particulière sur le droit de visite et conserver, autant que possible, intacts les autres privilèges commerciaux. Donc, dès la fin de septembre 1763, le duc de Choiseul, comme le marquis d'Ossun, se résignèrent à accepter *la visite de fundeo* [1]. Et le Pacte de famille, loin d'améliorer la condition des négociants français, n'avait servi qu'à battre en brèche leurs privilèges. La première entreprise du marquis de Squillace se terminait par un succès.

Encouragé par un si beau résultat, le ministre de Charles III ne s'en tint pas là. Par son ordre, selon toute vraisemblance, les autorités locales entreprirent alors de pratiquer sur les Français la visite arbitraire. D'où protestations incessantes des consuls, représentations multipliées du gouvernement de Versailles. Devant ces plaintes, le marquis de Squillace protesta d'abord de son innocence : il y avait simple malentendu. Puis, pressé de questions, il prétendit bientôt imposer la visite arbitraire aux navires munis d'un seul pont, d'une seule couverture. Le marquis d'Ossun, à moitié gagné à cette distinction subtile, paraissait enclin à accepter. Mais le duc de Choiseul était las de concessions; il n'entendait plus tolérer ces empiétements successifs : le 7 février 1764, il se refusa absolument à admettre la distinction des navires à une et à deux couvertures et impatienté par tous ces débats, il déclara que l'interprétation donnée par la Cour d'Espagne à l'article 24 du Pacte de famille était de la pure chicane; qu'il fallait en finir au plus tôt : « Ce qui peut manquer à la lettre des engagements doit être expliqué ou suppléé par l'esprit dans lequel ils ont été contractés [2]. »

Le marquis de Grimaldi, qui avait succédé au général Wall comme secrétaire d'Etat des Affaires étrangères, se montrait peu disposé à soutenir les exigences de son collègue. Nourri dans l'étude des questions purement diplomatiques, il ne voyait pas l'importance des affaires commerciales. Il ne comprenait pas l'obstination du roi son maître à établir la visite de *fundeo* soit en Espagne, soit dans les Deux Siciles [3]. Il ne concevait pas qu'on pût mettre en question les immenses avantages politiques du

1. Lettre du duc de Choiseul au marquis d'Ossun, 4 octobre 1763. Aff. étr. Espagne, DXXXIX, f°s 254 et sq.

2. Lettre du duc de Choiseul au marquis d'Ossun, 21 février 1764. Aff. étr. Espagne, DXL, f° 144.

3. Lettre du marquis d'Ossun au duc de Choiseul, 17 octobre, 1763. Aff. étr. Espagne, DXXXIX, f° 269.

Pacte de famille pour quelques livres du sucre ou de canelle entrées en contrebande. Il se montrait même disposé à annuler purement et simplement l'article 24 du Pacte de famille. Mais son influence était limitée et les conflits allaient croissants.

A son tour, le bailli d'Arriaga, jaloux de s'illustrer par quelque acte d'hostilité contre la France, proscrivit l'emploi de bâtiments étrangers pour le commerce de cabotage. Le marquis d'Ossun représenta sans succès que son gouvernement, loin de se montrer aussi rigoureux, avait, à la suite de l'alliance, exempté les vaisseaux espagnols du droit de tonnelage de cinquante sous par tonneau payé par les navires étrangers qui pratiquaient le fret. Allant toujours plus avant, la Cour de Madrid imagina d'imposer aux consuls l'*exequatur,* investiture conférée par le ministère espagnol et de leur retirer le droit de mettre sur leurs portes ou même dans leur vestibule les armes de leur souverain. Dans l'intervalle, les visites arbitraires se continuaient à Malaga. On en vint à refuser même aux Français le seul avantage que l'article 24 leur concédât : le Gouverneur de Valence prétendit percevoir sur les sucres un droit de 7 pour 100 dont les indigènes étaient exempts.

Le duc de Choiseul s'en prit alors délibérément aux ministres eux-mêmes : « Il ne faut pas laisser croire à MM. de Squillace et d'Arriaga qu'ils n'ont qu'à tenter des entreprises contre la France, et puis, au roi catholique *que le Roi a dit, et j'en suis sûr*[1], que la France était l'ennemie la plus à craindre qu'eût l'Espagne; ce propos fait un honneur infini dans l'esprit du roi aux connaissances de sentiments, de commerce, de marine et de politique de M. d'Arriaga. Quoi qu'il en soit, Monsieur, réponse, je vous prie, sur mon mémoire sur l'affaire de Malaga, réponse bonne ou mauvaise, à laquelle je répliquerai, sans quoi je vous préviens que je ferai du bruit et que je persécuterai le ministère espagnol et l'ambassadeur du roi[2]. » En vain le marquis de Grimaldi s'épuisait de part et d'autre en efforts de conciliation, justifiait le plus doucement qu'il pouvait les procédés de sa cour[3], conseillait la patience.

Un conflit extérieur vint définitivement altérer les rapports des deux puissances. A la suite d'une famine, le marquis de

1. Ainsi souligné.

2. Lettre du duc de Choiseul au marquis d'Ossun, 1er mai 1764. Aff. étr. Espagne, DXL, f° 285.

3. Mémoire du 14 juin 1764. Aff. étr. Espagne, DXL, fos 389 et sq.

Tanucci, ministre dirigeant des Deux-Siciles, avait demandé des blés de tous côtés. En particulier il s'était adressé à des négociants de Marseille. La disette passée, les blés venus à Naples et consommés, le Gouvernement napolitain avait refusé de les payer, sous prétexte qu'ils étaient trop chers, de mauvaise qualité et qu'ils n'étaient pas arrivés en temps utile. Cette mesure entraîna à Marseille une crise financière assez grave et les créanciers français du roi des Deux-Siciles firent faillite. Malgré les vives représentations du Gouvernement français, le roi d'Espagne toujours animé d'une vive sympathie pour son premier ministre à Naples soutint avec mollesse les droits des commerçants marseillais auprès du roi Ferdinand son fils.

Enfin l'arrestation de deux pilotes français, jetés en prison à Lima, après confiscation de leurs marchandises, porta au plus haut point l'irritation du duc de Choiseul. Il exigea du bailli d'Arriaga une mise en liberté immédiate. Il échoua. Le Gouvernement espagnol se borna à déférer l'affaire au Conseil des Indes. Alors, se contenant à peine, le ministre français écrivit à Madrid le 4 décembre 1764 un violent réquisitoire au roi d'Espagne et reprocha au marquis d'Ossun sa longanimité : « La Cour d'Espagne avec laquelle, par sentiments et par principe, nous sommes unis intimement, est cependant la cour de l'Europe de laquelle nous éprouvons le plus de difficultés. Toutes nos affaires de commerce sont hérissées d'embarras ; chaque lettre de nos consuls est remplie de chicanes que nos bâtiments éprouvent, de sorte que, réellement ce que l'on appelle le petit commerce ne se fait plus de la part de la France en Espagne par toutes les entraves que nous suscite le ministère espagnol. Le commerce de Cadix, qui est le grand commerce, se soutenait même sous le règne de Ferdinand. M. d'Arriaga l'attaque vivement par la lenteur qu'il apporte à nous rendre justice sur les deux pilotes de Lima ; cette affaire tirera à des conséquences infinies et jette avec justice l'effroi dans tous les esprits de nos meilleures maisons de commerce ; la cour de Naples, de son côté que l'on peut regarder comme une province d'Espagne, nous fait éprouver les injustices les plus inouïes et l'on nous donne à Madrid ou de mauvaises raisons ou des espérances vagues en réponse à nos plaintes. J'avoue, Monsieur, que je n'ai rien eu à répondre à ces observations qui ont été mises sous les yeux du roi en plein conseil et j'ai été obligé de convenir que la mauvaise volonté de MM. de Squillace, d'Arriaga et de Tanucci occasionnaient que réellement nous étions plus maltraités par les

Espagnols que par les Anglais même, avec cette différence que nous parlons haut et usons de représailles avec les derniers et que, selon vos conseils, nous mettons autant de patience que de douceur vis-à-vis des Espagnols... Ayez attention, Monsieur, de vous mettre dans une correspondance très suivie avec tous nos consuls en Espagne, afin de connaître les griefs dont ils se plaignent et de travailler avec activité, soit à les prévenir, soit à les réparer[1]. »

Après tant de vexations, en effet, la mesure semblait pleine. Un dernier incident, sans importance par lui-même et, qui, en d'autres temps, aurait reçu une solution toute pacifique fit déborder le vase. Le navire le *prince de Lamballe*, après avoir acquitté tous les droits, avait quitté Cadix pour venir échouer en vue de Carthagène. Dans la cargaison, retirée par les soins du gouverneur espagnol, on trouva de grandes quantités d'or et d'argent, qui semblaient excéder le chiffre porté par l'indult: (quinze mille sur dix-neuf mille). En fait, les soupçons étaient justifiés: le capitaine avait, après la déclaration, embarqué onze mille piastres en fraude. Fort heureusement pour lui, l'enquête n'eut aucun résultat. Néanmoins le commandant de la place fit dès le premier moment jeter en prison l'équipage entier et par tous les moyens chercha à lui faire avouer la contrebande.

Le marquis d'Ossun, comprenant toute la gravité de l'affaire, redoutait l'effet qu'elle produirait sur l'esprit déjà très surexcité de son ministre. Il voulut l'arranger à tout prix, adressa de vives représentations au marquis de Squillace, différa d'en écrire à Versailles. Une lettre du consul de Carthagène, adressée directement au duc de Praslin, révéla l'affaire au duc de Choiseul. Cette fois, Choiseul n'y tint plus, et, sans prendre le temps de la réflexion, écrivit le 16 décembre dans le premier feu de sa colère cette lettre fulminante qu'il convient de citer tout entière, malgré sa longueur et bien que le texte en soit déjà publié[2]. Mieux que tout raisonnement, elle peint l'esprit du duc de Choiseul : « Comme l'on a rendu compte au roi, Monsieur, de la lettre du consul de Carthagène dont je vous envoie copie ainsi que des pièces qui y sont jointes et du mémoire que vous trouverez inclus dans ce paquet, Sa Majesté m'a demandé si vous m'aviez instruit de particularités si extraordinaires. Je lui ai répondu que vous

1. Lettre du duc de Choiseul au marquis d'Ossun, 4 décembre 1764. Aff. étr. Espagne, DXLI, f°s 249 et sq.

2. Par MM. A. Morel Fatio et H. Leonardon, *Recueil des Instructions*, III, p. 383 et sq.

ne m'en aviez pas écrit, et qu'en général, sur ce qui regarde le commerce, la partie la plus essentielle pour la France en Espagne, vous vous borniez à m'exhorter de temps en temps à la patience, que je la prenais, mais que le ministre chargé du commerce étranger et les commerçants ne me paraissaient pas aussi enclins que moi et que vous, Monsieur, à cette vertu. Le roi m'a paru on ne peut pas plus affecté du traitement qu'éprouvent ses sujets à Carthagène. Le détail même des faits est si fort que Sa Majesté est certaine que le roi son cousin n'en a pas eu connaissance et que je crois possible que ce détail ne soit pas exact. En effet, de pareils procédés ne s'éprouvent pas sur les côtes de Barbarie et causeraient une rupture subite entre l'Angleterre et nous, et, quoi qu'il en soit, vous m'avouerez, Monsieur, qu'il est extraordinaire qu'étant informé de ces faits, ainsi que le consul le mande, vous ne m'en écriviez pas un mot et que vous vous borniez à m'écrire, par votre lettre du 3 décembre que sur les blés de Naples et les pilotes de Lima vous n'avez rien de nouveau à m'annoncer. Je crois que ce qui cause votre erreur vient de ce que vous n'êtes pas bien instruit de notre système politique et utile avec l'Espagne ainsi qu'avec le royaume de Naples. »

« Il y a deux points de vue à considérer dans un système politique, le temps de paix et celui de guerre : ce dernier se ménage pendant la paix quand on a l'espérance qu'à la guerre l'allié que vous ménagez vous fournira des secours, ou pécuniaires, ou de forces qui vous mettront en état de combattre vos ennemis avec avantage. Ce cas ne peut pas s'envisager de l'Espagne ni du royaume de Naples, car cette puissance ne sera longtemps qu'un corps mort en temps de guerre sur les forces duquel il serait absurde de compter et qui ne jouera de rôle que par ses pertes dans les guerres prochaines ; aussi, quoique l'Espagne nous ait été utile pour faire la paix dernière, cette même utilité nous a dévoilé si clairement sa faiblesse qu'il faudrait bien se garder de nous la prouver une seconde fois, et la première attention qu'aurait la France, si la guerre survenait entre elle et l'Angleterre, serait que l'Espagne, malgré les stipulations du Pacte de famille, évitât de se mêler dans cette guerre, au lieu que si l'Espagne avait la guerre la première, nous serions par sentiment et politiquement obligés d'y entrer. Sans quoi je pense qu'elle perdrait l'Amérique en deux ans, d'où il résulte, si ce principe est vrai, comme je le crois incontestable, que, dans le premier cas politique, qui est celui de la guerre, nous avons le désavantage d'être obligés de faire la guerre pour l'Espagne et d'éviter que l'Espagne la fasse pour nous; quelle doit donc être, Monsieur, la récompense de la France de cette position? C'est de profiter en temps de paix, en faveur de son commerce, des richesses que le canal de l'Espagne produit et d'obtenir à cet égard toutes les faveurs que lui méritent vis-à-vis de cette couronne et la reconnaissance de ses obligations en cas de guerre et l'union du sang des deux monarques, les traités antérieurs, enfin le Pacte de famille. Je sais bien qu'il est difficile au gouvernement espagnol de donner au commerce des Français des avantages marqués sur le commerce des autres nations. mais en même temps, je ne puis douter qu'il me soit possible de les traiter aussi favorablement que les Anglais, ennemis communs des deux royaumes, et plus favorablement dans quelques circonstances, savoir en cas de jalousie.

« La seule occupation que doit donc avoir l'ambassadeur du roi à Madrid se réduit à deux objets; le premier d'informer sa cour des événements généraux et particuliers qui se passent en Espagne, afin que la France qui serait dans le cas d'entrer en guerre, si l'Espagne y entrait, puisse combiner d'avance les démarches qu'elle aurait à faire d'après les discussions ou les négociations que l'Espagne pourrait avoir avec les cours étrangères Ce premier objet n'est qu'un objet de spéculation pour l'ambassadeur du roi sur lequel, d'après les circonstances, il doit attendre pour agir les ordres de sa cour. Le second est un objet d'action, et consiste à être informé journellement par les consuls et les négociants de la nation des événements qui arrivent au commerce de France en Espagne, de soutenir les Français dans toutes les parties de ce commerce, d'en augmenter en leur faveur autant, qu'il est possible, le bénéfice, d'en diminuer les pertes, d'avoir une consistance si prépondérante et si due vis-à-vis du ministère espagnol que chaque administrateur d'Espagne, tant ministre que douanier, soit pénétré des ménagements que mérite par justice et par reconnaissance la nation française; l'ambassadeur du roi ne doit, pour quelque cas que ce puisse être, quelque léger qu'il soit, se laisser aller à la plus petite négligence quand il est question du commerce de la nation; son devoir est de prendre toutes les voies pour journellement solliciter, et plusieurs fois le jour, les ministres de qui ces sortes d'affaires dépendent, afin que le retard dans les expéditions ou dans les vexations si nuisibles au commerce ne soit pas senti par les Français en Espagne.

« L'ambassadeur du roi, enfin, Monsieur, n'est à Madrid que pour que le commerce de la nation jouisse de l'avantage de la paix et pour qu'aucune autre nation dans le monde ne puisse se prévaloir à cet égard : voilà vos instructions, telles que le roi m'a chargé de vous les donner et que je vous prie en grâce de ne pas perdre de vue un instant. Mettez une grande distinction, Monsieur, entre des objets de spéculation et ceux d'action : ces derniers sont le prix du contrat que nous avons fait avec l'Espagne, sans lequel prix nous ne nous serions pas attachés à un corps mort. Vous agissez de façon à nous faire croire que vous pensez que nous sommes subordonnés à l'Espagne et que nous devons avoir pour elle les ménagements qu'elle-même a pour l'Angleterre ; ayez la bonté de vous réformer dans ces principes : tous les ménagements de tendresse comme parents, d'amitié comme alliés, de procédés, de convenance et de confiance, le roi les aura journellement pour le roi son cousin, mais les ménagements qui tiennent au bien de la nation, à l'avantage des sujets du roi, à la protection que Sa Majesté doit à chacun de ses sujets, à la justice des stipulations arrêtées entre les deux couronnes, à l'honneur du pavillon français, enfin à l'humiliation des préférences données sur les Français à des nations qui n'ont d'autre voie pour les obtenir que la menace, je vous prie d'être persuadé que le roi ne les aura pas et qu'il trouve très mauvais que son ambassadeur imagine de les avoir. Aussi, Monsieur, dans l'affaire des blés de Naples, Sa Majesté qui avait imposé silence à son ambassadeur à cette cour, vient de lui ordonner de représenter à M. de Tanucci que, puisqu'il avait fini ses contestations avec les négociants de Trieste, de Livourne et de Londres relativement au payement des grains, il eût la bonté de terminer de même et aussi équitablement avec les Français. M. de Durfort a ordre de presser la mesure de cet accommodement avec chaleur, et si, dans peu de temps, il ne réussit pas à nous faire rendre justice par M. de Tanucci, je vous préviens de la part du roi que Sa Majesté, quoi qu'à regret, prendra les mesures les plus efficaces pour faire rendre justice aux négociants français qui souffrent d'une vexation aussi inouïe ; vous aurez la bonté, pour la dernière, de parler de cette affaire à M. le marquis de Grimaldi, en lui disant l'affliction où l'on est en France de prévoir une interruption de commerce et de liaison entre la France et le royaume de Naples, mais que nous ne voyons plus que ce moyen dont on a menacé la Cour de Vienne pour nous faire rendre justice : vous abonderez,

Monsieur, en regrets de notre part sur cet objet, et quelle que chose qui arrive, l'injuste et mauvaise volonté de M. de Tanucci ne pourra pas affaiblir dans le cœur du roi la tendresse qu'a Sa Majesté pour le roi son neveu.

« L'affaire des pilotes de Lima, qui est une des plus intéressantes que nous ayons, et sur laquelle M. le bailli d'Arriaga a prouvé comme de coutume son animosité contre la France (il serait bien à désirer pour Sa Majesté catholique que ce ministre eût autant de talents qu'il a d'animosité contre les Français), cette affaire dis-je, sera traitée par l'abbé Beliardi qui portera à Madrid, le mois prochain, le mémoire que vous aurez, Monsieur, à présenter sur le commerce au ministère de Sa Majesté catholique. Quant à l'affaire particulière arrivée à Carthagène au vaisseau le *prince de Lamballe*, pour laquelle Sa Majesté m'a ordonné de vous dépêcher un courrier extraordinaire, il vous est prescrit par le roi, Monsieur, d'envoyer à Carthagène votre secrétaire de confiance avec un notaire de Madrid, de faire faire une information juridique des faits de manière qu'ils ne puissent point être révoqués en doute et que, suivant la coutume de la cour de Madrid, il ne soit pas possible de jeter les fautes sur les relations des consuls. Quand vous aurez cette information authentique, vous la confronterez avec les détails que le consul vous a envoyés et ceux que je vous adresse. Alors, Monsieur, vous distinguerez si les faits sont exacts comme on nous les mande, ou si la vérité est altérée par le capitaine du vaisseau ou par le consul; si elle l'est, le consul sera révoqué sur-le-champ; vous devez vous borner à demander la liberté du capitaine et de l'équipage français suivant les traités, et je donnerai ordre que ce capitaine à son arrivée en France, non seulement soit mis en prison, mais encore qu'on lui ôte sa patente de capitaine et qu'il ne soit plus susceptible de commandement. Si, au contraire, Monsieur, les faits se trouvaient tels qu'ils ont été dénoncés, l'intention du roi est que vous en fassiez un mémoire que vous présenterez à Sa Majesté catholique dans une audience particulière, après en avoir prévenu M. le marquis de Grimaldi, de manière cependant qu'il ne puisse pas instruire le roi d'Espagne et, dans ce fait, non seulement vous demanderez au nom du roi à Sa Majesté catholique la liberté des Français arrêtés, non seulement vous représenterez à ce prince que Sa Majesté espère qu'il ordonnera les dédommagements convenables pour les mauvais traitements qu'ont essuyés le capitaine et l'équipage, non seulement vous réclamerez la restitution des effets du bâtiment volés et pillés par les ordres du gouverneur, mais vous supplierez, de la part de Sa Majesté, Sa Majesté catholique de destituer ce gouverneur de son gouvernement de Carthagène comme reconnaissance juste de la mauvaise conduite qu'un de ses sujets a eue vis-à-vis d'une nation alliée et qui mérite autant d'égards de la part de l'Espagne. Dans tous les cas, vous aurez soin de pourvoir à la subsistance et à la liberté des sujets du roi qui sont impliqués dans cette affaire. Je vous prie, Monsieur, de vous donner le temps de vous pénétrer de cette dépêche ainsi que des ordres et des expéditions qu'elle contient, et de vouloir bien, par le renvoi de mon courrier, que vous ne devez faire repartir que quand vous aurez envoyé, ainsi qu'il vous est ordonné de le faire, à Carthagène, me mettra dans le cas, par votre réponse, d'assurer le roi que vous êtes en état de remplir les instructions que je vous donne de sa part[1]. »

On commettrait une erreur des plus graves si on partait de ce document pour juger les résultats de l'alliance espagnole en 1764 et si, à des paroles échappées dans un jour de colère on attribuait la portée d'un plan politique. A cette époque, le duc de Choiseul ne faisait plus grand fonds sur l'appui militaire de l'Espagne. Mais voyait-il en elle « un corps mort, qui ne jouera de rôle que par ses pertes dans les guerres prochaines » ? Sans faire très grand fonds sur les clartés du marquis d'Ossun, le taxait-il vraiment d'impéritie et de légèreté ? En tous cas, ses reproches n'eussent pas été justifiés ; car, à ce moment même, le 17 décembre, l'ambassadeur répondait à la lettre, déjà très vive, du 4. Se justifiant de son mieux, il faisait dresser un tableau de tous les conflits commerciaux survenus depuis son arrivée à Madrid, montrait en bonne voie l'affaire des pilotes de Lima, celle des blés de Naples. Il disculpait de son mieux sa conduite, précisant son rôle qui était d'assoupir les différends : « Je croirais, concluait-il, manquer à mon devoir si, dans la situation présente des choses, je conseillais d'employer d'autres voies que celle de la modération et des représentations amicales dans les petites discussions qui s'élèvent vis-à-vis d'un prince bien intentionné pour la France et d'un ministère incliné à nous obliger. Cependant, Monsieur, ordonnez et vous serez obéi[2]. »

1. Lettre du duc de Choiseul au marquis d'Ossun, 16 décembre 1764. Aff. étr. Espagne, DXLI, f°s 275 et sq.

2. Lettre du marquis d'Ossun au duc de Choiseul, 17 décembre 1764. Aff. étr. Espagne, DXL, f°s 286 et sq.

Ses efforts d'ailleurs n'avaient pas été stériles : en effet, le 21 décembre, avant la réception de la mercuriale de Choiseul, le marquis de Squillace répondait favorablement aux représentations du marquis d'Ossun, enjoignait au comte de Bolognino de remettre en liberté l'équipage français. Le 23, le marquis d'Ossun pressait le marquis de Grimaldi de s'employer à terminer avec rapidité l'affaire des pilotes de Lima.

Aussi, sa stupeur fut-elle grande, lorsque le 24 au soir, il reçut la foudroyante missive du duc de Choiseul. A sa dépêche, déjà terminée, il ajouta le post-scriptum suivant : « Je reçois, Monsieur, avant de fermer mon paquet, l'expédition dont vous m'avez honoré le 16 de ce mois par un courrier extraordinaire. Je vais m'occuper sans aucun délai du soin d'exécuter les ordres que vous me donnez de la part du roi par rapport à l'affaire arrivée à Carthagène. Je me conformerai également aux intentions de Sa Majesté et aux instructions que vous daignez me donner sur les autres objets de votre dépêche, mais j'ai l'honneur de vous prévenir que j'ai de quoi justifier si pleinement ma conduite sur l'attention avec laquelle j'ai constamment suivi tous les objets qui intéressaient le commerce et la sûreté des sujets du roi dans le royaume que Sa Majesté et son conseil resteront, à ce que j'espère, persuadés que je connais les obligations de la place que j'occupe et que j'ai su et saurai les remplir avec autant de fidélité que de zèle[1]. »

Malgré la tournure favorable qu'il avait donné d'avance aux affaires, d'Ossun ne crut pas devoir se dispenser de la procédure qui lui était prescrite avec tant d'autorité. Le même jour, il demanda au marquis de Grimaldi l'autorisation d'envoyer à Carthagène son propre secrétaire, M. Paillette. Le 31, il se justifia longuement du reproche de négligence. « Vous n'ignorez pas, Monsieur, que dans le partage que vous avez fait avec M. le duc de Praslin de la correspondance de l'Espagne, vous lui avez laissé celle de tous les objets relatifs au commerce et qui sont du ressort des consuls, que selon l'arrangement que j'ai trouvé établi M. l'abbé Beliardi est chargé d'entretenir cette correspondance en sorte qu'il a été convenu à son départ de Madrid que le sieur d'Irandaez, son secrétaire, la continuerait ; cependant, quoique je connusse l'exactitude et la capacité de ce secrétaire, je lui avais mandé, par une lettre du 6 du mois de

1. Lettre du marquis d'Ossun au duc de Choiseul, 24 décembre 1764. Aff. étr. Espagne DXLI, f° 321.

novembre dernier, datée de l'Escurial, ce qui suit : « *Vous aurez aussi la bonté de rendre un compte détaillé de toutes les affaires de Carthagène à M. le duc de Praslin, sans omettre celui des démarches que j'ai déjà faites...* Ce ne serait pas assez, Monsieur, d'avoir justifié mon silence à votre égard sur l'affaire arrivée à Carthagène si je n'étais pas en état de vous faire connaître que je l'ai suivie avec autant d'activité que de succès[1]. » Il montra qu'il avait dû agir avec d'autant plus de prudence que la fraude, dans ce cas, était réelle et qu'on pouvait la découvrir ; il releva adroitement l'irrégularité de la procédure indiquée par le duc de Choiseul. Dans une autre dépêche, il traça, d'après des documents d'ailleurs inexacts et avec un optimisme trop confiant, un tableau militaire et politique de l'Espagne beaucoup plus favorable que celui du duc de Choiseul[2]. Enfin, dans une lettre particulière, il témoigna, avec les plus grandes formes, mais avec fermeté, combien les reproches du ministre lui avaient été sensibles : « Monsieur, le respect que je dois à mon ministre et que tout homme doit à son supérieur m'engagerait à garder le silence sur quelques traits de la dépêche dont vous m'avez honoré le 16 de ce mois si d'autres motifs, plus prépondérants, ne me portaient pas à vous faire connaître que j'y ai été sensible comme je le devais. En effet, Monsieur, ce n'est point sur le ton d'un simple doute, c'est affirmativement que vous me taxez de ne pas connaître les principales obligations de mon emploi ou d'omettre de les remplir par une complaisance qui serait très condamnable. Je joins ici, Monsieur, le paragraphe de votre dépêche qui m'engage à entrer dans cette explication, et, comme il s'exprime au présent, je prendrai la liberté de vous supplier de me citer ces faits. Je n'ai eu d'autre objet, Monsieur, depuis que j'ai l'honneur de servir le roi dans la carrière politique que de remplir mes devoirs avec l'exactitude la plus scrupuleuse et de mériter, par ma fidélité et par mon zèle, l'approbation de Sa Majesté et de ses ministres ; il serait triste pour moi que, m'étant invariablement conduit d'après ces principes, je n'eusse pas obtenu l'unique fin que je me suis proposé[3]. »

1. Lettre du marquis d'Ossun au duc de Choiseul, 31 décembre 1764. Aff. étr. Espagne, DXLI, f° 345.

2. Lettre du marquis d'Ossun au duc de Choiseul, 31 décembre 1764. Aff. étr. Espagne, DXLI, f° 360.

3. Lettre particulière du marquis d'Ossun au duc de Choiseul, 31 décembre 1764. Aff. étr. Espagne, DXLI, f°s 353 et sq.

Le marquis de Grimaldi se plaignit également des termes d'un billet écrit par le duc de Choiseul « dicté de façon qu'il n'avait pas voulu le montrer au roi son maître, mais qu'au bout du compte, puisqu'il paraissait qu'on avait pris à tâche de brouiller les deux cours, il laisserait aller les choses à l'avenir[1] ». En même temps, le marquis de Squillace se défendait d'aucune antipathie à l'égard de la France et, pour montrer ses bonnes dispositions, concéda à des navires français une exemption de droits, releva un capitaine de pénalités encourues, accorda aux consuls quatre mois pour prendre l'exéquatur, promit de la leur donner sans frais. Le 17 janvier 1765, le marquis d'Ossun put annoncer la mise en liberté définitive de l'équipage du *prince de Lamballe*, bien que, d'après le traité de 1667, l'emprisonnement fût légitime lorsque la contrebande était avérée, sinon avouée. Ne devait-il pas à son tour faire observer « qu'il est fâcheux de réclamer des privilèges pour couvrir une fraude avérée, encore plus lorsque les privilèges sont douteux ou disputés comme dans le cas présent[2] ». Enfin il manda que le capitaine du *prince de Lamballe*, à peine remis en liberté, s'était enfui pour ne pas restituer aux propriétaires du navire le prix de la cargaison et conclut assez judicieusement que « le capitaine est un fripon et que le consul a fait beaucoup de bruit et d'assez mauvaise besogne[3] ». Pour se conformer d'ailleurs aux ordres de son gouvernement, d'Ossun demanda sans doute la destitution du comte de Bolognino, mais sans se faire illusion sur le résultat : ce gouverneur reçut une simple réprimande.

A ce moment le duc de Choiseul comprit que son irritation avait dépassé les bornes et surtout s'était donné assez mal à propos carrière. Un peu honteux de sa violence, il s'efforça d'atténuer par des paroles aimables, par de bons procédés, les blessures qu'il avait faites. Le 12 mars 1765, à propos d'une concession de l'Espagne dans les affaires de Pologne, il écrivait : « Voilà, Monsieur, comment doit être la vraie politique réciproque des deux couronnes... Il faut bien distinguer les discussions nécessaires, quelque chaleur momentanée que l'une ou

1. Lettre du marquis d'Ossun au duc de Choiseul, 10 janvier 1765. Aff. étr. Espagne, DXLII, f° 32.
2. Lettre du marquis d'Ossun au duc de Choiseul, 4 février 1765. Aff. étr. Espagne, DXLII, f° 122.
3. Lettre particulière du marquis d'Ossun au duc de Choiseul, 11 février 1765 Aff. étr. Espagne, DXLII, f° 138.

l'autre ou les deux parties y mettent, d'avec les sentiments politiques... Je vous avouerai même, Monsieur, que je distingue parfaitement ces deux objets, et, qu'en même temps que je suis l'instrument le plus décidé dont le roi puisse se servir pour marquer sa tendresse au roi catholique, parce que l'on ne peut pas avoir plus de vénération que j'en ai pour ce prince et plus d'amitié pour le marquis de Grimaldi, je me laisse quelquefois aller à ma vivacité quand je suis tourmenté par les affaires de commerce, par les plaintes des négociants de Marseille, etc... mais je me flatte qu'après ce que j'ai l'honneur de vous mander, vous sentirez à chaque occasion la différence qu'il y a à faire sur le fond d'avec les circonstances[1] ». « C'est avec plaisir, écrivait-il encore, un peu plus tard au marquis d'Ossun, que je vous ai procuré la gratification ordinaire, quoique je sois vif sur certains articles de commerce qui demandent de la suite et du ton, cependant je distingue les petites choses des grandes; il me faut pardonner mes impatiences en faveur de la bonne opinion que j'ai de votre conduite[2] ». Enfin le duc de Choiseul, au mois de septembre sollicita et obtint, par l'intermédiaire de l'abbé Beliardi, la grandesse de première classe pour le marquis d'Ossun, réversible sur son fils[3]. A ces avances, à ces excuses à peine déguisées, l'ambassadeur français, en parfait homme de cour, répondit par d'interminables formules de politesse. Mais, bien qu'il soit difficile de rien affirmer à ce sujet, il paraît n'avoir jamais perdu le souvenir de cet affront.

Toujours est-il qu'en juin 1765, l'abbé Beliardi retourna à Madrid, prêt à défendre avec plus de vigueur les intérêts français et à faire aboutir la négociation relative à l'interprétation de l'article 24.

En somme, le gouvernement espagnol sortait victorieux de cette première passe d'armes; il était parvenu, malgré les emportements du duc de Choiseul, à réduire les privilèges des négociants français. Là où elle avait cédé, l'Espagne avait bien montré que c'était de plein gré et par esprit de conciliation. Il ne lui restait plus maintenant qu'à faire consacrer en droit le

1. Lettre du duc de Choiseul au marquis d'Ossun, 12 mars 1765. Aff. étr. Espagne, DXLII, f° 234.

2. Lettre particulière du duc de Choiseul au marquis d'Ossun, 13 mai 1765. Aff. étr. France, Mém. et Doc., DLXXIV, f° 163.

3. Lettre de l'abbé Beliardi au duc de Choiseul, 22 septembre 1765. Bibl. Nat., ms. fr. 10764, f° 366.

régime qui venait d'être établi en fait. Le marquis de Squillace résumait ainsi les avantages acquis : visite de *fundeo* obligatoire pour tous les vaisseaux, visite arbitraire pour les bâtiments à une seule couverture. Tous les raisonnements, toute la souplesse de l'abbé Beliardi furent impuissants à faire reculer d'une ligne ce financier rigide et obstiné. En même temps, sincèrement désireux de réformes, le roi Charles III supprima le 16 octobre 1765 tous les impôts qui frappaient le commerce avec l'Amérique et il les remplaça par un simple droit de 6 pour 100 sur les produits nationaux, de 7 pour 100 sur les autres ; différence encore préjudiciable au commerce étranger.

Lorsque D. Miguel de Muzquiz, le 24 mars 1766, remplaça le marquis de Squillace[1], le Gouvernement français crut avoir cause gagnée. Le nouveau ministre paraissait disposé à suivre la politique du marquis de Grimaldi, se montrait conciliant. Et jugeant abusive, contraire même à l'esprit du traité l'interprétation donnée par son prédécesseur à l'article 24 du Pacte de famille, il reconnaissait que le « Pacte de famille a été rédigé pour améliorer le sort réciproque des deux nations et non pour le rendre pire qu'auparavant[2] ». Il promettait de régler dans le plus court délai l'affaire des blés de Naples. Les négociations se poursuivirent avec ardeur et, grâce aux dispositions conciliantes de D. Miguel de Muzquiz, à la fin de septembre 1766, le Gouvernement français crut avoir reconquis le terrain perdu : la visite de *fundeo* était maintenue, mais les gardes qu'on plaçait à bord des navires supprimés : le projet proscrivait rigoureusement toute autre visite[3].

Mais alors on dut reconnaître que les difficultés suscitées par le marquis de Squillace venaient moins du ministre que du roi lui-même. Le roi Charles III refusa d'approuver la convention préparée par D. Miguel de Muzquiz : « il savait qu'on avait taxé M. le marquis de Squillace de trop de fermeté à cet égard, mais on s'était trompé, elle venait de lui-même[4] ». Devant l'obstination du roi à imposer la visite arbitraire aux vaisseaux munis

1. Sur les causes de la chute du marquis de Squillace, voir plus loin, p. 96.
2. Lettre de l'abbé Beliardi au duc de Praslin, 7 avril 1766. Aff. étr. Espagne, DXLV, f° 260.
3. Lettre de l'abbé Beliardi au duc de Choiseul, 22 septembre 1766. Aff. étr. Espagne, DXLVIV, f°s 90 et sq.
4. Lettre du marquis d'Ossun au duc de Choiseul, 28 novembre 1766. Aff. étr. Espagne, DXLVII, f° 361.

d'une seule couverture, les plénipotentiaires durent reprendre leurs travaux si laborieusement menés à terme.

Les relations commerciales de la France et de l'Espagne entraient dans une nouvelle phase.

Sous l'impulsion vigoureuse du marquis de Squillace et du roi son maître, le commerce et l'industrie avaient retrouvé en Espagne une nouvelle activité : les navires espagnols venaient plus nombreux et plus fréquents dans les ports français ; leur trafic s'accompagnait souvent de contrebande, comme c'était la coutume à cette époque. Après tout ce qui venait de se passer, le duc de Choiseul était peu disposé à tolérer ces abus ; il céda très volontiers aux réclamations multipliées des fermiers généraux et prescrivit les mesures les plus rigoureuses contre les navires espagnols soupçonnés de fraude. Jusqu'à cette époque, les différends commerciaux s'étaient exclusivement produits en Espagne, à propos de navires français. Une nouvelle période s'ouvrit, et la conduite de la cour de Versailles allait provoquer à son tour les représentations du Gouvernement de Madrid. Il s'agissait d'un bâtiment accusé de pratiquer à Rouen le faux saulnage, d'un navire visité de force à Dunkerque. Le marquis d'Ossun ne fut plus seul à faire entendre des plaintes. A Paris le comte de Fuentès réclama à son tour contre les vexations subies par les commerçants espagnols.

Les négociations relatives à l'éclaircissement de l'article 24 se poursuivaient avec lenteur. Le roi d'Espagne entendait imposer la visite arbitraire à tous les navires d'une portée inférieure à cent tonneaux. En décembre 1766, l'abbé Beliardi fut mandé à Versailles et les pourparlers subirent un temps d'arrêt. Le marquis de Grimaldi et ses collègues multipliaient les concessions, atténuaient de tous leurs efforts les effets de la volonté du roi d'Espagne. « Les ministres espagnols, écrivait le marquis d'Ossun, sont persuadés, je crois avec raison, qu'il sera absolument impossible de faire changer Sa Majesté catholique de façon de penser ». Aussi étaient-ils d'avis de « passer le mot de visite arbitraire, mais d'en restreindre l'effet par des formalités qui devront nécessairement l'accompagner au point qu'elles n'équivalent tout au plus qu'à la visite de *fundeo*[1] ».

Au retour de l'abbé Beliardi à Madrid, en août 1767, les dis-

1. Lettre du marquis d'Ossun au duc de Choiseul, 5 janvier 1767. Aff. étr. Espagne, DXLVIII, f° 16.

cussions reprirent plus d'activité. Enfin, le 2 janvier 1768, la convention fut signée[1]. Elle donnait gain de cause au roi catholique sur tous les points et constituait pour lui un important succès diplomatique. Les vaisseaux des deux nations étaient désormais soumis à la visite de *fundeo* et, s'ils jaugeaient moins de cent tonneaux, à la visite arbitraire qu'on s'engageait d'ailleurs à ne pratiquer qu'avec toutes sortes de précautions. La convention demeurait secrète, par crainte de l'Angleterre qui, alléguant les droits de la nation la plus favorisée, aurait pu en invoquer les clauses et en réclamer les bénéfices ; mais chaque gouvernement devrait donner à ses agents des instructions conformes aux articles convenus.

D'autres questions restèrent en suspens, en particulier les prérogatives des consuls, matière peu grave, mais toujours sujette à discussion, à cause de la susceptibilité de ces agents et aussi de l'antipathie dont ils étaient l'objet de la part des autorités. De multiples vicissitudes troublèrent la négociation entreprise en mars 1768. La Cour d'Espagne voulait restreindre leurs privilèges, leur retirer le droit de placer les armes de leur souverain sur les portes de leurs maisons ; en cas de crime grave, les soumettre à la juridiction des tribunaux espagnols, leur imposer le logement des gens de guerre, diminuer le droit dont ils jouissaient de concilier les affaires de leurs nationaux ; contraindre les vice-consuls à prendre l'exequatur[2].

Enfin, la Cour d'Espagne transigea : elle consentit à reconnaître aux consuls l'exemption du logement des gens de guerre, à moins de nécessité absolue. Achevée au mois de février 1769, la convention subit un retard du fait du marquis d'Ossun qui voulait réserver encore aux consuls le droit de dresser l'inventaire, conjointement avec les autorités espagnoles, des biens des Français décédés en Espagne[3]. Il dut céder sur ce point comme sur les autres et accepter une rédaction plus explicite. La convention du 13 mars 1769[4], donnait gain de cause à l'Espagne. Sur un seul point, le logement des gens de guerre, elle tenait compte des réclamations françaises. Les consuls perdirent le droit de

1. Voir le texte à l'appendice III.
2. Lettre du duc de Praslin à l'abbé Beliardi, 3 octobre 1768. Bibl. Nat., ms. F. fr. 10766, f°s 506 et sq.
3. Voir papiers de l'abbé Beliardi, Bibl. Nat., ms. F. fr. 10766, f°s 540 et sq.
4. Voir le texte à l'appendice IV.

porter sur leurs maisons les armes de leurs souverains[1], et se trouvèrent en cas de crime soumis à la juridiction des tribunaux espagnols.

A la suite de ces capitulations, les contestations devinrent moins fréquentes, les tracasseries moins vives. Néanmoins, le duc de Choiseul supportait malaisément ses mécomptes et témoignait volontiers son dépit. Le 11 juillet 1769, il invitait son collègue au contrôle général, M. d'Invau, à faire observer ponctuellement, mais dans toute sa rigueur, la convention du 2 janvier 1768. A propos d'une affaire de détail et d'un billet dont les termes n'avaient rien de blessant[2], il s'exprimait dans les termes les plus vifs sur le compte de D. Miguel de Muzquiz, cependant très favorable à la France et instrument bien innocent des volontés du roi catholique. « Il n'est pas possible que je maintienne ici la convention contre l'abus intolérable du pavillon espagnol qui nous écrase de contrebande; laquelle convention cependant je soutiens avec force et autorité contre tous les traitants du royaume. Je vous avoue que le billet de M. de Muzquiz me paraît d'une légèreté qui vise beaucoup à l'impertinence, et le roi s'en plaindrait directement au roi son cousin, si vous n'aviez pas tort de vous être adressé à ce ministre directement. Dorénavant, l'intention de Sa Majesté est que toutes les affaires quelconques soient présentées à M. le marquis de Grimaldi et que vous ne donniez rien par écrit aux autres ministres sauf dans la conversation, de leur expliquer les affaires qui les concernent, après en avoir eu l'autorisation de M. le marquis de Grimaldi, seul ministre à qui vous puissiez avoir affaire, et vous ne vous exposerez pas à recevoir des billets légers de la part d'un Muzquiz[3]. »

Ainsi, les relations commerciales entre les deux nations demeurèrent toujours tendues, parce qu'il y avait là entre les deux couronnes une divergence d'intérêts inconciliables. A Paris le comte de Fuentès multipliait ses plaintes sur la rigueur des employés des

1. Ce refus était dû à la volonté du roi d'Espagne : « Ce monarque s'est absolument refusé à ce que les consuls puissent mettre sur la porte extérieure de leurs maisons les armes de leur souverain ». Lettre du marquis d'Ossun au duc de Choiseul, 13 mars 1769. Aff. étr. Espagne, DLVI, fo 255.

2. Lettre de D. Miguel de Muzquiz au marquis d'Ossun, 20 juin 1769. Aff. étr. Espagne, DLVII, fo 74.

3. Lettre du duc de Choiseul au marquis d'Ossun, 31 juillet 1769. Aff. étr. Espagne, DLVII, fo 211.

fermes, il réclamait même une promulgation de la convention afin d'amener les Français à l'observer ; de son côté, le duc de Choiseul se plaignait de la contrebande croissante des navires espagnols et protestait avec véhémence contre les incidents des douanes toujours fréquents dans les ports d'Espagne. En réalité, l'Espagne, en matière commerciale, avait seule tiré bénéfice du Pacte de famille. Là encore, la politique du duc de Choiseul avait abouti à un échec.

CHAPITRE IV

LES PRÉPARATIFS DE LA REVANCHE CONTRE L'ANGLETERRE

Au lendemain du traité de Paris, la confiance entre les deux cours avait subi une rude atteinte. Néanmoins, quoique refroidie, l'alliance subsistait toujours. Il demeurait urgent, en cas d'une nouvelle lutte, d'éclaircir dans quelle mesure chacune d'elles pourrait faire fonds sur son alliée. Et, avant tout, la paix signée, il convenait d'en payer les frais et de régler le passé. D'abord, l'affaire du Placentin. En vertu du traité d'Aix-la-Chapelle, une part du duché de Plaisance occupé par l'Infant D. Philippe, devait, sitôt la guerre générale terminée, revenir au roi de Sardaigne[1]. Louis XV, en particulier, avait garanti cette clause, d'une façon toute spéciale, à la Cour de Turin[2]. L'intérêt même du duc de Parme l'exigeait; l'inexécution du traité aurait toujours fourni au roi Charles Emmanuel III un prétexte légitime d'intervention contre l'infant D. Philippe ou ses successeurs. Le roi d'Espagne insistait vainement pour qu'on laissât dans l'oubli cette promesse. En tous cas, il se refusait formellement à laisser dépouiller son frère de la moindre partie des territoires qu'il occupait. Le moyen était donc de chercher un équivalent, et, comme il ne s'en trouvait pas, comme la seule pensée d'un accroissement territorial du Piémont alarmait le roi catholique, d'amener le roi de Sardaigne à se contenter d'un dédommagement pécuniaire.

La Cour de France, il faut le reconnaître, s'y employa de tout son zèle. Un lien personnel disposait le gouvernement de Ver-

1. Voir plus haut, p. 6.
2. Par lettre du 5 février 1759. Aff. étr. Turin, CCXXX, f°s 271 et sq.

sailles en faveur de l'infant: par son mariage avec Mme Louise Elisabeth, D. Philippe était devenu le gendre de Louis XV[1]. Malgré ce lien, malgré la bonne volonté évidente du roi, l'Espagne toujours soupçonneuse, se plaignait des scrupules du cabinet de Versailles. Le roi Charles III, comme la reine sa mère, détestait profondément le roi de Sardaigne[2] et voyait en lui l'un des plus redoutables adversaires des Infants en Italie; il redoutait toujours quelque entente secrète entre Paris et Turin, quelque négociation préjudiciable aux intérêts des princes espagnols. Il fallut que, sans l'en prévenir, le duc de Choiseul ouvrît les pourparlers avec la Cour de Sardaigne: « Le roi de Sardaigne, tant pour lui que pour ses successeurs, consentirait à n'exercer son droit de réversion que dans le cas de l'extinction totale de la postérité masculine et directe de l'infant duc de Parme ou dans le cas de l'avènement de ce prince ou de quelqu'un de ses descendants mâles à la couronne d'Espagne ou des Deux-Siciles. On ferait à l'amiable et de concert une juste estimation des revenus de la partie du Placentin qui doit revenir au roi de Sardaigne et dont le produit lui serait payé dès à présent au moyen d'un capital que le roi et le roi catholique[3] placeraient sur une banque d'Italie au choix de Sa Majesté sarde[4]. »

La Cour de Turin se montra de facile composition. Le 18 décembre, par l'intermédiaire du bailli de Solar, ambassadeur piémontais à Paris, elle accepta les clauses proposées par le duc de Choiseul et demanda de placer sur la banque royale de Turin le capital qui devait servir de garantie[5]. Le 27 décembre, sur ces bases, le duc de Choiseul envoya un projet de convention à M. de Chauvelin, son ambassadeur auprès du roi de Sardaigne. Le roi d'Espagne, mis au courant, chicana, protesta, de crainte que le roi de Sardaigne ne s'emparât du capital déposé. Le duc de Choiseul, impatienté, montra dans un mémoire à la

1. Voir sur lui la petite monographie de M. H. Sage, *D. Philippe de Bourbon*, 1904; et surtout la consciencieuse étude de M. C. Stryenski, *Le gendre de Louis XV*, 1904.

2. Ce n'était pas seulement pour des motifs politiques. Né du second mariage de Philippe V avec sa mère, Charles III avait en horreur la famille de sa belle-mère, Marie-Louise de Savoie.

3. Le roi de France et le roi d'Espagne devaient par moitié faire les frais de ce capital.

4. Mémoire du 23 novembre 1762. Aff. étr. Turin, CCXXXVIII, f° 243.

5. Mémoire du bailli de Solar, 18 décembre 1762. Aff. étr. Turin, CCXXXVIII, f°s 323 et sq.

Cour d'Espagne que, seule de toutes les banques italiennes, celle de Turin donnait un intérêt de 4 pour 100, que le choix, en une pareille affaire, revenait de droit au principal intéressé, le roi de Sardaigne, et que, de toute manière, on ne pouvait demander au roi de France de trahir ses engagements. L'Espagne n'avait-elle pas aussi adhéré au traité d'Aix-la-Chapelle et accepté cette clause? Il n'y avait plus maintenant qu'à s'exécuter : on devait se trouver bien heureux de s'en tirer à si bon compte. Le roi de Sardaigne aurait pu exiger l'exécution intégrale du traité[1].

Le général Wall, à Madrid, encourageait les défiances du roi catholique : « Je ne dois pas vous dissimuler, mandait le marquis d'Ossun, que M. Wall a très mal servi la France en cette occasion... J'ai pénétré ses mauvaises intentions dans les entretiens que j'ai eus avec lui[2] ». Excité par son ministre, le roi Charles III n'était pas moins irrité de l'attitude prise par le Gouvernement français dans cette affaire qu'il ne l'avait été de la pression exercée sur lui pour l'amener à conclure la paix avec l'Angleterre : « J'ai trouvé, disait l'ambassadeur, le roi d'Espagne prévenu et affecté au delà de toute expression. Lorsque j'eus fini mon premier exposé[3], le visage de ce prince pâlit et s'altéra et il me répondit avec une voix tremblante et entrecoupée... Je ne saurais vous dissimuler que le roi d'Espagne se montra d'abord singulièrement blessé de ce que l'on avait suivi, sans l'avoir consulté, la négociation avec la Cour de Turin, jusqu'au terme de convenir sur tous les points; il me dit qu'il ne pouvait qu'être extrêmement sensible à un procédé aussi désobligeant, tandis qu'il avait déclaré la guerre aux Anglais, quoi qu'il ne fût pas prêt, uniquement pour servir la France, que je savais ce qu'il lui en avait coûté; qu'il avait ensuite fait la paix parce que la France l'avait voulu et comme elle l'avait voulu. Enfin, Monsieur, le roi d'Espagne s'explique avec un ressentiment et une amertume qui font assez connaître combien il avait été échauffé à ce sujet[4]. » Cependant, le roi catholique céda enfin : le 10 mai 1763, la convention fut signée à Paris, par la

1. Mémoire du 10 février 1763 (autographe). Aff. étr. Espagne, DXXXVIII, f°s 65 et sq.

2. Lettre du marquis d'Ossun au duc de Choiseul, 28 février 1763. Aff. étr. Espagne, DXXXVIII, f° 81.

3. L'exposé du mémoire précédent.

4. Lettre du marquis d'Ossun au duc de Choiseul, 28 février 1763. Aff. étr. Espagne, DXXXVIII, f° 83.

France et selon sa volonté ; mais cette petite affaire, si simple en apparence, avait encore tourné contre l'Alliance et douloureusement affecté le roi d'Espagne.

Alors, Charles III montra très peu d'ardeur à achever l'œuvre commencée par le Pacte de famille, l'union de toutes les branches de la maison de Bourbon. Le 12 juin 1763, le duc de Choiseul lui rappelait que, selon l'article 3, le roi des Deux-Siciles et l'infant duc de Parme devaient adhérer au traité dans le plus bref délai. La paix conclue, il convenait de poursuivre cette accession sans retard. Le roi d'Espagne ne s'y opposa pas : il ne le pouvait pas. Mais, au lieu d'agir avec fermeté auprès de son fils et de son frère, comme il le pouvait s'il avait voulu, il laissa les négociations traîner en longueur. Il toléra les réticences, les difficultés du ministre napolitain, marquis de Tanucci, qui voulait ajouter des clauses, interpréter des articles, au lieu de se borner à une acceptation pure et simple. A la fin du ministère du duc de Choiseul, la question n'était pas encore réglée. On ne dit point assez que jamais la régence des Deux-Siciles ne donna son adhésion au Pacte de famille.

Malgré tout, le duc de Choiseul demeurait fermement attaché à l'alliance espagnole. Lorsqu'en octobre 1761, devenu secrétaire d'État de la guerre et de la marine, il avait cédé les Affaires étrangères à son cousin le comte de Choiseul, depuis duc de Praslin, il avait conservé les affaires d'Espagne. Mais ces tracasseries commençaient à le lasser ; le 25 juin 1764, il écrivait « Je serai forcé tôt ou tard, si le Pacte de famille n'est pas consolidé par toute la Maison, de remettre l'Espagne aux Affaires étrangères, car, à quoi bon cette division très incommode et très à charge des départements si le Pacte de famille n'a pas lieu dans le fait[1] ? »

Les négociations entre les deux Puissances furent facilitées par le changement qui, à cette époque, se produisit dans les conseils du roi catholique. Déjà, en septembre 1762, le général Wall avait paru sur le point de se retirer. Le 21 août 1763, il quitta définitivement le pouvoir[2]. Le duc de Choiseul, qui se connaissait mal en hommes et de ce fait éprouva plusieurs fois des mé-

1. Lettre particulière du duc de Choiseul au marquis d'Ossun, 25 juin 1764. Aff. étr. France, Mém. et Doc., DLXXIV, f° 148.

2. Lettre du marquis d'Ossun au duc de Choiseul, 22 août 1763. Aff. étr. Espagne, DXXXIX, f° 150. Sur les causes de ce départ, voir plus loin, p. 104.

comptes, avait fini par le croire attaché à son système politique : « Le bruit est répandu ici de la chute de M. Wall, écrivait-il en septembre 1762... en mon particulier et pour le bien des deux couronnes, j'en serais on ne peut plus affligé ; M. Wall, avec qui d'ailleurs je n'ai aucune liaison, est un homme éclairé et honnête ; voilà les deux qualités nécessaires au ministre d'un grand prince ; il est très fâcheux d'avoir à changer quand on est aussi bien, et depuis que nous sommes liés intimement à l'Espagne, ce ministre s'est conduit de la manière la plus noble et la plus satisfaisante pour le roi et pour la France[1]. » Le marquis d'Ossun voyait plus juste lorsqu'il disait : « Je ne pense pas que nous devions le regretter, parce que j'oserais assurer qu'il était dans le fond de l'âme ennemi de la France ; parce que, tant qu'il aurait été en place, il aurait vraisemblablement empêché, soit par paresse, soit par d'autres motifs, que l'Espagne ne prît des mesures efficaces et combinées avec la France pour la défense et la sûreté des colonies respectives des deux couronnes[2]. » En fait, le général Wall avait secrètement cherché toutes les occasions de ruiner le Pacte de famille. Son départ était un bienfait pour la France.

Restait à désigner son successeur. Malgré certaines déceptions, le roi Charles III demeurait toujours partisan d'une union intime ; la reine sa mère l'y poussait. Aussi tournèrent-ils leur choix sur l'homme qui, par sentiment comme par amour-propre, était en Espagne le défenseur attitré de l'alliance française, sur le signataire du Pacte de famille, le marquis de Grimaldi : « Jusqu'à ce moment, écrivait dès le 25 août le marquis d'Ossun, Monsieur, personne n'a plus beau jeu à la place du secrétaire d'État des Affaires étrangères que M. le marquis de Grimaldi ; la chose sera bientôt décidée, si même elle ne l'a pas été hier au soir, entre la reine mère et le roi son fils[3]. » Ce ne fut pas cependant sans lutte : un moment, le premier commis, D. Augustin de Llano, put se flatter d'obtenir le Portefeuille[4].

1. Lettre du duc de Choiseul au marquis d'Ossun, 5 septembre 1763. Aff. étr. Espagne, DXXXIX, f° 183.

2. Lettre du marquis d'Ossun au duc de Choiseul, 25 août 1763. Aff. étr. Espagne, DXXXIX, f° 157.

3. Lettre du marquis d'Ossun au duc de Choiseul, 25 août 1763. Aff. étr. Espagne, DXXXIX, f° 159.

4. Lettre du marquis d'Ossun au duc de Choiseul, 29 août 1763. Aff. étr. Espagne, DXXXIX, f° 165.

Le marquis de Squillace parait avoir puissamment aidé à la nomination d'un ministre italien comme lui[1]. Mais la reine mère surtout, dont le rôle en cette circonstance est révélé par les dépêches du marquis d'Ossun, enleva la nomination. Le 1er septembre 1763, par une lettre de sa main, le roi d'Espagne manda sa décision au roi son cousin[2]. Le comte de Fuentès, ancien ambassadeur à Londres, fut nommé à Versailles.

Le duc de Choiseul témoigna d'abord une certaine inquiétude : il regrettait vivement le départ du marquis de Grimaldi et ne connaissait pas son successeur. Ses craintes étaient vaines : nul choix ne devait plus contribuer au maintien et au raffermissement de l'union. Le comte de Fuentès « longue, droite et silencieuse figure[3] » était un homme de mérite, vieilli dans la diplomatie et acquis de longue date à l'alliance française. « Sans facultés brillantes, d'intelligence moyenne, mais grand seigneur et fort honnête homme, il avait su se conduire avec beaucoup de dignité dans les postes importants qui lui avaient été confiés[4]. » Il gagna l'estime, la confiance du duc de Choiseul, et de son côté lui témoigna un fidèle attachement. Il fut l'intermédiaire heureux des relations intimes qui subsistèrent entre le ministre français et le marquis de Grimaldi. Arrivé au pouvoir, en effet, l'ancien ambassadeur de France ne démentit pas à Madrid ses sentiments et demeura jusqu'au bout le soutien le plus dévoué, le défenseur fidèle de l'alliance française. Grâce à lui une intimité étroite, plus grande qu'auparavant, unit les deux Cours de Versailles et de Madrid. Au fond, jamais l'union n'avait subi d'atteinte véritable. Sans doute, les revers de la guerre maritime, la pression exercée sur l'Espagne pour l'amener à conclure la paix, les querelles commerciales et, à un moindre degré, l'affaire du Placentin avaient de part et d'autre provoqué des regrets et des mécomptes. Néanmoins, jamais à un moment quelconque, on ne songea à résilier le Pacte de famille ou même à se repentir sérieusement de l'avoir conclu. On pouvait se plaindre

1. « Je ne dois pas vous cacher, Monsieur, mais sous le plus grand secret, que c'est M. le marquis de Squillace qui a décidé le roi d'Espagne au choix de M. le marquis de Grimaldi. » Lettre du marquis d'Ossun au duc de Choiseul, 29 août 1763. Aff. étr. Espagne, DXXXIX, f° 165.

2. Lettre du roi d'Espagne au roi de France, 1er septembre 1763. Aff. étr. Espagne, DXXXIX, f° 174.

3. Papiers inédits de M. H. Léonardon, Bibliothèque de Versailles.

4. MM. A. Morel Fatio et H. Léonardon, o. c., III, p. 444.

de l'avoir signé à un mauvais moment, regretter d'avoir trop tôt cherché à le mettre en vigueur, mais on n'allait pas plus loin. L'avènement du marquis de Grimaldi rouvrit l'ère de la bonne entente et cette période fut le plus beau moment de l'alliance.

Par de multiples concessions, le ministre espagnol s'étudia à prévenir les conflits, à adoucir les difficultés inévitables. Chaque fois qu'il était en son pouvoir, il se rangea aux avis qui lui venaient de la Cour de France. A cette époque, vraiment, on peut dire que, dans une certaine mesure, le duc de Choiseul gouverna la politique extérieure de l'Espagne. D'autant plus que le marquis de Grimaldi exerçait à cette époque une action prépondérante dans les conseils du roi catholique. Il avait obtenu, une fois par semaine, la réunion des trois secrétaires d'État[1] et pris ainsi une large influence sur les décisions de ses collègues. « Grimaldi, disait l'ambassadeur anglais, Lord Bristol, a fort adroitement obtenu une réunion avec Squillace et Arriaga, le ministre de la Marine, une fois par semaine. Il s'est fait donner un ordre du roi à cet effet, ce qui ne plaît pas du tout aux autres ministres : sans cela, il n'aurait pu avoir connaissance que de ce qui regardait les affaires étrangères. Au lieu que, par ce moyen, il sera au fait de tout ce qui concerne l'intérieur, ainsi que de ce qui se rapporte au commerce[2]. »

Malgré quelques boutades, sans grande conséquence, le ministre français reconnut la bonne volonté, le zèle de son collègue. Il lui témoignait une grande confiance. Il fit plus : il eut avec lui, en dehors des bureaux, par l'intermédiaire du marquis d'Ossun, une correspondance directe[3]. Sans doute ces lettres n'étaient pas, à proprement parler, secrètes. Le Roi de France semble, dans quelques circonstances, avoir invité son ministre à écrire

1. Lettre du marquis d'Ossun au duc de Choiseul, 7 novembre 1763. Aff. étr. Espagne DXXXIX, f° 315.

2. Lettre particulière de lord Bristol à lord Halifax, 13 janvier 1764, dans sir W. Coxe, *o. c.*, IV, p. 513.

3. Le texte de presque toutes ces lettres manque au ministère des Affaires étrangères: ce qui s'explique facilement, puisqu'elles ne passaient pas par les bureaux. Mais leur existence ne peut prêter à aucun doute. Dans le recueil des lettres particulières du duc de Choiseul au marquis d'Ossun (Aff. étr. France, Mém. et Doc., DLXXIV, DLXXV), se trouvent conservés presque tous les billets d'envoi dont le ministre accompagnait chacune de ces lettres. Le duc de Choiseul expédiait à son ambassadeur la lettre ouverte et y joignait, sous forme de commentaire, un résumé qui permet de reconstituer facilement toute cette correspondance.

directement au marquis de Grimaldi[1]. Mais, ce qui est très certain, c'est que Louis XV ne connaissait la teneur, ni la fréquence de ces écrits. Les résumés qu'on trouve dans les lettres d'envoi montrent suffisamment que, plus d'une fois, le duc de Choiseul s'échappa dans cette correspondance en propos peu mesurés sur la politique du roi ou de ses collaborateurs, qu'il substitua ses vues personnelles à celles de son gouvernement. Le duc de Choiseul trouvait là un puissant moyen d'action ; il pouvait agir sur les volontés du roi catholique et l'amener plus facilement à se ranger aux vues de la France. D'autre part, il pouvait, sur des questions qui lui tenaient à cœur, en référer directement à Madrid, et se servir de la Cour d'Espagne comme d'un instrument pour peser sur les décisions du roi son maître. C'était un immense avantage, mais aussi une grave imprudence. Une indiscrétion de l'ambassadeur, un soupçon des bureaux pouvaient attirer l'attention de Louis XV, dont l'esprit toujours défiant mettrait dans ces lettres beaucoup plus qu'il n'y avait en réalité. Auprès d'un maître qui n'entendait tolérer, à aucun prix, l'acte d'une volonté indépendante de la sienne, le ministre, s'il était découvert, risquait sa faveur et sa place. Cette intimité n'échappait pas aux Anglais, toujours aux aguets pour surprendre le secret de l'accord entre la France et l'Espagne. « Je trahirais mon devoir, écrivait l'ambassadeur anglais, lord Bristol, si je ne disais à Votre Seigneurie que sa prédilection (du marquis de Grimaldi) pour la France, devient tous les jours plus forte[2]. « Grimaldi entretient une correspondance particulière avec le duc de Choiseul[3]. »

Une telle union demeurait, il est vrai, très nécessaire pour régler la question qui primait toutes les autres, celle de la guerre contre l'Angleterre. Cette idée poursuivait sans répit le duc de Choiseul. « Au moment même de signer le traité, il pensait déjà à prendre sa revanche[4] », et tous ses soins tendaient à ce but.

1. C'est ce qui semble résulter, en particulier, d'une minute ou projet de lettre du roi de France au roi d'Espagne, texte conservé aux Archives nationales, K 144, n° 181, et où il est parlé des « raisons que j'ai chargé mon ministre de déduire dans sa réponse à M. de Grimaldi ».

2. Lettre particulière de lord Bristol à lord Halifax, 13 janvier 1764. Sir V. Coxe, *o. c.*, p. 517.

3. Lettre particulière de lord Bristol à lord Halifax, 13 janvier 1764, dans sir W. Coxe, o. c., p. 513.

4. Sir W. Coxe, *o. c.*, IV, p. 528.

Dans quelle mesure l'Espagne devait-elle prendre part à la lutte? Si la rupture éclatait entre elle et l'Angleterre, pas le moindre doute possible. Un traité existait, et la France devait, sans hésiter, se porter avec toutes ses forces au secours de l'Espagne. Sur ce point, l'opinion du duc de Choiseul, exposée bien des fois catégoriquement, ne varia jamais. Mais, si la France était attaquée ou prenait l'initiative des hostilités, convenait-il d'entraîner l'Espagne dans la lutte? Après le rôle médiocre tenu par les forces espagnoles dans la dernière campagne, la question devenait singulièrement délicate. Si la marine espagnole pouvait fournir un appoint notable aux escadres françaises, l'immense domaine des colonies américaines offrait à l'Angleterre une proie facile. L'Espagne était-elle en état de se suffire à elle-même? Problème grave et difficile à résoudre. Aussi, sur ce second point, le duc de Choiseul ne s'arrêta jamais à une solution bien nette. Tantôt, sous l'influence d'un événement heureux, il se laissait aller à espérer le concours de l'Espagne. Au contraire, aux heures où les relations étaient moins intimes, il regardait comme chimérique et dangereuse une guerre de revanche entreprise en commun contre l'Angleterre. L'histoire des relations entre la France et l'Espagne, de 1763 à 1770 est celle des fluctuations continuelles survenues dans la pensée du duc de Choiseul.

A la nouvelle de la prise de la Havane, il n'avait pas voulu désavouer son œuvre et comptait toujours sur l'aide de l'Espagne. Au moment de la paix, il déclarait ne plus faire fonds sur elle. Dans sa lettre du 16 décembre 1764, il traitait encore l'Espagne de « corps mort en temps de guerre sur les forces duquel il serait absurde de compter, et qui ne jouera de rôle que par ses pertes dans les guerres prochaines [1] ». Cependant, à mesure que le temps s'écoulait, que les souvenirs cuisants de la guerre précédente se faisaient moins présents, le ministre français, aux heures où il se trouvait en pleine possession de lui-même, quand quelque incident ne ravivait pas les plaies mal fermées, ne rejetait pas entièrement l'idée du concours de l'Espagne : il visait seulement à en reculer l'échéance. Il préparait un plan d'offensive, capable d'être réalisé dans quatre ans : « il faut absolument quatre ans de repos, écrivait-il en novembre 1763, mais si l'on suit pendant cet intervalle le plan que j'ai proposé, en 1760, nous

1. Voir plus haut, p. 57.

reviendrons un peu avec MM. les Anglais sur leurs prétentions... D'ici à ce temps, il faut filer doux, jusqu'aux coups de bâton exclusivement[1] ». Le marquis de Grimaldi, de son côté, songeait à fortifier les défenses de l'Espagne et à relever la marine[2]. Sans doute, le ministre français n'avait guère confiance dans ces projets. Par l'abbé Beliardi, il se faisait renseigner exactement sur les forces de l'Espagne pour réduire à de justes proportions les rapports enthousiastes du marquis d'Ossun.

Mais il attachait encore un grand prix à l'alliance espagnole. Dans le mémoire qu'à la fin de l'année 1765[3] il présenta au roi pour justifier sa politique, il précisa l'attitude qu'il entendait garder vis-à-vis de la Cour de Madrid. Il rappela toute la négociation du Pacte de famille : « L'année 1759 fut aussi remplie de désastres que les précédentes ; l'affaire de Minden, celle de M. de Conflans, la perte de la Guadeloupe et la détresse de M. de Silhouette ne dérangèrent pas ma patience et la fermeté qui, je crois, était la vertu la plus utile à votre service dans ces moments critiques. Je tentai cette année une entrevue de Votre Majesté avec le roi d'Espagne à Lyon ; la reine sa femme l'empêcha. Je sentis que quelque utile que pût vous être l'Espagne, il ne fallait alors que profiter vis-à-vis d'elle des occasions et ne point exposer votre dignité, ainsi qu'elle l'avait été autrefois, aux refus que les démarches trop empressées de vos précédents ministres avaient essuyés du ministère espagnol. En 1760, je demandai à Votre Majesté la permission, en même temps que la négociation se suivrait autant qu'elle pourrait aller avec les ennemis, d'engager l'Espagne à en entamer une avec la France, dont, dans la suite, si le projet réussissait, Votre Majesté connaîtrait le bien. » En même temps que la négociation avec l'Angleterre, « et c'est

1. Lettre particulière du duc de Choiseul au marquis d'Ossun, 13 novembre 1763. Aff. étr. France, Mém. et Doc., DLXXIV, f° 143.

2. Lettre du marquis d'Ossun au duc de Choiseul, 23 janvier 1764. Aff. étr. Espagne, DXL, f° 64.

3. Il est malheureusement impossible de préciser davantage la date de ce mémoire. A la mort de Mme de Pompadour le roi avait songé à admettre dans sa faveur Mme d'Esparbès. Le duc de Choiseul parvint à écarter cette nouvelle favorite et triompha insolemment de sa victoire. Il osa la ridiculiser, l'insulter en quelque sorte sur le grand escalier en la prenant sous le menton et en lui disant : « Petite, comment vont vos affaires ? » Le roi tint rigueur à son ministre, une explication eut lieu à la suite de laquelle ce mémoire fut présenté. Le texte du mémoire se trouve publié in extenso dans les mémoires du duc de Choiseul, p. 382, et il n'a pas paru nécessaire de le reproduire ici.

l'autre parti que je jugeai nécessaire, je liai la négociation avec l'Espagne de façon que cette Couronne, si nous faisions la paix, se trouvât intéressée à nous seconder dans la négociation et à assurer la solidité du traité. Si au contraire nous la manquions, mon projet était que l'Espagne fût entraînée dans la guerre et que la France pût profiter des événements que ce nouvel embrasement devait produire pour réparer ses pertes. Enfin, si les événements étaient malheureux, j'avais en vue que les pertes de l'Espagne allégeassent celles que la France pouvait faire. J'ai réussi, Sire, dans les deux projets..... Je signai de la part de Votre Majesté le Pacte de famille et le projet d'attaque du Portugal, projet qui est entier de moi et qui devait produire un effet immense si les Espagnols l'avaient su exécuter... La déclaration de guerre de l'Espagne fut une suite nécessaire de mon opération. Ce n'est pas ma faute, si, au lieu d'aller par le grand chemin tout simplement à Lisbonne où il n'y a pas un soldat, les Espagnols ont fait la campagne incroyable qu'ils ont faite. Je n'ai point été garant de la défense de la Havane, où il se trouvait infiniment plus de forces de terre et de mer qu'il ne fallait pour faire échouer le projet des Anglais et ruiner leur armée; mais l'attaque de la Havane a détourné celle de Saint-Domingue, qui aurait réussi beaucoup plus aisément que celle de la Havane. Et c'est en cela que j'ai rendu un grand service à Votre Majesté, qui n'aurait plus eu aucune possession en Amérique après cette perte. La guerre de Portugal, quoi qu'elle n'eût pas les succès certains que l'on devait en attendre, épuisait l'Angleterre par les secours qu'elle était obligée d'y envoyer et, M. Pitt sorti du ministère, les embarras en tout genre qui assaillaient milord Butte devaient le déterminer à la paix, ce qui est arrivé. Il est vrai que pour ce bien auquel la France aspirait, l'Espagne a perdu; mais Votre Majesté voudra bien se rappeler que, pendant la négociation de la paix que nous avons brusquée pour l'Espagne, et depuis, j'ai su m'attirer de cette façon la confiance du roi catholique, qui, j'ose dire, après l'avoir approfondi par des lectures réfléchies que, même du temps de Philippe V, jamais la France n'a eu autant de crédit à Madrid qu'elle en a depuis quatre ans. Je termine par ce trait mon ministère politique, et si mon expérience et mes réflexions me permettent de donner sur cette partie des conseils à Votre Majesté, je prendrai la liberté de lui conseiller: de ménager avec la plus scrupuleuse attention son système d'alliance avec l'Espagne, de regarder la puissance espagnole comme une puissance nécessaire à celle de la France, Le roi catholique est un prince juste, ferme et sur lequel vous pouvez compter jusqu'au moment où la France lui manquerait. Dieu vous préserve, Sire, que cela arrive jamais; car, si vous perdiez cet allié, vous n'en auriez plus dans l'Europe; personne ne se fierait à la France et l'on ne se lierait à Votre Majesté que pour tirer parti de ses forces et se retourner contre elle quand on aurait réussi. Il faut penser en politique comme dans la Société, que la puissance produit l'envie et la jalousie. Celle que Louis XIV a inspirée n'est pas éteinte; nos ennemis ont su en profiter. La bonne foi, la fermeté, la sûreté dans les engagements est la seule politique qui puisse conserver une grande puissance dans son état; la duplicité, la légèreté et la faiblesse ne peuvent être d'usage que pour les petits princes..... Il faut donc, Sire, vous attacher de plus en plus à l'Espagne, votre alliée naturelle; de grâce ne vous laissez jamais entraîner à aucune démarche douteuse vis-à-vis de ce prince vertueux, et, si par une fatalité que je ne crois pas prochaine, le roi catholique était obligé ou déterminé par son tempérament un peu altier à la guerre contre les Anglais, quelque répugnance que j'aie à conseiller la guerre à Votre Majesté, j'ose lui dire qu'il faudrait, en quelque état que se trouvât votre royaume, la faire pour l'Espagne sur-le-champ; je porte jusqu'à ce malheur mes idées du ménagement nécessaire pour le maintien de l'indissolubilité de l'union entre les deux couronnes. L'Alliance de Votre Majesté avec la Maison d'Autriche est une alliance précaire, bien différente de l'alliance fondamentale de l'Espagne[1]. »

Ce mémoire, si curieux par la netteté de la pensée, la vigueur de la forme, la liberté avec laquelle le ministre s'exprime sur tout ce qui le concerne, mérite la plus scrupuleuse attention. Il ne convient peut-être pas de le prendre à la lettre; on n'y trouve pas un exposé complet de la politique du duc de Choiseul envers l'Espagne, en 1765. Ce travail est, on ne doit pas l'oublier, un plaidoyer justificatif. Le ministre y réfute les imputations malveillantes de ses ennemis. Il a soigneusement laissé dans l'ombre tous les mécomptes subis au cours de l'alliance, les difficultés relatives à la paix, les fâcheuses conséquences du traité de Paris. Il y avait en particulier une certaine outrecuidance à soutenir que la prise de la Havane, qui coûtait au roi en définitive la Louisiane, avait été un bienfait pour la France parce qu'elle avait sauvé Saint-

1. *Mémoires du duc de Choiseul*, p. 386 et sq.

Domingue. Tandis que, dans les lettres à son ambassadeur le duc de Choiseul fait ressortir les couleurs sombres, ici, pour des motifs tout contraires, il a embelli le tableau.

Il disait vrai cependant, en affirmant que, même du temps de Philipe V, « jamais la France n'a eu autant de crédit à Madrid que depuis quatre ans » ; il exprimait le fond de sa pensée en déclarant avec franchise au roi que, si la guerre éclatait entre l'Espagne et l'Angleterre, la France devrait tenir tous ses engagements et soutenir la Cour de Madrid à quelque prix que ce fût. Néanmoins, il laissait entièrement de côté la principale question, à savoir si, en cas de lutte entre la France et l'Angleterre, il convenait de faire appel à l'Espagne. Du fait même de ce silence, on doit penser que le duc de Choiseul, à la fin de 1765, n'avait pas encore une très haute opinion des forces militaires du gouvernement espagnol et qu'il ne comptait pas sur son concours.

A ce moment d'ailleurs la question semblait perdre de son importance. Il paraissait tous les jours plus certain que la rupture viendrait non de la France, mais de l'Espagne. Malgré toutes les adjurations du ministère français, le roi Charles III se montrait disposé à entrer en lice, même avant le temps fixé. Le duc de Choiseul remarquait très justement que le roi catholique pouvait être « déterminé par son tempérament un peu altier à la guerre contre les Anglais. » — La leçon de 1762 ne lui avait pas servi et il courait toujours à la recherche de nouvelles aventures. A chaque exigence des Anglais, son orgueil se cabrait. Il promettait bien de tout faire pour maintenir la paix, mais à la condition que son honneur ne fût pas engagé, et il voyait partout des questions d'honneur. En juillet 1764, le gouvernement britannique réclama plus impérieusement que jamais la coupe du bois de Campêche; il fallut une pression très vive de lord Rochford[1], l'éventualité d'une guerre immédiate pour le déterminer à céder. Il refusait, contre les traités, de restituer au Portugal la colonie du Sacramento, alléguait des rectifications de frontière.

Au fond, sous ces dehors de bravade, on tremblait à Madrid comme à Paris. A chaque instant, on s'imaginait voir Pitt rentrer dans le ministère, et l'on se persuadait que ce retour devait amener la guerre. Vingt fois mandée, vingt fois démentie, cette nouvelle suffisait à indiquer la terreur qu'inspirait la puissance britannique. Le duc de Choiseul pensait que, revenu au

1. Sir W. Coxe, *o. c.*, IV, p. 535 et sq.

pouvoir, le ministre anglais pourrait disputer aux Français la pêche de Terre-Neuve. Or, sur ce point, à Versailles, on était résolu à ne pas céder : « Quant à notre pêche, nous soutiendrons la guerre jusqu'à l'extrémité plutôt que de la perdre. » Mais le duc de Choiseul répugnait fort à attirer l'Espagne dans la lutte : « Je crains beaucoup sur cet article la faiblesse politique de l'Espagne : elle n'est pas fort avancée depuis la paix dans ses moyens de soutenir la guerre, car si sa marine ne se rétablit et que son armée ne soit pas en état de faire la guerre au Portugal, elle ne défendra ni l'Europe, ni l'Amérique[1]. » Mais, malgré ces craintes comme chacun tenait, par amour-propre, à tromper son allié et à s'abuser soi-même, on pouvait, sans le vouloir, se trouver acculé à la lutte. Les Anglais qui connaissaient à merveille les dispositions des deux couronnes en tiraient merveilleusement parti. Ils effrayaient les deux puissances par des démonstrations menaçantes, sans vouloir au fond la guerre.

L'affaire de Manille vint justement à propos servir aux Anglais d'épouvantail. On se souvient, qu'au mois de septembre 1762, la flotte du brigadier Draper avait pris la capitale des Philippines[2]. Une capitulation signée par l'archevêque racheta la ville moyennant une rançon de quatre millions de pesos, dont deux payables sur-le-champ. Malgré cette convention, les soldats britanniques mirent Manille à sac : ce qui n'empêcha pas le cabinet de Londres de réclamer, par l'intermédiaire de Lord Bristol les deux millions restants. Toute la politique anglaise se révélait dans la conduite de l'ambassadeur. Il multiplia les rodomontades, cria très haut que « l'Angleterre donnait trop de temps à la France et à l'Espagne pour se préparer[3] ». Le plénipotentiaire anglais prodigua même les confidences simulées à l'abbé Beliardi, qui se trouvait alors à Madrid ; il se lamentait d'être contraint par son gouvernement « dont les ordres l'engageaient à prendre ici un ton bien éloigné de son caractère et de sa façon de penser[4] », assurant que sa cour ne se relâcherait point sur la rançon de Manille.

1. Lettre particulière du duc de Choiseul au marquis d'Ossun, 14 août 1765. Aff. étr. France, Mém. et Doc., DLXXIV, f° 167.
2. Voir plus haut, p. 38
3. Lettre du marquis d'Ossun au duc de Choiseul, 5 septembre 1765. Aff. étr. Espagne, DXLIV, f° 36.
4. Lettre de l'abbé Beliardi au duc de Choiseul, 9 septembre 1765. Aff. étr. Espagne, DXLIV, f° 54.

L'effroi fut à son comble à Madrid ; on croyait à un accord secret du comte d'Oeyras et de la cour britannique pour brusquer une attaque et, par la voie du Tage, marcher à l'improviste sur Madrid découverte. Bien entendu, au dehors, l'Espagne se déclarait prête. Le duc de Choiseul, plus sceptique, approuvait les mesures annoncées, mais ajoutait prudemment : « Je vous avoue que nous craignons toujours qu'on induise en erreur le roi catholique et son ministère et que ces projets se bornent à être rédigés sur le papier[1]. » « Je ne vous dissimulerai pas, écrivait de son côté tout tremblant, l'abbé Beliardi, que j'ai cru entrevoir dans toute la conversation que ces gens-là sont secrètement déterminés à nous faire la guerre et que ce sera un trait de votre grande politique si vous pouvez parvenir à les contenir encore quelque temps[2] ». Subitement, lord Bristol se radoucit; il révéla que son ministère ne cherchait pas la lutte, mais voulait prévenir les manœuvres des cours alliées dont le plan était d'amuser l'Angleterre jusqu'au jour où elles se sentiraient prêtes. Néanmoins, l'affaire semblait prendre une fâcheuse tournure. Au début de mars 1766, le marquis de Grimaldi répondit à lord Bristol par un refus sec et catégorique.

La rupture paraissait imminente. Le duc de Choiseul crut nécessaire d'intervenir personnellement auprès de son collègue. Il l'invita à proposer un arbitrage, lui conseilla d'éviter à tout prix la guerre : « Il est vrai que les deux couronnes, je parle surtout de la France, ne sont pas prêtes comme elles le seront dans trois ans. » Il entrait dans de longs développements sur l'état exact des deux marines, sur la nécessité de ne pas se faire d'illusions; si on se décidait à une guerre, il faudrait la faire durer longtemps : « Mettons-nous bien dans la tête que ce ne sera que le temps, et un temps très long, qui nous donnera l'avantage. » Il concluait : « Mandez-moi, mon cher confrère, si vous approuvez mes idées préliminaires et si elles sont du goût du roi d'Espagne. Je les présenterai de même à mon maître; c'est à eux à régler leur service, c'est à nous à l'exécuter de notre mieux; je ne déserterai pas certainement, mais je dirai que je serais fort inutile dans une guerre qui, si elle n'est pas conduite avec autant

1. Lettre du duc de Choiseul au marquis d'Ossun, 28 octobre 1765. Aff. étr. Espagne, DXLIV, f° 210.

2. Lettre de l'abbé Beliardi au duc de Choiseul, 23 septembre 1765. Aff. étr. Espagne, DXLIV, f°s 94 et sq.

d'adresse que de sagesse, de fidélité et de fermeté, déshonorerait la couronne. Je suis entré en place au milieu d'une guerre mal enfournée, Je ne voudrais pas cette fois-ci, que le commencement ni la fin fussent les mêmes[1]. »

Quand il écrivait cette dépêche, le ministre français n'était plus bien inquiet : il avait percé à jour le jeu de l'Angleterre et la tactique espagnole : « Quant à la guerre, mandait-il dans sa lettre d'envoi au marquis d'Ossun, je doute que nous l'ayons cette année : l'Espagne payera (*ceci entre nous*)[2] la rançon de Manille et nous gagnerons du temps, mais l'année prochaine sera difficile à passer si sir Pitt rentre cette année[3]. » Cependant, l'événement tant redouté se réalisa. Pitt rentra dans le ministère et tout se passa cependant comme à l'ordinaire.

La révolution qui, en mars 1766, éclata à Madrid, rendit le duc de Choiseul encore plus réservé. Moins que jamais, il souhaita de voir l'Espagne prendre une part effective à la guerre : « Quoi qu'il en soit, déclarait-il à son ambassadeur, il me semble que dans la situation actuelle nous devons mettre beaucoup de réserve dans le feu de nos démarches et de notre intérêt pour l'Espagne ; il faut songer au nôtre avant tout, ne pas compter sur l'Espagne si nous avons la guerre et, en vérité nous n'y comptons pas trop... Quant à la guerre, nous la ferons tous seuls dans les commencements et peut-être jusqu'à la fin, si nous avons du succès. Si nous sommes battus, nous tâcherons d'engager l'Espagne comme à l'autre guerre pour nous procurer la paix[4]. » Malgré tout, la prudence la plus élémentaire commandait d'infinies précautions et le duc de Choiseul multipliait les projets d'expéditions communes, d'entreprises contre le Portugal. En août 1766, il annonçait, triomphant, que son plan de réorganisation de la marine française se trouvait de point en point réalisé[5].

Les rapports avec l'Angleterre se compliquaient. En 1763, M. de Bougainville, le célèbre explorateur, au cours d'un voyage autour du monde, avait débarqué sur les côtes des îles Malouines, à

1. Lettre particulière du duc de Choiseul au marquis de Grimaldi, 21 mars 1766. Aff. étr. Espagne, DXLV, f°s 213 et sq.
2. Les mots sont ainsi soulignés dans le texte.
3. Lettre particulière du duc de Choiseul au marquis d'Ossun, 22 mars 1766. Aff. étr. France, Mém. et Doc., DLXXIV, f° 184.
4. Voir plus loin, p. 95 et sq.
5. Lettre particulière du duc de Choiseul au marquis d'Ossun, 9 juin 1766. Aff. étr. France, Mém. et Doc., DLXXIV, f° 193.

quelque distance de la Patagonie. Il en prit possession au nom du roi de France, installa dans l'île principale des colons venus d'Acadie, au nombre d'environ cent cinquante personnes[1]. Il y fonda un établissement. L'Espagne revendiqua aussitôt ces territoires comme faisant partie de son empire colonial et, sans difficulté, Louis XV en fit la cession[2]. Mais, un autre explorateur, anglais cette fois, le commodore Byron toucha en janvier 1765 à la petite île, séparée de la Grande-Malouine par un assez vaste bras de mer, au lieu dénommé Puerto de la Cruzada. Il baptisa l'archipel du nom de Falkland et y arbora le pavillon britannique sans laisser d'ailleurs aucun colon. A son retour, le gouvernement anglais comprit quel parti il pouvait tirer de cette affaire pour déterminer l'Espagne à céder sur la rançon de Manille toujours impayée. En 1766, une flotte britannique se rendit aux îles Falkland et y fonda Port Egmont. De plus, en décembre 1766, le capitaine Marbride, monté sur le *Jason*, vint visiter dans la Grande-Malouine l'établissement français devenu espagnol et déclara que cette terre, découverte pour la première fois au temps de la reine Elisabeth, appartenait au roi de la Grande-Bretagne[3]. Il somma les colons acadiens de l'évacuer au plus vite. En septembre 1766, on apprit à Madrid l'objet de l'expédition anglaise et le marquis d'Ossun aperçut tout de suite la gravité de l'affaire. Le roi catholique était repris par sa fièvre belliqueuse. Il ne tolérerait pas les établissements anglais[4]. Le duc de Choiseul, sentant la guerre toute proche et ne croyant nullement l'Espagne en état de la soutenir, usa encore une fois de son influence personnelle sur le marquis de Grimaldi. Dans sa lettre sur l'affaire de Manille, le duc de Choiseul croyait la lutte peu probable. Aussi s'était-il montré fécond en espérances et en promesses.

Ici, il parut plus pressant, insista sur l'impossibilité de se battre, déclara que les prétentions de l'Espagne reposaient sur des droits douteux : « Je pense d'abord que, *salva dignitate*, il faut en politique faire l'impossible pour éviter l'éclat de la rupture d'ici à dix-huit mois ; secondement, il est de la première importance,

1. Lettre du duc de Choiseul au marquis d'Ossun, 11 août 1766. Aff. étr. Espagne, DXLVI, f° 309.

2. M. D. Daubigny, o. c., p. 252 et sq.

3. Rapport de M. de Bougainville, 20 avril 1767. Aff. étr. Espagne, DXLVIII, f°s 336 et sq.

4. Lettres du marquis d'Ossun au duc de Choiseul, 22 septembre 1766 Aff. étr. Espagne, 29 septembre 1766, DXLVII, f°s 108 et sq., f°s 144 et sq.

surtout pour la France, de pouvoir prévenir le moment de la rupture, afin de ne pas tomber dans l'inconvénient de la dernière guerre, où nous eûmes quinze mille matelots de pris avant la déclaration..... Je dis donc qu'il faut tâcher pour nos intérêts communs d'éviter la guerre d'ici à dix-huit mois. » Deux difficultés séparaient l'Angleterre de l'Espagne. « La seconde est l'établissement nouveau des Anglais, soit dans la mer du Sud, soit en deçà du détroit de Magellan dans les îles que les Français appellent Malouines et les Anglais Falkland. J'ai toujours cru qu'il fallait savoir bien positivement le lieu de cet établissement avant que de s'en plaindre, et voilà pourquoi je proposais, il y a quatre mois, à l'Espagne, d'envoyer dans ces mers quatre vaisseaux de ligne pour voir par eux-mêmes l'établissement et s'il était dans telle ou telle position, le détruire dans son commencement, parce qu'il y a plus d'avantage à discuter sur une possession détruite que sur une possession à détruire. Je vous avouerai franchement que si l'établissement anglais est dans les îles Falkland et par conséquent hors de la mer du Sud, je ne crois pas que l'article 8 du traité d'Utrecht lui soit contraire, à moins que l'on ne prouve qu'il y avait des Espagnols dans ces îles du temps de Charles II. Lisez l'article 8, mon cher confrère, avec attention et si vous étiez neutre et obligé de juger cette question, je crois que vous seriez embarrassé de l'approprier aux îles Falkland, à moins que l'on ne vous présentât des titres de propriété du temps de Charles II. Il y a autre chose à considérer; il faut être bien certain du tort que cet établissement en deçà du détroit peut faire à l'Espagne, et calculer si le tort est comparable au tort qu'une guerre heureuse fait toujours à un État..... S'il est calculé que l'établissement des Anglais aux îles Falkland porte un préjudice notable à l'Espagne et plus fort que celui de la guerre, il faut se préparer à faire la guerre dans dix-huit mois, sur ce seul objet. » A la réflexion, il éprouvait encore le besoin de modérer les rares paroles belliqueuses qu'il avait prononcées, et, de peur de confusion, ajoutait en post-scriptum : « En vous conseillant l'envoi des quatre vaisseaux, je sens qu'en même temps, si vous prenez ce parti, il faut se préparer à la guerre et je vous observe que je pense que l'expédition, si elle a lieu, ne doit regarder que la mer du Sud et non pas les îles Falkland[1] ».

1. Lettre particulière du duc de Choiseul au marquis de Grimaldi, 2 octobre 1766. Aff. étr. Espagne, DXLVII, f°s 152 et sq.

Dans la lettre d'envoi au marquis d'Ossun, le duc de Choiseul répétait que la France n'était pas prête : « Je dois dire avec vérité que la France n'est pas en état d'y entrer (en guerre), dans ce moment-ci et que je n'ai jamais promis d'être prêt avant 1768. Je crois aussi pouvoir douter que l'Espagne puisse être prête d'ici à un an. Le premier de tous les soins est donc de temporiser, s'il en est encore temps[1]. » Ainsi, en octobre 1766, à propos des îles Malouines, le duc de Choiseul fit tous ses efforts, on doit lui rendre cette justice, pour empêcher la guerre.

Ces instances et les maladresses de quelques subordonnés eurent pour conséquence un refroidissement momentané entre les deux cours. Le 21 octobre, le marquis de Grimaldi écrivit une lettre très alarmée au comte de Fuentès[2]. M. Durand, chargé d'affaires à Londres, avait laissé entendre à l'ambassadeur espagnol, prince de Masserano, que la France ne ferait pas la guerre pour cette affaire. Le ministre espagnol demandait à son ambassadeur d'adresser les représentations les plus vives et de rappeler que le Pacte de famille liait les deux puissances. Directement interpellé, le duc de Choiseul crut nécessaire de renouveler avec la plus grande netteté ses engagements. Dans une dépêche ministérielle, il assura que, la guerre une fois déclarée par l'Espagne, quel qu'en fût le motif, la France ne tarderait pas un instant à entrer en campagne.

L'Angleterre tint alors un autre langage. Elle gardait les îles Falkland uniquement en gage et les restituerait en échange de la rançon de Manille[3]. Le marquis de Grimaldi ne trompait pas les espérances du duc de Choiseul. Il travaillait à éviter une rupture. Mais il venait difficilement à bout des emportements de son souverain. Le roi Charles III ne cachait pas au marquis d'Ossun que ses concessions, s'il en faisait, auraient pour seul objet de gagner du temps. Il multipliait à tout propos ses plaintes. Les Anglais, malgré le traité de Paris, s'étaient maintenus sur la côte des Mosquitos. A la suite d'un incident de frontière, le président du Guatemala D. Luiz Fernandez de Heredia, avait chargé l'ingénieur D. Luiz Novarro de procéder à l'évacuation

1. Lettre particulière du duc de Choiseul au marquis d'Ossun, 5 octobre 1766. Aff. étr. France, Mém. et Doc., DLXXV, f° 25.

2. Lettre du marquis de Grimaldi au comte de Fuentès, 21 octobre 1766. Aff. étr. Espagne, DXLVII, f°s 224 et sq.

3. Lettre du marquis de Grimaldi au prince de Masserano, 20 janvier 1767. Aff. étr. Angleterre, CDLXXIII, f°s 77 et sq.

des établissements par les Anglais et à la démolition des forts. Venu le 15 avril 1764 à Rio Tinto, en présence du capitaine Otway, D. Luiz Navarro reçut pour réponse « qu'ils se trouvaient tous très bien dans ce pays qui appartenait aux Mosquitos, lesquels étaient les sujets légitimes du roi d'Angleterre » : menacé, il dut s'échapper en hâte. Le marquis de Grimaldi invitait le prince de Masserano à demander réparation [1].

Le duc de Choiseul, toujours inquiet, était surpris de voir l'Espagne former de nouvelles difficultés. Il se plaignait du peu de confiance de la cour de Madrid... « Enfin, M. de Grimaldi vous a dit expressément, Monsieur, et dans les termes les plus aimables, que la Cour d'Espagne priait la France de ne plus se mêler de cette affaire et de la lui laisser diriger seule [2] ». Son avis était qu'avant deux mois la Cour d'Espagne serait battue sur toute la ligne, payerait la rançon, évacuerait les îles Falkland et la côte des Mosquitos. En tout cas, la France ne pouvait pas faire la guerre avant 1769. « Par réflexion, ajoutait-il, je dois vous prévenir, Monsieur, que ce que je vous mande n'est que pour vous et qu'il faut bien vous garder d'en rien marquer à M. de Grimaldi dont en deux mots le système ne vaut rien et qui ne nous empêchera pas de nous mêler de ce qui nous intéresse aussi essentiellement. » M. d'Ossun releva avec stupeur la date fixée, 1769 : le 5 mars il rappela à son ministre qu'il avait toujours promis d'entrer en campagne dès 1768. Le duc de Choiseul, alors, s'en tira par une distinction subtile et une réflexion qui lui permettaient de reculer encore plus loin la date primitivement indiquée. Il avait toujours promis d'être prêt dans le courant de 1768, c'est-à-dire d'être en état d'agir au début de 1769. « On ne peut pas nier que les deux cours seront plus en état en 1770 qu'en 1769 et en 1769 qu'en 1768. Vous voudrez bien avoir sur ce sujet et dans ce sens une explication avec M. le marquis de Grimaldi [3]. » Le marquis de Grimaldi se montra de bonne composition. Foncièrement et, dans l'âme, partisan de la paix, il voyait toujours avec plaisir reculer l'échéance.

La rupture avec l'Angleterre, qui avait paru d'abord inévitable,

1. Lettre du duc de Choiseul au marquis d'Ossun, 27 janvier 1767. Aff. étr. Espagne, DXLVIII, f° 119.

2. Lettre du marquis d'Ossun au duc de Choiseul, 5 mars 1767. Aff. étr. Espagne, DXLVIII, f° 203.

3. Lettre du duc de Choiseul au marquis d'Ossun, 24 mars 1767. Aff. étr. Espagne, DXLVIII, f° 253.

peu à peu s'éloignait. Les ministères se succédaient à Londres. Lord Rockingham avait remplacé lord Grenville; W. Pitt, devenu lord Chatam, succéda à lord Rockingham; lord North, représentant de la politique personnelle du roi, à lord Chatam. L'agitation des colonies anglaises d'Amérique contre la métropole allait croissant : la Grande Bretagne désirait la paix. D'autre part, l'attention belliqueuse du roi d'Espagne se trouvait détournée sur l'affaire des Jésuites. Entre les deux nations les querelles devinrent moins âpres. Les questions restèrent pendantes, le conflit ajourné. Ce n'était pourtant qu'un répit. On le sentait bien en Espagne comme en France. « Il n'est que trop vraisemblable, écrivait le 16 novembre 1767 le marquis d'Ossun au duc de Choiseul, que les affaires de la mer du Sud pourront occasionner la guerre plus tôt qu'on ne le pense à Versailles, à Madrid et même à Londres. M. le marquis de Grimaldi... m'a renouvelé l'assurance que l'Espagne n'engagera pas la France, pour son intérêt particulier, dans une guerre contre l'Angleterre [1]. » Aussi convenait-il de profiter de ces moments de repos pour pousser avec ardeur les préparatifs, et les projets militaires se succédaient, tant à Madrid qu'à Versailles.

Le 29 novembre 1766, le marquis de Grimaldi expédia un volumineux rapport. L'Espagne, disait-il, pourrait en 1768 armer cinquante-huit vaisseaux de ligne et trente frégates. A elles deux, la France et l'Espagne auraient cent seize vaisseaux et soixante-dix frégates contre cent vingt vaisseaux et quatre-vingts frégates. La partie serait à peu près égale. L'Espagne placerait en réserve des escadres à Cadix, à Carthagène, à la Corogne; la France à Brest et Toulon. Une flotte combinée tenterait une entreprise contre les Antilles, une autre contre l'Irlande ou l'Angleterre [2]. Le marquis de Grimaldi ne prévoyait alors aucune expédition sur terre, soi-disant pour ne pas détourner les troupes, en réalité afin de ménager le Portugal, qui, par l'intermédiaire du comte d'Oeyras [3], entreprenait à ce moment avec la Cour de Madrid une négociation secrète et l'amusait par des promesses de neutralité ou même d'alliance. Un peu plus tard, désabusée, la Cour d'Es-

1. Lettre du marquis d'Ossun au duc de Choiseul, 16 novembre 1767. Aff. étr. Espagne DL, f° 341.

2. Projet du marquis de Grimaldi, 29 novembre 1766. Aff. étr. Espagne, DXLVII, f°s 367 et sq.

3. Lettre du marquis d'Ossun au duc de Choiseul, 16 mai 1768. Aff. étr. Espagne, DLII, f°s 165 et sq.

pagne fit rédiger par le comte d'Aranda un énorme projet contre le Portugal, projet que le duc de Choiseul déclarait absolument dénué de bons sens.

Au plus fort des négociations pour la suppression de la Compagnie de Jésus, Choiseul répliqua, le 20 janvier 1770, par un mémoire de questions préalables à résoudre entre les deux cours avant que d'arrêter définitivement un projet sur la guerre de Portugal. Dans le préambule, il définissait nettement la part que l'Espagne devait prendre à la guerre contre l'Angleterre : « Il est vraisemblable que la paix dont jouissent les deux royaumes subsistera pendant l'année 1770, quoiqu'il soit démontré que les cabinets des puissances du Nord sont en agitation afin de l'allumer entre la France et l'Angleterre; mais les troubles intérieurs de l'Angleterre, et l'espérance que l'on peut avoir que le ministère actuel de cette puissance restera en place, doivent faire croire que milord Chatam et son parti ne prendront pas le dessus et par conséquent que l'Angleterre au moins une année restera tranquille, ce qui n'arriverait pas si le lord Chatam se trouvait à la tête des affaires. Dans la partie du Nord, la Suède a terminé la diète, le Sénat qui subsiste est totalement dévoué à la France; le Danemark ne peut rien par lui-même. *Quelque liaison personnelle* que nous soupçonnons ici qu'il y a entre l'empereur et le roi de Prusse, ces deux cours resteront dans une observation très soupçonneuse l'une de l'autre, et la Russie, soit qu'elle continue la guerre, soit qu'elle revienne à la paix, aura assez d'embarras pour ne point se mêler activement des affaires du continent. Nous supposons donc que la guerre n'aura pas lieu en 1770, et que nous aurons le temps de préparer nos projets et nos moyens. Mais il faut penser que ce temps de délai est vraisemblablement le dernier et qu'en 1771 nous serons tout près de la guerre, et ainsi que les deux cours ne peuvent trop tôt s'entendre sur leurs préparatifs, afin que, la guerre arrivant, elles puissent sans délai procéder à l'exécution de leurs projets.

« Il est évident, lorsque la guerre arrivera, que ce sera l'Angleterre qui la fera aux deux couronnes, soit conjointement, soit séparément, c'est-à-dire que l'Angleterre déclarera la guerre à l'Espagne seule ou à la France seule, ou à toutes deux en même temps. Il n'y a aucune observation à faire si la guerre est déclarée à l'Espagne séparément : il est constant qu'il faut que la France la déclare de son côté dès le premier moment. La question est de savoir, au cas que l'Angleterre déclarât la guerre à la France seule, si l'Espagne devrait pour le bien des deux couronnes, se déclarer sur-le-champ ou différer sa déclaration et prendre le moment le plus utile. L'on pense en France qu'il serait plus avantageux que l'Espagne différât : 1° Parce que dans le premier effort de la guerre d'Angleterre, l'Espagne a plus de surface et une étendue bien plus précieuse de possessions en Amérique que la France et que par conséquent, il vaut mieux que la France supporte et émousse ce premier effort, la résistance pouvant être égale et la perte infiniment moindre par la conséquence. 2° L'Espagne, arrivant à la guerre, y viendra dans le moment où les deux cours jugeront qu'elle y fera une révolution soit pour arrêter les succès de l'Angleterre, si cette couronne en avait, soit pour écraser l'ennemi commun, s'il était en perte.

« La France soumet ces réflexions sur le moment de la déclaration à Sa Majesté catholique, afin que sur cet objet les deux cours aient leurs idées arrêtées, le cas de la déclaration de la guerre de l'Angleterre à la France arrivant tout seul[1]. »

Ce document précise la pensée du duc de Choiseul au début de l'année 1770. Ses sentiments, on le voit, n'avaient pas beaucoup changé depuis 1763. Pendant toute cette période, sous des variations momentanées dues à la multiplicité des circonstances, on retrouve des idées directrices à peu près constantes. La revanche contre l'Angleterre, le duc de Choiseul la voulait, passionnément, par sentiment patriotique et aussi par point d'honneur personnel. Mais il la voulait grande et triomphale. Comme il l'avait écrit, « entré en place au milieu d'une guerre mal enfournée », il ne voulait pas « cette fois-ci ni que le commencement ni que la fin fussent les mêmes ». Lorsqu'il voyait approcher cette guerre, qui de loin lui paraissait si belle, il n'osait en prendre la responsabilité et le cœur lui manquait. Les risques étaient trop grands, la cour d'Espagne trop faible. Cette lutte qu'il demandait pour le début de 1768, il l'avait refoulée en 1769, puis en 1770, il la rejetait maintenant en 1771. A tout prendre, il préférait encore, en cas de nécessité absolue, une guerre limitée à l'Angleterre et à la France. Il redoutait par-dessus tout une rupture entre l'Espagne et le cabinet de Londres et il mit tout en œuvre pour l'arrêter chaque fois qu'elle lui paraissait prochaine. Mais, en même temps, à Versailles, il affirmait

1. Mémoire du 20 janvier 1770 (autographe). Aff. étr. Espagne, DLIX, f°s 63 et sq.

bien haut son intention de disparaître à jamais de la scène politique plutôt que de refuser son concours à l'Espagne. Lui aussi, il avait sa fierté et il ne voulait pas s'entendre reprocher de déchirer une alliance dont il était le signataire. Ces conseils de paix, dont il se montrait si prodigue, il les envoyait presque toujours en secret, dans des lettres particulières, écrites en dehors de ses commis et de son maître. Dans sa correspondance officielle, les instances pacifiques tenaient moins de place que les garanties solennelles et les projets d'expéditions militaires. Et cela explique comment, à ne lire de lui que ces dépêches, on finissait par croire qu'il voulait se battre à tout prix et comment, dans les bureaux du ministère ou dans les conseils du Roi, on avait beau jeu pour accuser le duc de Choiseul de pousser son maître et l'Espagne à la guerre.

CHAPITRE V

L'EXPULSION DES JÉSUITES ESPAGNOLS ET LA SUPPRESSION DE LA COMPAGNIE DE JÉSUS

Le 23 mars 1766, une émeute éclatait à Madrid. Le 11 mars, le marquis de Squillace avait, par édit, interdit le port du chapeau rond et des longues capes, signes distinctifs du costume national espagnol. Aux délinquants on devait infliger une amende de six ducats ou douze jours de prison, le double en cas de récidive, et, à la troisième fois, quatre années d'exil. Le dimanche des Rameaux, le 23, à quatre heures de l'après-midi, deux individus se promenèrent sur la place Antonio-Martino revêtus de l'habit prohibé. Comme une sentinelle les rappelait à l'observation des règlements. l'un d'eux répondit : « Par mon costume, vous voyez bien que je ne veux pas obéir. » Les gardes tentèrent de le saisir, mais il se dégagea et d'un coup de sifflet appela trente hommes dissimulés dans une ruelle voisine[1]. Aussitôt la bagarre commença ; la population se porta contre le Palais, proférant des cris de mort contre les étrangers et contre les ministres ; le duc de Medina Cœli essaya vainement d'apaiser l'émeute. On dut faire appel aux troupes, tandis que la foule se ruait vers la maison du marquis de Squillace et la saccageait de fond en comble. Le secrétaire d'Etat, réfugié au Palais, échappa à la fureur populaire. Le 24, la bataille reprit avec plus de force et menaça le château royal même. Les Italiens durent se dissimuler et l'apparition de la garde wallonne exaspéra davantage les rebelles.

Alors on parlementa avec la foule. Le duc d'Arcos[2], qui avait

1. M. F. Rousseau, *o. c.*, I, p. 79 et sq.

2. Voir lettre de l'abbé Béliardi au duc de Choiseul, 28 avril 1766. Aff. étr. Espagne, DXLV, f° 331.

pris le commandement, fit entendre des paroles de paix; le roi promit une diminution des taxes sur les denrées. La révolution n'en devint que plus forte et le monarque, inquiet de la tournure que prenaient les événements, envoya à trois heures de l'après-midi son confesseur et quatre religieux franciscains annoncer le renvoi du marquis de Squillace, son remplacement par D. Miguel de Muzquiz, premier commis des finances, la réduction des droits sur le pain et sur l'huile, le retrait de l'édit qui avait occasionné la lutte[1]. Le peuple d'abord n'en voulut rien croire. A cinq heures du soir, le roi dut paraître lui-même au grand balcon du Palais, garantir les affirmations de ses envoyés. Le calme se rétablit, Le monarque en profita pour s'enfuir à Aranjuez dans la nuit même du 24. Aussitôt, le peuple mutiné reprit les armes et l'émeute se déchaîna une troisième fois dans les rues de Madrid; le 27 seulement elle s'apaisa, faute d'aliment. De Madrid, le mouvement gagna les principaux centres urbains de la péninsule, Barcelone, Saragosse, Salamanque, Cuença, Guadalajara et le malaise général qui avait provoqué les insurrections subsista encore quelque temps.

On a tenté souvent, et jamais d'une manière très satisfaisante, d'en pénétrer les causes. Malgré tout, à considérer les manifestations qui accompagnèrent l'émeute de Madrid, les cris de mort poussés contre les étrangers, l'acharnement envers les Italiens et la garde wallonne, il semble bien qu'on se trouvât en face d'un mouvement national. La présence dans les emplois publics d'individus accourus de tous les points de l'Europe indignait depuis longtemps les Espagnols. Leur honneur souffrait profondément de voir un Génois et un Napolitain diriger les affaires de la monarchie. Le marquis de Squillace, par son mépris des formes, par ses mesures maladroites, avait lassé la patience de tous. Rien d'étonnant qu'à la suite des taxes économiques qui accroissaient dans d'énormes proportions le prix de la vie à Madrid, l'apparition d'un édit qui paraissait un attentat à des traditions plusieurs fois séculaires ait déterminé l'explosion d'une colère depuis longtemps contenue. Et, de fait, dans les jours qui suivirent, la haine contre les étrangers devint encore plus intense: on les somma par tous les moyens de renoncer à leurs fonctions, de quitter le Royaume. Le duc de Choiseul, à la première nouvelle de cette

1. Lettre du marquis d'Ossun au duc de Choiseul, 27 mars 1766. Aff. étr. Espagne, DXLV, f°s 63 et sq.

révolte, n'y trouva rien de mystérieux. Il l'expliquait par des causes uniquement nationales et économiques.

Mais, ce qui le surprit, ce fut la mollesse du roi d'Espagne. Ministre autoritaire, il aurait désiré une répression des plus énergiques. « Rien ne m'a autant étonné, Monsieur l'Ambassadeur, que ce que vous me mandez par votre courrier du 27 ; je ne suis pas encore revenu de ma surprise, non pas qu'il y ait eu une révolte à Madrid : elle devait être tôt ou tard, quand on a la sottise de mettre en entreprise les matières premières d'une capitale, ce qui est ouvrir la porte à tous les monopoles possibles, mais sur la conduite que l'on a fait tenir dans cette occasion au roi d'Espagne, qui ressemble beaucoup aux histoires du XIe siècle et non pas à celles d'aujourd'hui. Le roi a été très frappé de cet événement et peiné de ce que le roi son cousin n'a pas pris de parti plus rigoureux que celui de la négociation qui a été employé. Sa Majesté pense qu'il est nécessaire que Sa Majesté catholique soit bien exactement instruite des auteurs de la rébellion et, tels qu'ils soient et en quel nombre, qu'il les fasse punir sévèrement; il faut réparer la mollesse de la négociation par la sévérité des punitions. Toute indulgence serait pernicieuse[1]. »

Choiseul craignait surtout pour le maintien de l'alliance. Sans doute, aucun mouvement d'antipathie ne s'était au cours de l'émeute manifesté contre les Français. On voyait même en eux, on ne sait trop pourquoi, des instigateurs de la révolte[2]. Mais, entre tous les conseillers étrangers du roi, le marquis de Grimaldi se trouvait particulièrement menacé et cette chute, si elle se produisait, pouvait porter un coup funeste à l'alliance. Le roi Charles III, à Aranjuez, fortifiait dans ses conseils l'élément espagnol, créait un comité qui devait prendre la direction des affaires, et où l'élément national était prépondérant. Le comité comprenait les quatre secrétaires d'Etat : de la guerre, D. Gregorio Muniain; de la marine, le bailli d'Arriaga ; des finances, D. Miguel de Muzquiz ; des affaires étrangères, marquis de Grimaldi; et, en outre, le duc d'Albe, D. Jaime Masones, le duc de Sotomayor, le comte de Fuentès[3], le général Wall. Le 8 avril, le roi nomma l'éner-

1. Lettre particulière du duc de Choiseul au marquis d'Ossun, 8 avril 1766. Aff. étr. France, Mém. et Doc., DLXXIV, f° 186.

2. Lettre du marquis d'Ossun au duc de Choiseul, 10 avril 1766. Aff. étr. Espagne, DXLV, f° 269.

3. Malade, le comte de Fuentès avait quitté Paris depuis quelque temps et se trouvait alors à Madrid.

gique comte d'Aranda président du Conseil de Castille, gouverneur de Madrid. Ce grand seigneur ambitieux, rival en secret du marquis de Grimaldi, visait à l'éliminer. Et le duc de Choiseul de s'inquiéter : « Le changement inattendu dans l'administration espagnole, mandait-il, le 29 avril, à son représentant, exige de votre part l'attention la plus sérieuse pour nous mettre en état de rendre au roi un compte exact des intentions du comte d'Aranda et des principes qu'il adoptera pour la direction de sa conduite. Il est surtout fort intéressant pour nous de savoir si ce nouveau président du Conseil de Castille, qui va sans doute devenir principal ministre de son maître, sera aussi favorable au système d'union entre les deux Cours que le ministère de Sa Majesté catholique a paru l'être jusqu'à présent[1]. » L'infortuné marquis de Grimaldi se maintenait de tout son pouvoir, s'accrochait à sa place. De toutes parts, les menaces montaient vers lui : « On a été jusqu'à lui écrire que, s'il ne quittait pas le ministère, le fusil qui devait le tuer était déjà chargé. Et cela, par la seule raison qu'il est étranger[2]. » Il se faisait très humble auprès de ses collègues du Comité, tâchait de se faire oublier et cherchait par ses complaisances à se concilier les esprits. L'abbé Beliardi, qui suivait d'un œil attentif ses démarches, dénonçait au duc de Choiseul ses relations avec le duc d'Albe, l'accusait de faiblir dans l'alliance française[3].

Le ministre français enfin s'émut et, au reçu de cette lettre, il fit part de ses craintes au marquis d'Ossun : « Je vous avoue, monsieur le marquis, que je suis un peu dérouté par la tournure que prennent les affaires en Espagne ; je connais parfaitement le marquis de Grimaldi, c'est tout vous dire ; mais je croyais l'avoir enchaîné dans des principes sur lesquels autrefois il n'avait pas été aussi ferme que je l'aurais voulu. Son asservissement à M. Wall a toujours été entier et l'indisposition de ce dernier

1. Lettre du duc de Choiseul au marquis d'Ossun, 29 avril 1766. Ce billet tendrait à prouver que les relations entre le duc de Choiseul et le comte d'Aranda à cette époque n'étaient pas aussi intimes qu'on l'a bien voulu dire, puisque le ministre français n'était pas sûr des sentiments du nouveau président de Castille à l'égard du Pacte de famille. La dépêche, il est vrai, était ministérielle. Un peu plus tard dans une lettre particulière, le duc de Choiseul s'exprime plus favorablement sur le compte de d'Aranda.

2. Lettre du marquis d'Ossun au duc de Choiseul, 10 avril 1766. Aff. étr. Espagne, DXLV, f° 264.

3. Lettre de l'abbé Beliardi au duc de Choiseul, 17 mai 1766. Aff. étr. Espagne, DXLV, f°s 401 et sq.

pour la France, quelle chose qu'il ait faite dans ces derniers temps, n'a pas varié. M. d'Albe, qui nous est contraire par principes et par caractère, gouverne M. Wall; M. Wall gouverne le faible Grimaldi. Nous n'avions rien à craindre de ces vampires quand l'un est dans ses terres et l'autre à Grenade. Il faut qu'il arrive une révolte à Madrid pour faire revenir ces deux hommes, et déranger la tranquillité de la position des deux Cours, et dans quel temps, dans celui où rien n'était si instant que de se préparer à la guerre! Au lieu de cela, les intrigues vont prendre à Madrid la place du temps qui devrait être employé à l'honneur de la monarchie... Il est bien prouvé que Grimaldi n'est pas assez fort pour lutter contre eux et qu'il est trop faible et trop attaché à sa place pour ne pas suivre l'impression du vent qui souffle le plus fort et le plus près de lui. Vu les sottises qui ont été faites dans le temps de la révolte de Madrid, Grimaldi n'avait qu'un parti à prendre, qui était de quitter décemment sa place et de la remettre à Fuentès, qui, d'accord avec d'Aranda, aurait gouverné l'Espagne à notre souhait, et de venir ici ambassadeur. Il n'a pas eu assez de courage pour suivre ce projet que je lui ai conseillé, je doute qu'il se trouve bien dans la suite du parti qu'il a pris[1]. »

Plaintes injustes, craintes chimériques. Le duc de Choiseul s'alarmait trop tôt: à mesure que le calme renaissait à Madrid, le marquis de Grimaldi reprenait insensiblement de l'influence. Bientôt, le comité lui-même cessa de se réunir[2]. L'alliance française demeura aussi ferme qu'auparavant. Le comte d'Aranda, par une police active, rétablit l'ordre dans la capitale; les habitants implorèrent leur pardon et le retour du souverain. Le roi Charles III, qui se souvenait pourtant, chercha toutes les occasions de frapper ceux qu'à tort ou à raison il impliquait dans la révolte. Le marquis de la Ensenada, l'ancien chef du parti français, fut exilé le 21 avril parce que les cris populaires l'avaient designé pour succéder au marquis de Squillace[3]. On ne s'arrêta pas là. Les motifs de la rébellion parurent trop simples; on voulut y retrouver des machinations savamment combinées, on inter-

1. Lettre particulière du duc de Choiseul au marquis d'Ossun, 9 juin 1766. Aff. étr. France, Mém. et Doc., DLXXIV, f°s 192 et sq.

2. Lettres du marquis d'Ossun au duc de Choiseul, 21 juillet 1766. Aff. étr. Espagne, DLIII, f° 234.

3. Lettre du marquis d'Ossun au duc de Choiseul, 19 mai 1766. Aff. étr. Espagne, DXLV, f° 414.

rogea les moindres indices, on dénatura quelques menus détails pour leur donner une importance tout à fait disproportionnée. Une commission fut nommée pour rechercher les coupables. Le comte d'Aranda en prit la direction ; il fit constituer un tribunal d'exception et le décora du nom de Conseil de Castille extraordinaire[1]. La procédure se poursuivit dans le plus grand secret ; le duc de Choiseul insista en vain pour connaître quelques détails. L'attention se détourna absorbée par les difficultés avec l'Angleterre, et tout alors retomba dans le silence.

Alors, le 2 avril 1767 parut une pragmatique royale qui bannissait d'Espagne les Jésuites. C'étaient donc bien eux les instigateurs de la révolte. Charles III les accusait de lèse-majesté. Il est difficile de se prononcer sur la valeur d'une telle assertion. Il faudrait, pour le faire, prendre une entière connaissance des papiers de la *pesquisa secreta* conservés à Simancas et surtout des Archives secrètes de la Compagnie de Jésus. Une pareille étude, très intéressante et que personne jamais n'a sérieusement tentée, dépasserait de beaucoup le cadre du présent travail. Il faut donc ici se borner à des vraisemblances.

Or, à regarder simplement les faits, on ne voit pas quel parti la Compagnie de Jésus pouvait tirer de cette émeute. Sans doute, depuis quelques années, la Société avait à se plaindre des mesures prises par le roi et ses conseillers contre le clergé ultramontain. Mais, le général Wall, son ennemi jusqu'alors le plus violent, venait de quitter le pouvoir. Parmi les ministres alors en place, le bailli d'Arriaga se montrait tout dévoué aux Jésuites[2], le marquis de Squillace ne leur témoigna jamais d'hostilité[3], le marquis de Grimaldi ne prit jamais rang parmi leurs plus ardents persécuteurs[4]. Les Italiens et les étrangers demeuraient fort indifférents à la Compagnie. C'étaient des Espagnols de vieille race, le comte d'Aranda, D. Manuel de Roda, D. Roderigo Campomanès,

1. M. F. Rousseau, *o. c.*, I, p. 203.
2. Voir plus haut, p. 9 et sq.
5. M. F. Rousseau, *o. c.*, I, p. 208.
4. M. F. Rousseau, *o. c.*, I, p. 118, range aussi le marquis de Grimaldi « parmi les régalistes les plus acharnés ». Il cite à l'appui sa correspondance avec le marquis de Tanucci qui contient en effet des lettres d'une extrême violence. Mais, d'autre part, on ne le voit jamais procéder à la moindre action contre la Compagnie. Créature de la reine-mère, le duc de Choiseul l'accusait même, dans une lettre particulière au marquis d'Ossun du 1er février 1768, d'être un peu attaché à la Société. Le marquis de Grimaldi connaissait le crédit du marquis de Tanucci et a pu écrire ces lettres afin de flatter sa passion.

D. José Moñino[1], qui figuraient au premier rang parmi les adversaires acharnés de la Compagnie. Les Jésuites n'avaient donc aucun intérêt à favoriser un mouvement national qui porterait leurs ennemis au pouvoir. Auteurs de l'émeute, ils lui auraient donné une autre direction.

Quelques moines figuraient, disait-on, à la tête des insurgés, mais en Espagne, où une partie du clergé régulier partageait la vie des classes populaires, il existait une véritable plèbe monacale dans laquelle, comme à Alexandrie aux premiers siècles de l'ère chrétienne, s'est toujours recruté l'état-major ordinaire des émeutes. Et puis, ces moines faisaient presque tous partie des ordres mendiants, de congrégations étrangères, ou hostiles à l'aristocratique Compagnie de Jésus pour laquelle ils n'auraient jamais consenti à agir.

Les Jésuites voulurent-ils se servir de la révolte pour intimider la conscience timorée de roi catholique, lui faire voir dans cette agitation une punition des atteintes portées aux privilèges du clergé ultramontain? L'évêque de Cuença, D. Isidro Carvajal, dans une lettre au roi, le 15 avril 1766, représenta la rébellion comme un châtiment céleste. Mais, cette tentative resta isolée, et ce serait bien mal connaître les membres de la Compagnie de Jésus que de les croire capables d'une pareille naïveté. Depuis quelques années, les Jésuites espagnols se sentaient suspectés et menacés : fomenter dans ces conditions une révolte, c'eût été la dernière des sottises, courir au-devant des coups qu'on voulait détourner. Les Jésuites étaient des politiques trop fins et trop avisés pour commettre cette imprudence.

Ainsi, à en juger par les apparences, une participation quelconque de la Compagnie aux émeutes de mars 1766 reste peu vraisemblable. Sans doute il faudrait avoir des preuves pour écarter définitivement cette hypothèse. On peut du moins remarquer que ses partisans se sont, eux aussi, bornés à des raisons et n'ont jamais produit beaucoup de documents à son appui. Les quelques faits qu'on vient de rapporter suffirent pour persuader alors les membres du Conseil extraordinaire. Dès le premier jour, on avait voulu voir dans la révolte la main du clergé. A la première ligne de la dépêche qui annonçait la nouvelle de la révolte, le marquis d'Ossun disait l'insurrection « être vraisemblablement fomentée et soutenue par les pré-

1. Plus tard comte de Florida-Blanca.

tres[1]. » Sollicités par la haine violente qu'ils portaient à la Compagnie, les ministres furent probablement très sincères lorsqu'ils affirmèrent au roi la culpabilité des Jésuites.

Le roi Charles III, lui aussi, depuis longtemps, haïssait profondément la Compagnie. D'abord, très jaloux de sa dignité et se faisant une conception très relevée de sa fonction royale, il croyait jouir d'une autorité entière, absolue, illimitée, aussi bien spirituelle que temporelle. Il n'admettait auprès de lui nul pouvoir indépendant. Dans le domaine politique comme en matière religieuse, il ne tolérait pas l'ingérence d'une puissance étrangère à la sienne. Régalien au plus haut degré, il se croyait seul chargé du salut de son peuple. Très respectueux envers le Souverain Pontife, il lui refusait le droit d'intervenir en Espagne.

Depuis longtemps enfin Charles III se défiait de la politique du Saint-Siège. Comme roi de Naples, il s'était trouvé sous la suzeraineté des Papes qui, depuis S. Grégoire VII, revendiquaient la suprématie sur les Deux-Siciles. Chaque année, il avait dû, en signe d'hommage, faire conduire à Rome la haquenée blanche, et son orgueil avait souffert qu'on pût le dire vassal de quelqu'un, fût-ce du successeur de saint Pierre. Son entourage fortifiait en lui ces tendances; autour de lui se tenaient des légistes, acquis, eux aussi, aux doctrines régaliennes, par tempérament et par tradition. Leurs goûts, leurs attaches, leurs relations avec le mouvement philosophique qui, à cette époque, commençait à poindre un peu partout, les disposait mal en faveur du clergé. Tels étaient les Espagnols dont on a vu plus haut les noms, tel était surtout le conseiller intime, à Naples, du roi Charles III, le marquis de Tanucci. Crédule comme il l'était, sous ses apparences d'autorité, le roi catholique laissait ces hommes prendre sur lui une grande influence.

Or, parmi les instruments de la suprématie romaine. il n'y en avait pas de plus actif que la Compagnie de Jésus. Dans tous les Etats, elle formait une milice dévouée au service de la Papauté. Elle-même, par la discipline de fer qui effaçait les individualités et ployait tous ses membres dans une même volonté, par la savante hiérarchie qui la rattachait à un chef étranger, au général de la Compagnie, elle constituait un organisme puissant, une force indépendante, soustraite, dès son origine même, à la juri-

1. Lettre du marquis d'Ossun au duc de Choiseul, 27 mars 1766. Aff. étr. Espagne, DXLV, f° 227.

diction de l'épiscopat. En fait, sinon en droit, les Jésuites n'appartenaient à aucune nationalité, étant uniquement des Jésuites. Le roi Charles III détestait ces hommes sur lesquels il ne pouvait rien. Il en avait peur. D'autant plus que, à toutes ces forces, ils joignaient une science profonde du cœur et des faiblesses humaines, une connaissance parfaite des cours et de leurs secrets, que, fertiles en ressources, ils s'insinuaient partout, captaient la direction des consciences jusque parmi les membres de la famille royale.

Politiquement aussi, la Compagnie portait ombrage au roi d'Espagne. En Amérique, au Paraguay, les domaines des Jésuites formaient une puissance territoriale à peu près indépendante. Les Pères combattaient la politique espagnole à l'égard des indigènes, opposaient la conquête spirituelle, la *Conquista spiritual*, à l'exploitation matérielle et brutale [1]. A ces motifs se joignaient des raisons personnelles, de moindre importance, mais aussi, plus sensibles. Au temps du roi Ferdinand VI, des conflits irritants s'étaient élevés entre D. Carlos, roi des Deux-Siciles et sa belle-sœur la reine d'Espagne, D[a] Barbara de Portugal. Les Jésuites avaient manqué de prévoyance. Très honorés à la Cour de Madrid, possédant la direction spirituelle du roi et de la reine, ils ne songèrent pas à l'avenir, se prononcèrent de toutes leurs forces contre le futur héritier et provoquèrent son inimitié [2]. Enfin, rivalités de confesseurs, et, avec un prince aussi faible, aussi facile à gouverner que le roi Charles III, ces questions eurent bien leur importance. Le monarque confiait le soin de sa conscience, non pas à des Jésuites, mais à des membres d'une congrégation rivale, de tout temps ennemie de la Société, à des Franciscains, le P. Osma, puis le P. Joaquim Eleta. Il se laissait dominer par eux, et, dans le secret du confessional, ceux-ci purent l'exciter à des mesures de rigueur contre la Compagnie.

Dès son avènement, le roi témoignait son hostilité au Pape et aux Jésuites. Le 14 juin 1761, un bref pontifical condamnait les principes gallicans, exposés par un théologien français, Mesenguy, dans *la Doctrine chrétienne* ou *Introduction sur les principales vérités de la religion* [3]. Le roi catholique interdit la réception de la bulle au grand inquisiteur, archevêque de

1. Voir M. Bohmer, *Les Jésuites* (traduction de M. G. Monod), p. 173-206.
2. Voir sir W. Coxe, o. c., V, p. 32.
3. M. F. Rousseau, o. c., I, p. 111.

Pharsale, D. Manuel Quintano. Le prélat désobéit, fut exilé à vingt lieues de la Cour et, pour rentrer en grâce, dut humblement implorer son pardon. Puis, une pragmatique du 18 janvier 1762 défendit de promulguer une bulle sans l'approbation et le visa du Conseil de Castille. Peu après, quelques exemplaires des ouvrages condamnés reparurent : le roi accusa les confesseurs jésuites qui se trouvaient auprès des Infants et les chassa du Palais[1]. Une fois engagé dans cette voie, il pouvait aller loin.

Brusquement il s'arrêta et, là encore, on retrouve, trop négligée par les historiens, l'influence de la reine mère. La veuve de Philippe V demeurait très bien disposée pour la Cour de Rome et les Jésuites. Elle leur confiait la direction de sa conscience ; seule dans le Palais, elle gardait encore un confesseur jésuite, le P. Bramieri. Pendant que le pape agissait auprès du P. Osma, le directeur franciscain du monarque et demandait le retrait de l'édit dans une lettre personnelle au roi, la reine Elisabeth Farnèse s'employa à faire congédier celui qu'on désignait comme l'auteur de la Pragmatique, le général Wall. Les dépêches du marquis d'Ossun, toujours bien informé, ne laissent aucun doute sur la part que prit la reine mère au renvoi de ce ministre. Le roi Charles III par lassitude céda sur les deux points. Il rapporta la Pragmatique. Dès le 11 juillet 1763, le marquis d'Ossun manda que le général Wall en paraissait fort affecté[2]. Le 8 août, il confirma ses premiers renseignements et certifia que le secrétaire d'État se trouvait en mauvaise posture[3]. Le 22 août, il annonça le départ du ministre : « Je crois, Monsieur, pouvoir vous mander avec quelque certitude que M. Wall a donné hier au soir au roi d'Espagne la démission des deux places de secrétaire d'Etat qu'il occupait, que Sa Majesté catholique a agréé cette démission et qu'elle a ajouté qu'elle disposerait dans peu de jours des deux emplois dont il est question[4]. » Enfin, trois jours après, dans une dépêche chiffrée, il révéla le secret de l'intrigue : « Il est très certain que M. Wall a donné au Roi, son maître la démission de ses deux places de secrétaire d'État et qu'elle a été agréée, ou

1. M. F. Rousseau, *o. c.*, I, p. 168.
2. Lettre du marquis d'Ossun au duc de Choiseul, 11 juillet 1763. Aff. étr. Espagne, DXXXIX, f°s 14 et sq.
3. Lettre du marquis d'Ossun au duc de Choiseul, 8 août 1763. Aff. étr. Espagne, DXXXIX, f°s 92 et sq.
4. Lettre du marquis d'Ossun au duc de Choiseul, 22 août 1763. Aff. étr. Espagne, DXXXIX, f°s 10 et sq.

pour parler plus juste, ordonnée. La Cour de Rome a porté le coup. Le Père Bramieri, jésuite, confesseur de la reine mère et le Père Osma, franciscain, confesseur du roi d'Espagne, ont été les agents de toute la manœuvre. La reine mère, dont le crédit augmente chaque jour, s'est conduite dans cette affaire avec d'autant plus de chaleur qu'elle n'aimait ni n'estimait M. Wall. Il est donc perdu dans l'esprit de son maître et je crois, bien perdu [1]. » Cette lettre ne laisse aucun doute sur la participation de la reine mère à la chute du ministre, ni sur la faveur qu'elle témoignait à la Compagnie [2].

Alors, dans les années suivantes, la lutte contre les Jésuites et contre la Cour de Rome se ralentit. Les conseillers du roi, effrayés par la disgrâce de Wall, n'osèrent plus y travailler activement, et le roi lui-même cessa ses entreprises. La révolte de Madrid attira de nouveau l'attention sur les Jésuites. A ce moment même, la Compagnie allait perdre son dernier appui à la Cour d'Espagne. La vieille reine, depuis longtemps, s'affaiblissait. Déjà, au cours de l'année 1763, sa santé avait donné lieu à des inquiétudes sérieuses. La disparition de son fils, l'Infant D. Philippe, duc de Parme, survenue le 20 juillet 1765, l'affecta profondément. Le 11 juillet 1766, elle mourut.

Le roi d'Espagne, qui n'avait pas voulu troubler par des discussions pénibles les derniers jours de sa mère, reprit alors ses projets contre la Compagnie. Dès le 21 juillet M. d'Ossun annonça que, trois jours auparavant, le fiscal du Conseil de Castille D. Manuel de Roda « lui avait dit sous le plus grand secret qu'on avait des présomptions très fortes que c'était uniquement une certaine société religieuse dont je vous ai déjà mandé le nom qui avait ourdi cette détestable trame » et que le roi était décidé à prendre les mesures les plus rigoureuses [3]. Le 29 janvier 1767, l'expulsion

1. Lettre du marquis d'Ossun au duc de Choiseul, 25 août 1763. Aff. étr. Espagne, DXXXIX, f°s 156 et sq.

2. Sir W. Coxe, *o. c.*, IV, p. 507 et sq., croyait le départ du ministre volontaire. Selon lui, le général Wall, fatigué depuis longtemps, en butte aux attaques des Français et des Napolitains, aurait feint d'être gravement malade. « Le roi accepta, quoiqu'à regret, sa démission. »

M. F. Rousseau, *o. c.*, I, p. 117, plus précis, déclare que le général Wall donna sa démission par dépit de n'avoir pas été consulté sur le retrait de la Pragmatique. Mais lui aussi croit que le ministre est parti de son plein gré.

Les dépêches qui viennent d'être citées ne permettent pas de soutenir cette opinion.

3. Lettre du marquis d'Ossun au duc de Choiseul, 21 juillet 1766. Aff. étr. Espagne, DXLVII, f° 235.

fut décidée ; le 27 février, le décret rédigé. Le 31 mars le roi en informa le pape ; le 2 avril la Pragmatique fut rendue publique et l'ambassadeur de France annonça la nouvelle à sa Cour.

Par nature, le duc de Choiseul n'aimait pas les Jésuites. Sa brusquerie, sa légèreté s'accommodaient mal de la souplesse, des procédés insinuants, de l'esprit de suite qui caractérisaient les membres de la Société. Comme ministre, il était, quoiqu'on en ait dit, profondément pénétré des devoirs de sa charge. Son scepticisme ne soupçonnait pas la gravité des questions religieuses : il n'y voyait qu'une matière de police, soumise à la discrétion du pouvoir civil. Fermement attaché aux doctrines régaliennes, il avait la plus haute idée des droits de la couronne; il goûtait peu les ultramontains et leurs auxiliaires, les Jésuites. Ses relations, ses attaches personnelles l'unissaient aux adversaires de la Compagnie. Il avait un faible pour la magistrature, et les parlements, depuis l'origine, comptaient parmi les ennemis jurés de la Société. Il frayait avec les philosophes, entrenait une correspondance suivie avec M. de Voltaire[1], et depuis quinze ans, c'était parmi les nouveaux écrivains un déchaînement tumultueux contre la Compagnie. Créature de la marquise de Pompadour, il se rappelait que le confesseur du roi, un Jésuite, le P. de Sacy, avait voulu par les refus des sacrements[2] contraindre Louis XV à éloigner la favorite. Mais, chez un homme aussi oublieux, aussi indifférent que le duc de Choiseul, il y avait peu de place pour la haine : les questions de principe ne le préoccupaient guère. Certainement disposé à restreindre en toute occasion la faveur et les privilèges des Jésuites, il ne songeait pas à les persécuter. Des affaires plus pressantes absorbaient son activité : l'alliance autrichienne, le Pacte de famille, la guerre contre l'Angleterre. Il se montrait très disposé à ignorer les Jésuites, s'il ne les trouvait pas sur son chemin. Les membres de la Compagnie commirent la maladresse de le provoquer.

Depuis quelques années, deux partis se disputaient la faveur à la Cour de Louis XV. D'un côté, la favorite du roi, avec son brillant cortège de courtisans, de généraux, de ministres; de l'autre des hommes, plus prévoyants ou plus austères, qui se rangeaient par politique ou par dévotion autour de l'héritier du trône, le Dauphin et de ses sœurs, Mesdames de France. Élevés

1. Elle a été publiée par M. P. Calmette, *Choiseul et Voltaire*. Paris, 1902.
2. Voir M. P. de Nolhac, *Louis XV et Mme de Pompadour*, p. 328 et sq.

dans des principes rigides, les enfants de Louis XV déploraient l'inconduite dont leur père donnait l'exemple. Entre les deux cabales c'était une guerre acharnée, et chacune s'occupait de recruter un peu partout des auxiliaires. Depuis longtemps, la marquise de Pompadour avait fait son choix. Elle se laissait courtiser par les philosophes et M. de Voltaire lui prodiguait l'encens dans ses épîtres dédicatoires. Les Jésuites, ne pouvant pas réussir de ce côté, se rejetèrent dans le parti adverse. Ils mirent tout en œuvre pour ruiner le crédit de la favorite. A diverses reprises en 1750 et en 1756, ils tentèrent d'agir sur la conscience du roi : ils échouèrent.

Déçus dans leurs espérances, les amis du Dauphin se rabattirent sur le nouveau ministre qu'elle venait d'élever au pouvoir. Tout ce que le parti comptait d'ambitieux, d'hommes susceptibles d'occuper une place ou de recueillir un portefeuille, accourut à la curée. Les Jésuites eurent l'imprudence de s'engager à fond dans la cabale et de fournir les arguments qu'on devait invoquer contre le duc de Choiseul. En juin 1760[1], le gouverneur des Enfants de France, duc de la Vauguyon, qu'on disait tout dévoué à la Société, fit rédiger un mémoire contre le secrétaire d'État. On y dépeignait le ministre comme disposé à ressusciter les querelles du Parlement et des Jésuites sur la bulle *Unigenitus*, occupé à tramer, avec les magistrats, une vaste conspiration pour détruire entièrement la Compagnie de Jésus. Le Dauphin fut chargé de porter le coup et de remettre le mémoire. On avait mal choisi le terrain d'attaque : les affaires religieuses n'intéressaient pas Louis XV, les Jésuites encore moins. De plus, le Dauphin ne se trouvait pas de taille à jouer le rôle qu'on lui avait assigné. Le monarque s'empressa de raconter le tout à Mme de Pompadour qui, après quelques réticences, instruisit le duc de Choiseul. La mine était éventée. Le ministre se justifia auprès du roi. Il eut avec l'héritier du trône une explication terrible : il l'intimida, le fit balbutier et lui jeta à la face, en le quittant, cette dernière bravade : « Je dois encore vous dire que je puis avoir le malheur d'être votre sujet, mais que je ne serai jamais votre serviteur[2]. »

Dès lors tout le poids de la colère du duc de Choiseul retomba

1. *Mémoires du duc de Choiseul*, p. 172 et sq. Le texte du mémoire y est inséré tout au long, p. 180 et sq.
2. *Mémoires du duc de Choiseul*, p. 189.

sur ceux dont le mémoire prétendait venger les griefs, sur les Jésuites qu'il mettait mal à propos en pleine lumière. Aussi, lorsqu'en août 1761, le Parlement de Paris, à la suite de l'affaire du P. la Valette, prononça l'expulsion de la Compagnie, le ministre détermina son souverain à faire exécuter l'arrêt. Les Jésuites virent justement en lui l'un des principaux auteurs de leur disgrâce. Dans les années suivantes, le calme se rétablit, mais ce n'était que partie remise. L'expulsion des Jésuites hors de France ne suffisait pas au duc de Choiseul. Reprenant le plan que le Mémoire lui avait imprudemment suggéré, il voulut frapper un grand coup, en imposer à ses adversaires. Il lui fallait la destruction totale de la Compagnie de Jésus par l'Église catholique elle-même, par le pape. Comme il sentait Louis XV peu favorable à ses vues, il guetta l'occasion qui lui permît de peser sur le monarque et de lui arracher une demande formelle de suppression à la Cour de Rome. De leur côté, les Jésuites, sentant venir le coup, s'efforçaient de le parer, multipliaient les manœuvres contre le secrétaire d'État.

Un duel à mort s'engagea. Il fallait de toute nécessité que le ministre supprimât la Société ou que la Compagnie brisât le ministre. Bien que le duc de Choiseul évitât soigneusement d'exprimer ses inquiétudes, quelques paroles lui échappèrent qui trahissaient ses préoccupations. En juillet 1765, dans une lettre à l'abbé Beliardi, il déclarait : « Il serait impossible, quant à moi, de traiter avec un ambassadeur d'Espagne qui se mêlerait dans les intrigues de Cour, de Jésuites, de Parlements, etc., qui règnent dans ce pays-ci [1]. » En décembre 1765, il se défendait d'être pour rien dans les mesures prises contre les Jésuites, mais cette justification même témoigne qu'alors encore on portait contre lui des accusations à ce sujet : « Je ne me suis mêlé d'aucune façon, écrivait-il au roi, et Votre Majesté le sait bien, des autres parties de l'Administration de votre royaume, quoique l'on ait dit que j'ai travaillé à renvoyer les Jésuites, que je soutiens les démarches et les prétentions des Parlements. De près ni de loin, ni en public, ni en particulier, je n'ai fait aucune démarche sur ces objets, ni n'ai eu d'autres idées que celles que Votre Majesté m'a vues dans son Conseil, lorsqu'elle m'a demandé mon avis [2]. »

1. Lettre du duc de Choiseul à l'abbé Beliardi, 8 juillet 1765. Aff. étr. Espagne, DXLIII, f° 208.
2. Mémoire de décembre 1765. *Mémoires du duc de Choiseul*, p. 411.

Aussi, lorsque la lettre du marquis d'Ossun lui parvint, il saisit avec joie l'occasion qui lui était offerte et, tout de suite, avec une décision qui trahit un dessein depuis longtemps arrêté, il demanda à l'Espagne de s'unir à la Cour de France pour obtenir du pape la suppression de la Compagnie [1].

Le 2 avril était partie de Madrid la lettre qui lui apportait la nouvelle [2]. Dix-neuf jours après, dès le 21 avril 1767, le duc de Choiseul écrivit à son ambassadeur à Rome, le marquis d'Aubeterre : « Vous aurez l'attention de marquer, dans chaque occasion où vous serez de parler de cet événement, combien le roi approuve le parti ferme et juste que le roi son cousin a pris contre cette société de religieux, dont, sans doute, il avait à se plaindre grièvement. Ce n'est point ici un événement occasionné ou par l'humeur ou par l'esprit de parti ; c'est une conviction d'après les faits. Or, cette conviction, sur la justice de laquelle il ne peut y avoir de doutes quand elle vient du roi d'Espagne, nous semble ici un opprobre très évident contre la Société des Jésuistes et confirme les accusations qu'on a toujours faites à cette société de vouloir s'immiscer dans les affaires du gouvernement. Je ne doute pas que le renvoi des Jésuistes d'Espagne ne fasse une grande sensation à Rome. Si le pape était sage, éclairé et ferme, il n'aurait qu'un

1. On a souvent mal compris l'attitude du duc de Choiseul à l'égard des Jésuites. Tantôt on l'a représenté, dès l'origine, comme un ennemi implacable de la Compagnie ; tantôt on l'a dépeint comme entièrement dépourvu de haine à son égard. En particulier, de nombreux historiens ont vu dans toutes les démarches faites auprès de la cour de Rome par le duc de Choiseul, de 1767 à 1770, pour obtenir la destruction de l'ordre des Jésuites, une condescendance aux désirs de Charles III, une concession faite à l'alliance espagnole. Le comte Alexis de Saint-Priest dans son *Histoire de la chute des Jésuites au XVIIIe siècle* (1846) a le premier soutenu cette théorie, p. 66 et sq. En 1852, le P. Aug. Theiner l'a reprise à son compte en exposant l'*Histoire du Pontificat de Clément XIV*, I, p. 28, et surtout p. 558, 559. Plus récemment M. F. Masson, *Le cardinal de Bernis depuis son ministère* (1884), a étayé cette doctrine sur des documents tirés des archives particulières de la maison de Bernis. Enfin M. F. Rousseau, *Règne de Charles III d'Espagne* (1907), semble partager aussi ce sentiment. Une telle interprétation, fondée uniquement sur des documents tirés de la correspondance du duc de Choiseul avec ses ambassadeurs à la cour de Rome, est absolument inconciliable avec les faits tels que les fait connaître la correspondance de Madrid. On y voit que, dès le début, le duc de Choiseul a poussé le roi d'Espagne et ses ministres à demander la suppression de la Compagnie. Sans doute, plus tard, il a trouvé commode de dire qu'il cédait uniquement aux instances de la cour de Madrid. En fait, bien loin d'être poussé par elle, il a rencontré, au début, d'assez vives résistances aux propositions qu'il faisait. Ses lettres au marquis d'Ossun ne laissent aucun doute sur ce point.

2. La date de réception ne se trouve pas sur l'original de la dépêche.

seul parti à prendre. Ce serait de dissoudre en entier cette société par une bulle, de sorte qu'il n'existât plus une société telle que l'ordre des Jésuites. Je sais bien que Sa Sainteté ne prendra pas ce parti et que le cardinal Torregiani[1] frémirait de rage de la seule idée de destruction d'un ordre qu'il chérit à tant de titres, mais s'il avait une seule idée politique pour la gloire et l'intérêt du Saint-Siège, il verrait que cette abolition est nécessaire. Car il arrivera de nos jours que la Cour de Rome, en soutenant les Jésuites et les souverains en les renvoyant à Rome, engloberont la cause de ces religieux avec l'essence de la Cour de Rome. Et ce ne seront plus, dans la suite, des Jésuistes que l'on renverra à Rome, mais des nonces, des bulles et des inquisitions, et cela sera fâcheux pour le Saint-Siège, qui doit être le centre commun. Alors, on sentira à Rome que l'entêtement et l'intérêt particulier ont nui à la religion et au véritable bien de la Cour de Rome[2]. »

Avant d'engager l'affaire, le duc de Choiseul tâtait le terrain, voulait voir l'effet que ses menaces produiraient à Rome. Le but était nettement défini : restait à l'atteindre. Le ministre se garda bien de dire à son correspondant qu'il comptait pousser l'Espagne. Il ne se dissimulait pas les difficultés de l'entreprise et, jusqu'à plus ample informé, se tint dans la plus grande réserve vis-à-vis de la Cour de Madrid. Le même jour, 25 avril, il répondit au marquis d'Ossun par une dépêche officielle où il parlait du renvoi des Jésuistes sur un ton d'indifférence[3].

Cependant, l'opinion s'agitait à Paris. Le 9 mai 1767, le Parlement rendit un arrêt pour exhorter le roi de France à poursuivre l'anéantissement de la Société[4]. Le duc de Choiseul se hasarda alors à en parler au souverain ; il reçut une réponse peu encourageante. Il conçut dès lors le dessein de le faire presser par le roi d'Espagne. Le 11 mai, il adressa au marquis d'Ossun un compte rendu de sa conversation, prenant sur lui de proposer à la Cour de Madrid, comme une idée personnelle, la destruction des Jésuites; il soumettait ses vues au jugement du roi catholique et de ses ministres : « Ce que j'ai dit au Roi, monsieur, en lui ren-

1. Le cardinal secrétaire d'État.

2. Lettre du duc de Choiseul au marquis d'Aubeterre, 21 avril 1767. Aff. étr. Rome, DCCCXLVIII, f°s 147 et sq. La minute est autographe.

3. Lettre du duc de Choiseul au marquis d'Ossun, 21 avril 1767. Aff. étr. Espagne, DXLVIII, f° 347.

4. Lettre du marquis d'Ossun au duc de Choiseul, 21 mai 1767. Aff. étr. Espagne, DXLVIII, f° 435. Voir M. H. Martin, *o. c.*, XVI, p. 219.

dant compte du parti que prenait le roi d'Espagne, et, ce qui conviendrait selon moi le mieux, serait que le roi, le roi d'Espagne, l'impératrice reine et le roi de Portugal s'unissent ensemble pour engager le pape à dissoudre absolument l'ordre religieux des Jésuites, qu'il n'y ait plus ni général ni membres de cette société et que tous les particuliers rentrassent dans le droit commun de leur naissance. » Il développait longuement les avantages d'une pareille mesure. « D'où je conclus que le pape, les rois et les Jésuistes devaient être contents du parti que je propose; mais il faut un véhicule à ce parti, et c'est ce que j'ai mis avec énergie sous les yeux du roi. Sa Majesté m'a répondu que cette démarche exigeait de la réflexion : ainsi, il ne faut pas en parler ministériellement au marquis de Grimaldi, mais seulement lui donner, comme du comte de Fuentès[1] et de moi, l'idée que je vous présente pour que le roi d'Espagne et son ministère la prennent en considération[2]. »

On ne peut pas dire qu'il y ait eu, à proprement parler, négociation secrète du duc de Choiseul pour porter à l'insu de son maître, le roi d'Espagne à demander au roi de France de solliciter en commun auprès du pape la suppression de l'ordre des Jésuites. Le ministre en avait parlé à Louis XV. Cette lettre en est la preuve; mais elle montre en même temps qu'il avait rencontré chez lui des résistances, qu'il l'entraînait plutôt qu'il ne le convainquait et que le monarque agissait à son corps défendant. En tout cas, c'est un fait bien certain, et cette dépêche le montre suffisamment, le duc de Choiseul agissait contre les ordres du roi son maître. Quand Louis XV se réservait, demandait le temps de la réflexion, son ministre, résolu à passer outre, commençait déjà la négociation sans le dire à son souverain. Sans doute, il parlait en son nom personnel et il le spécifiait; mais, s'il n'engageait pas son maître, il lui désobéissait en allant de l'avant.

1. L'idée était-elle vraiment du comte de Fuentès? C'est bien peu vraisemblable. Le comte de Fuentès passa de tout temps pour un ami dévoué des Jésuites. « Le comte de Fuentès lui-même, écrivait le nonce Giraud, est d'ailleurs un ami dévoué des Jésuites. » Lettres du nonce Giraud et du cardinal Torregiani, 28 novembre 1768, citées par le P. Theiner, *o. c.*, I, p. 141. Le marquis d'Ossun, annonçant les mesures que la cour d'Espagne se proposait de prendre contre les Jésuites, recommandait le secret vis-à-vis du comte de Fuentès : « car vous n'ignorez pas sans doute l'attachement marqué que M. le comte de Fuentès a voué à la Société dont il s'agit », 21 juillet 1766. Aff. étr. Espagne, DXLVI, f° 235.

2. Lettre du duc de Choiseul au marquis d'Ossun, 11 mai 1767. Aff. étr. Espagne, DXLVIII, f°s 404 et sq.

Sans même attendre la réponse, il revint à la charge, et, le 25 mai, dans une lettre particulière, cette fois, il écrivit : « Je persiste à croire que ce qu'il y aurait de mieux pour cesser toutes les craintes que doit inspirer une société qui dorénavant sera nécessairement l'ennemi de la maison de Bourbon, serait que le roi d'Espagne en demandât du ton qui lui convient la dissolution au pape et que le roi secondât à Rome les efforts de son cousin [1]. » Le plan du duc de Choiseul apparaissait donc très nettement; il comptait sur le roi d'Espagne pour entraîner Louis XV. Le marquis d'Ossun s'acquitta avec zèle de la mission qui lui était confiée ; il ne perdit pas de temps. Dès la réception de la première dépêche, il se rendit auprès du marquis de Grimaldi et de D. Manuel de Roda, leur soumit les plans du duc de Choiseul. Ils ne firent pas d'objection. Le Roi d'Espagne, lui aussi, parut favorable. Il approuvait même l'arrêt du Parlement de Paris. Cependant, comme le roi de France, il demandait le temps de la réflexion, reculait devant l'importance de l'affaire. C'était une grosse entreprise ; et puis, n'y avait-il pas quelque scandale à voir demander la destruction des Jésuites par l'Espagne, la patrie de saint Ignace de Loyola ? Le marquis d'Ossun rendait à son ministre un compte fidèle de la situation. Le roi d'Espagne avait ajouté « qu'il convenait de ne pas précipiter les démarches relatives à cet objet et de prendre du temps pour réfléchir aux moyens de l'obtenir ». Le marquis de Grimaldi « m'a paru persuadé que la Cour de Rome ne s'y prêterait pas, mais cependant n'être pas personnellement éloigné d'agir pour que dans la suite le roi son maître la sollicite auprès du Saint Père et cherche à engager Sa Majesté à concourir au même but. Cependant, monsieur, vous voudrez bien ne regarder ce que j'ai l'honneur de vous mander que comme le récit de la première impression que votre idée à ce sujet a faite ici, et ce n'est que dans quelque temps que je pourrai vous parler plus positivement sur cette affaire [2]. » Jusqu'alors, le début n'était guère heureux. Sans doute nulle part encore le ministre n'avait reçu de refus péremptoire, mais à Madrid comme à Versailles, on se dérobait, on gagnait du temps et, à la fin de mai 1767, le duc de Choiseul se trouvait seul encore à vouloir la destruction des Jésuites.

1. Lettre particulière du duc de Choiseul au marquis d'Ossun, 25 mai 1767. Aff. étr. France, Mém. et Doc., DLXXV, f° 28.

2. Lettre du marquis d'Ossun au duc de Choiseul, 21 mai 1767. Aff. étr. Espagne, DXLVIII, f°s 434 et sq.

Il persista, néanmoins: au reçu de cette lettre, il se montra encore plus catégorique et adressa de nouvelles instances à la Cour de Madrid, toujours par l'intermédiaire du marquis d'Ossun, et cette fois dans une lettre particulière, à l'insu de ses bureaux. Il s'enfonçait de plus en plus dans la négociation secrète : « Il restera en France, monsieur, comme en Espagne, une multitude d'inconvénients journaliers et très dangereux si l'Espagne et la France n'ont pas le *crédit* et la *force* de faire dissoudre la société des Jésuistes par la Cour de Rome. Il serait bien essentiel que le roi d'Espagne formât un plan sur cette dissolution, conjointement avec les Cours de Naples et de Parme, auxquelles se joindrait la France ; il faudrait que toute la famille du sang de mon maître engageassent et forçassent le pape à cette dissolution, et il serait possible que nous fissions joindre à cette instance celle de la République de Venise ; le pape serré par le roi de Naples et par la République prendrait en considération les instances des rois d'Espagne et de France ; vous ferez bien d'entretenir sur cet objet M. le marquis de Grimaldi qui, je crois, sentira toute l'utilité de ce projet. » Choiseul tenait surtout au secret et le prescrivait à son ambassadeur : « Vous ne me répondrez sur cette matière que par des lettres particulières. » Il se plaignait d'être laissé sans nouvelles et ne cachait pas les difficultés de sa situation à Versailles : « Vous ne sauriez croire toutes les réflexions fâcheuses que l'esprit jésuitique produit ici[1] ». En même temps. dans sa correspondance avec le marquis d'Aubeterre, il parlait rarément des Jésuites, lançait quelques discrètes allusions, cherchait surtout à se mettre à couvert. Le jour même où il écrivait ce formidable réquisitoire du 31 mai, il disait à son ambassadeur à Rome : « Il serait, je crois, fort à souhaiter, pour les Jésuites eux-mêmes que le Saint-Père les sécularisât tous sans exception. Je n'examine point sur quoi sont fondées les imputations qu'on fait à leur doctrine et à leur morale ; mais je sais qu'une opinion presque généralement établie ou une vérité constante sont à peu près la même chose, quant aux effets qu'elles produisent[2]. » Le lendemain, il alla un peu plus loin, préparant adroitement les esprits à une intervention possible du roi catholique : « Je vous confie, monsieur, que j'ai des notions que le

1. Lettre particulière du duc de Choiseul au marquis d'Ossun, 31 mai 1767. Aff. étr. France, Mém. et Doc., DLXXV, f°s 32 et sq.

2. Lettre du duc de Choiseul au marquis d'Aubeterre, 31 mai 1767. Aff. étr. Rome DCCCXLIII, f° 243.

roi d'Espagne fera des instances directes auprès du pape pour engager Sa Sainteté à cette dissolution totale et que le roi appuyera l'instance du roi son cousin[1] ».

On voit ainsi très nettement apparaître la ligne de conduite que le duc de Choiseul observera dans la suite : exciter sous main la Cour d'Espagne contre les Jésuites et déclarer ensuite, en confidence, à tout le monde, qu'il combattait la Compagnie de Jésus par complaisance pour le roi Charles III. En particulier, dans le cas présent, rien n'était plus faux. Bien loin de songer à faire des instances directes auprès du pape, le roi d'Espagne et ses conseillers, même les plus ardents, se montraient d'avis de temporiser, d'attendre un nouveau pontificat. Le même jour, précisément, le 1er juin 1767, le marquis d'Ossun mandait : « Je puis ajouter aujourd'hui que M. le comte d'Aranda et M. de Roda sont du même avis. Le premier croit qu'il faut préparer cet événement en engageant tous les souverains catholiques à chasser les Jésuites de leurs États. M. de Roda ajoute qu'il convient d'attendre un autre règne pontifical... M. le marquis de Grimaldi approuve la destruction dont il s'agit. Il paraît même la désirer[2]. » Ainsi, la confidence du ministre français à M. d'Aubeterre n'avait guère de fondement et, si quelqu'un faisait des instances pour obtenir la suppression de la Compagnie de Jésus, ce n'était pas le roi d'Espagne alors, mais bien le duc de Choiseul.

Cependant, il sentait tellement le besoin, pour assurer sa situation ministérielle, d'en venir à quelque mesure de rigueur contre les Jésuites, qu'aussitôt le reçu de cette lettre, il renouvela encore ses instances auprès de la cour de Madrid. Il avait déjà gagné un point important. Louis XV ne suspendait plus son jugement; il acquiesçait et ne discutait plus le principe. Se ralliant à l'opinion du roi d'Espagne, il pensait qu'il valait mieux différer l'exécution. C'était un progrès, et le duc de Choiseul devait espérer qu'en revenant fréquemment à la charge, il pourrait l'emporter sur la lassitude de son maître et triompher par importunité. Désormais il n'avait plus besoin de secret. Ce fut par l'intermédiaire des bureaux qu'il adressa sa nouvelle lettre : « J'ai reçu les dépêches... que vous m'avez fait l'honneur de

1. Lettre du duc de Choiseul au marquis d'Aubeterre, 1er juin 1767. Aff. étr. Rome, DCCCXLIII, f° 245.

2. Lettre du marquis d'Ossun au duc de Choiseul, 1er juin 1767. Aff. étr. Espagne, DXLIX, f°s 4 et sq.

m'adresser; j'en ai rendu compte au roi. Sa Majesté pense comme Sa Majesté Catholique sur la dissolution des Jésuites, et je crois, moi, que l'on sera forcé tôt ou tard d'en venir à cet expédient; mais il est à craindre que l'on ne s'y détermine que lorsque la maison de Bourbon aura de nouveau éprouvé des inconvénients majeurs de la part de cette Société... mais ce ne sera qu'en marquant avec vigueur à la Cour de Rome la volonté des rois pour cette dissolution que l'on y parviendra[1]. »

Cependant, la fatigue, lui aussi, le gagnait. Des discussions irritantes venaient troubler ses relations avec l'Espagne. Le gouvernement de Madrid avait voulu débarquer les Jésuites expulsés dans les États pontificaux; sur le refus du pape, le roi Charles III n'avait osé les faire descendre de vive force. Ne sachant où les conduire, il demanda au duc de Choiseul de les recevoir dans l'île de Corse, alors occupée par une garnison française. Bientôt il les y installait sans attendre la réponse. Le ministre s'indignait, montrait l'impossibilité de les loger et de les nourrir, et ces querelles amenaient des heurts fâcheux avec le marquis de Grimaldi. Aussi se montrait-il moins ferme : « Il faut attendre l'exaltation d'un nouveau pape pour obtenir leur sécularisation, qui serait sans doute le parti le plus utile et le plus humain à prendre par rapport aux individus de cette société. » Mais il craignait que ces retards n'aboutissent à rien. « L'opération pourra être différée longtemps et le successeur du Souverain Pontife régnant sera peut-être encore moins disposé que celui-ci à se prêter à cet égard à la réquisition des cours catholiques. » Néanmoins, devant la résistance des deux souverains, il acceptait une transaction : « Il me semble qu'on pourrait au moins, en attendant, se borner à demander la sécularisation des Jésuites français et espagnols[2]. »

En définitive, ce ne fut pas à Madrid, mais à Versailles, que le duc de Choiseul finit par avoir gain de cause. Dans une suite de conversations personnelles dont il ne reste naturellement plus aucune trace, mais que l'on peut juger par les résultats, il vainquit les scrupules du roi son maître. Louis XV accéda enfin pleinement aux projets du ministre, moins sans doute par conviction que par fatigue. Il prit lui-même l'initiative d'une démarche

1. Lettre du duc de Choiseul au marquis d'Ossun, 8 juin 1767. Aff. étr. Espagne, DXLIX, f° 21.

2. Lettre du duc de Choiseul au marquis d'Ossun, 16 juin 1767. Aff. étr. Espagne, DXLIX, f° 56.

auprès du roi d'Espagne. Le 23 juillet 1767, dans une lettre de sa main au roi catholique, il lui demanda de concourir avec lui à la suppression de la Compagnie.

Ainsi pressé, le roi Charles III ne pouvait plus se dérober honnêtement. Longtemps encore, pourtant, il hésita. Le 31 juillet, le marquis de Grimaldi se borna, dans une lettre au comte de Fuentès, à accuser réception[1]. Le roi d'Espagne critiquait le plan conçu par le duc de Choiseul, qui, toujours soucieux de ne pas se mettre en avant, voulait charger la Cour de Naples de formuler au pape la demande de suppression. Toujours inquiet pour la personne de son fils, le roi Charles III, consulta son grand oracle, le marquis de Tanucci. Le ministre napolitain détestait profondément les Jésuites, mais il détestait non moins profondément le duc de Choiseul. Dans une réponse ambiguë, il répondit que la suppression ne serait point du « goût de Venise ni d'aucune des cours qui connaissent les Jésuites et qui n'ont point une constitution parlementaire comme celle de la France ». Il laissa entendre méchamment que le duc de Choiseul demandait cette mesure par complaisance pour les Parlements, ses alliés : « On voit que c'est la seule appréhension où sont les Parlements de France que les Jésuites n'y reviennent qui leur fait désirer si ardemment l'extinction de l'ordre[2]. »

Le duc de Choiseul, piqué de l'opinion du marquis de Tanucci, comprit qu'il valait mieux ne pas mêler Naples à l'affaire : « Il me semble qu'il y a dans ce que mande M. de Tanucci des choses très bien vues, aperçues avec finesse, sagesse et capacité, mais je n'y vois pas que ce ministre réponde à la question ; quoi qu'il en soit, comme il semble que M. de Tanucci n'approuve pas la forme proposée et qu'en même temps, il n'indique pas d'autres expédients, il ne faut plus parler de ce projet, qui dans le fonds n'avait été suggéré de la part de la France que pour le bien commun de la maison de France[3]. »

Le marquis d'Ossun alors dut présenter un office en forme au marquis de Grimaldi, où il exposait que « le roi son maître regarde l'extinction totale de l'ordre des Jésuites et la sécularisation de

1. Lettre du marquis de Grimaldi au comte de Fuentès, 31 juillet 1767. Aff. étr. Espagne, DXLIX, f° 197.

2. Lettre du marquis de Tanucci au roi d'Espagne, 25 août 1767. Aff. étr. Espagne, DXLIX, f°s 274 et sq.

3. Lettre du duc de Choiseul au marquis d'Ossun, 1er octobre 1767. Aff. étr. Espagne, DL, f° 4.

tous les individus qui la composent comme une chose aussi importante que nécessaire[1]. » Donc, ce n'était pas « par nécessité de complaire à Charles III[2] », ni pour « flatter l'Espagne... pour maintenir l'unique alliance[3] », que le Gouvernement français se décidait à poursuivre la destruction des Jésuites. Ce ne fut pas l'Espagne, mais bien la Cour de France, à l'instigation du duc de Choiseul, qui prit l'initiative de la mesure. A cette nouvelle mise en demeure, le roi catholique fit examiner l'affaire par le Conseil de Castille extraordinaire[4]. Il ne donnait pas encore un acquiescement formel. Le ministre français commençait à s'inquiéter ; les amis des Jésuites intriguaient de toutes parts autour de Louis XV, surtout la reine Marie Leczinska, très pieuse, très dévouée à la Compagnie, qui mit en œuvre toute son influence. Le roi de France commençait à se repentir de sa décision. Le duc de Choiseul se vit dans une situation très délicate : le roi d'Espagne ne se hâtait pas d'accepter ses propositions et Louis XV lui reprochait de l'avoir engagé dans une périlleuse affaire.

A cette époque, la vérité se faisait jour clairement que seul il voulait la destruction des Jésuites. Il craignait pour lui-même, et dut mettre dans ses nouvelles instances à la cour de Madrid beaucoup de prudence et de discrétion. Il se montrait presque disposé à temporiser. Le 29 décembre 1767, après un long silence sur ce sujet, il écrivit au marquis d'Aubeterre : « Vous avez très bien fait de ne point parler au pape dans votre dernière audience de la sécularisation des Jésuites. Il n'est pas possible que Sa Sainteté n'ait connaissance de notre façon de penser à cet égard et, comme il serait raisonnablement fort inutile de lui faire des insinuations à cet égard, il faut attendre l'effet que produira l'avis des cardinaux qui paraissent favorables à l'exécution de ces projets[5]. » Le 5 janvier 1768, il réitérait son ordre : « Vous ne devez faire à cet égard aucune proposition directe[6]. » Le 1er février, dans une nouvelle tentative pour presser

1. Mémoire du marquis d'Ossun au marquis de Grimaldi, 17 octobre 1767. Aff. étr. Espagne, DL, f° 88.
2. Comte A. de Saint-Priest, *o. c.*, p. 67.
3. M. F. Masson, *o. c.*, p. 81.
4. Lettre du marquis d'Ossun au duc de Choiseul, 26 octobre 1767. Aff. étr. Espagne, DL, f° 150.
5. Lettre du duc de Choiseul au marquis d'Aubeterre. Aff. étr. Rome, DCCCXLIV, f° 348.
6. Lettre du duc de Choiseul au marquis d'Aubeterre, 5 janvier 1768. Aff. étr. Rome, DCCCXLV, f° 8.

le marquis de Grimaldi, il agit avec la même prudence. La lettre d'envoi au marquis d'Ossun, extrêmement curieuse, révéla la situation délicate où se trouvait le duc de Grimaldi : « Je n'ai pas cru sur l'article des Jésuites en devoir dire davantage à M. de Grimaldi : 1° Parce que je connais ce ministre un peu attaché à la Société ; 2° Parce que je suis persuadé que dans l'affaire d'Espagne, il y a des indices de crime que l'on ne veut dire à personne et que peut-être on n'a pas osé dire au roi d'Espagne même ; 3° Parce que cette dissolution totale des Jésuites qui serait un grand bien et une justice en soi est presque impossible actuellement, surtout avec la mollesse avec laquelle la Cour d'Espagne se conduit vis-à-vis de Rome ; 4° Enfin, parce que[1]..., bien malgré moi, est assez indifférent sur cet article, non pas qu'il se soucie des Jésuites, mais parce que dans la situation où est la reine, il ne veut pas être persécuté par cette princesse mourante et désirerait que l'on ne parlât pas Jésuite jusqu'à ce qu'elle fût morte ; la reine est dans l'état le plus dangereux et il y a apparence qu'elle ne passera pas le mois de mars prochain[2]. Ce sera une perte pour ce pays-ci : cette princesse remplie de vertus ne nuisait à rien et était très utile pour tenir la cour ; il n'y a que le point des Jésuites qui était inconcevable en elle ; elle les aime à la folie et, raisonnable sur tous les sujets, il n'y a pas moyen de se faire écouter d'elle sur celui des Jésuites. Voilà le véritable motif du roi qui le retient de donner des ordres plus précis sur cette société et la reine est dans un état qui rend ce motif aussi humain que louable[3]. » Ainsi, après un an de négociations, à cette date du 1er février 1768, le duc de Choiseul n'osait pousser de l'avant qu'avec la plus extrême prudence On pouvait presque dire qu'il avait renoncé à son projet.

Or, au moment même où il écrivait cette lettre, depuis deux jours déjà, l'acte qui devait triompher des résistances du roi Catholique était un fait accompli. Les princes italiens de la maison de Bourbon avaient suivi l'exemple donné par la France et l'Espagne. En novembre 1767, le roi des Deux-Siciles chassa de ses Etats les Jésuites. Dès le 16 mai 1767, le duc de Parme D. Fernando prononça leur bannissement.

1. Ainsi dans le texte. Il faut évidemment suppléer « le Roi ».
2. Elle ne mourut cependant que le 24 juin 1768.
3. Lettre particulière du duc de Choiseul au marquis d'Ossun, 1er février 1768. Aff. étr. France, Mém. et Doc., DLXXV, f° 48.

Or, depuis longtemps déjà, le pape se trouvait animé d'intentions hostiles envers ce dernier souverain. Parme, détachée en 1545 du domaine pontifical par le pape Paul III en faveur de son fils Luigi Farnèse, appartenait toujours en théorie au Saint-Siège. Jamais en particulier les Souverains Pontifes n'avaient consenti à reconnaître les ducs de la maison de Bourbon. M. du Tillot, marquis de Félino, ministre du duc D. Fernando accrut cette animosité, en publiant, au cours des années 1764 et 1765, divers décrets qui soumettaient à l'impôt les biens de mainmorte et restreignaient les privilèges ecclésiastiques. Un procès sur la validité d'un mariage, évoqué à Rome, provoqua un édit du 16 janvier 1768 qui interdisait l'introduction de ces causes devant la Curie. Cette nouvelle mesure fit éclater l'orage. Devant cette dernière violation des immunités de l'Église, le pape Clément XIII n'y tint plus, et le 30 janvier 1768, fulmina l'excommunication contre le duc de Parme et contre ses conseillers, les frappa des censures contenues dans la bulle *In Cœna Domini*[1]. Cette mesure parut à tous les princes de la maison de Bourbon une suprême insulte. Elle détermina parmi eux une explosion de colère. « Le roi d'Espagne m'a fait l'honneur de me dire, écrivit le 22 février le marquis d'Ossun, que, puisque la Cour de Rome avait commencé les hostilités, il la traiterait sur le même ton[2]. »

Cette affaire rendit au duc de Choiseul toutes ses espérances. Pour le moment, il attisait le feu. Le 19 février, il adressa une lettre au marquis de Grimaldi lui-même : « Le pape régnant est totalement imbécile, mais son ministre est un fou de premier ordre... Le roi a été affecté infiniment de cette incartade inattendue de M. de Torregiani. On lui a représenté avec beaucoup de force dans son conseil que le motif du décret était purement temporel, qu'il était inconcevable que sur un motif pareil la cour de Rome n'eût pas parlé à Madrid et à Versailles pour

1. Cette bulle, ainsi nommée parce qu'à Rome on en donnait lecture solennelle chaque année, le jeudi saint, *In Coena Domini*, frappait d'anathème tous ceux qui portaient atteinte aux immunités ecclésiastiques et aux droits de juridiction de l'Église. Sa date n'est pas exactement connue ; elle remonte aux premiers temps qui suivirent le Concile de Constance, aux papes Martin V et Eugène IV. Les souverains, bien entendu, refusèrent toujours de la reconnaître et son acceptation, aux XVIe et XVIIe siècles, donna souvent lieu à des polémiques passionnées.

2. Lettre du marquis d'Ossun au duc de Choiseul, 22 février 1768. Aff. étr. Espagne, DLI, f° 213.

exposer ses griefs et entrer en discussion avant que de lancer ses foudres très inutiles. On a fait sentir au roi que l'infant était le prétexte, mais que l'insulte était dirigée contre les rois de la maison qui avaient chassé les Jésuites. J'ai représenté en mon particulier à Sa Majesté que si l'on souffrait cette odieuse première démarche, la Cour de Rome menée par un homme sans frein ne s'arrêterait pas et qu'alors, avant que de pouvoir la réprimer, nous souffririons les inconvénients que ses entreprises causeraient dans l'intérieur des royaumes de la maison. J'ai ajouté que dans cette matière comme dans toutes les autres, il était de la dignité et de la prépondérance du Pacte de famille de ne pas laisser opprimer même par des insultes vaines un prince de la maison, stipulant dans le Pacte de famille. »

Il ne s'agissait plus seulement de la destruction des Jésuites, mais d'un plan pour réduire la puissance pontificale, tant spirituelle que temporelle, formé pour amoindrir ses prérogatives vis-à-vis des couronnes. Choiseul proposait, par un mémoire collectif des trois puissances, France, Espagne, Naples, d'inviter le pape à retirer le décret : « Le roi pense, mon cher confrère, qu'avec l'ordre de présenter ce mémoire, les ministres de trois couronnes à Rome auront celui de dire verbalement que si le pape, dans l'espace de huit jours, n'a pas eu la bonté d'adhérer avec complaisance à la demande des trois rois de la maison, en faisant afficher et publier dans Rome la révocation absolue de son décret du 30 janvier, Leurs Majestés ont ordonné à leurs ministres respectifs de se retirer de Rome et des Etats du pape et sont dans l'intention de renvoyer à Sa Sainteté les nonces qui résident à leurs cours... Cette démarche de la part des cours sera douce et noble. Louis XIV aurait fait venir le cardinal Torregiani lui demander pardon, je ne crois pas que cela soit nécessaire : le pape révoquera son décret, ou il refusera la révocation. S'il le révoque, l'affaire sera finie... Si le pape, comme je pense que cela arrivera, refuse de révoquer ses lettres, alors la correspondance cessera avec Rome le reste de ce pontificat ; les affaires d'expédition iront toujours, mais nous malmènerons la Cour de Rome de tant de manières que certainement nous deviendrons les maîtres au conclave futur et que le prochain pape n'aura rien de plus pressé que de réparer les sottises de son prédécesseur... Alors, nous serons sûrs de l'extinction des Jésuites, et beaucoup plus sûrs que nous ne le serions d'un pape que nous ferions et qui nous manquerait du jour que nous l'aurions fait[1]. »

Le 27 février, le Conseil mixte se réunit à Madrid pour examiner les propositions du duc de Choiseul. Au lieu d'adresser au pape une note collective, les conseillers du roi catholique proposèrent d'envahir plutôt à main armée le domaine pontifical et d'occuper militairement quelques territoires au gré des couronnes. M. d'Ossun comprit tout de suite que l'Espagne visait surtout à tirer son épingle du jeu : seules, la France et les Deux-Siciles se trouvaient à portée d'agir militairement contre le Saint-Siège. « Il ne faut pas s'y tromper, Monsieur, ceux qui composent le le conseil mixte sont principalement occupés de l'administration intérieure de ce royaume et plus affectés d'éloigner tout ce qui pourrait troubler la tranquillité que de soutenir les intérêts de la maison de France[2]. » Justement, les deux couronnes faisaient valoir de vieilles revendications sur diverses parties du territoire pontifical : la France sur le Comtat Venaissin, les Deux-Siciles sur la principauté de Bénévent, les duchés de Castro et le Ronciglione. Le duc de Choiseul ne rejeta pas le conseil ; après avoir donné la Corse à la France, il ne lui déplaisait pas de la doter d'Avignon ; mais, avant de renoncer à son programme, il insista : « Il me paraît convenable que ce soient les ministres de France, d'Espagne et de Naples... qui fassent l'instance pour l'abolition et l'abrogation de ce décret ridicule[3]. » Il voulait saisir cette occasion d'atteindre à tout prix l'autorité pontificale, même dans le domaine spirituel. Pour restreindre dans le royaume l'influence de la Curie romaine, il visait à empêcher les sujets du roi d'accepter désormais la dignité cardinalice : « Je voudrais qu'il en fût des cardinaux comme des Jésuites, et on ne devrait recevoir ni en France ni en Espagne cette dignité étrangère, inutile à l'Église et à l'État et très incommode[4]. »

1. Lettre du duc de Choiseul au marquis de Grimaldi, 19 février 1768. Aff. étr. Espagne, DLI, f°s 199 et sq.

2. Lettre du marquis d'Ossun au duc de Choiseul, 2 mars 1768. Aff. étr. Espagne, DLI, f°s 276 et sq.

3. Lettre du duc de Choiseul au marquis d'Ossun, 8 mars 1768. Aff. étr. Espagne, DLI, f° 316.

4. Ce n'était point là une boutade isolée : cette idée lui tenait au cœur. Le 22 mars 1768, il écrivait au marquis d'Aubeterre : « J'ai même pris la liberté de conseiller au roi de ne plus permettre que la dignité de cardinal soit conférée à aucun de ses sujets. » Aff. étr. Rome, DCCCXLV, f° 140. Et, deux mois plus tard, le 10 mai 1768 : « L'ambition de la Cour de Rome a introduit le cardinalat et certainement

Une première intervention des puissances auprès du pape échoua. Le 26 avril, le duc de Choiseul déclarait qu'il fallait prendre les mesures de coercition projetées[1]. Les armées françaises occuperaient Avignon en même temps que les troupes napolitaines Bénévent. Le 16 mai, la Cour d'Espagne donna son consentement. Dans le principe, on déclarait cette occupation temporaire, faite seulement pour contraindre le pape à céder aux désirs des couronnes ; mais, le duc de Choiseul comptait bien, une fois entré à Avignon, n'en jamais sortir. Le 11 juin 1768, Avignon était au pouvoir du roi de France. Dès le 14, le duc de Choiseul écrivait au marquis d'Aubeterre : « Je vous confierai en particulier que le roi est dans l'intention de réunir *à jamais* le Comtat à sa couronne, mais, dans l'accommodement, nous conviendrons d'un prix raisonnable pour en faire l'acquisition[1]. »

Au milieu de toute cette affaire, il semblait qu'on perdît de vue les Jésuites, cause première de tout le conflit. Mais le roi d'Espagne se rappelait bien que le monitoire de Parme était une vengeance exercée contre les rois ennemis de la Compagnie. Le 13 juin 1768, le marquis d'Ossun rapporta une conversation avec D. Manuel de Roda, qui « demandait si la cour de France persistait dans la résolution qu'elle avait témoignée avoir, il y a quelque temps, de demander formellement au Saint-Père, de concert avec les Cours d'Espagne et des Deux-Siciles, l'extinction totale de l'ordre des Jésuites[2] ». Ce fut alors que l'Espagne accepta la proposition et la prit à son compte.

Le duc de Choiseul avait cause gagnée. Il connaissait trop bien le roi d'Espagne pour savoir que Charles III, une fois convaincu, ne revenait jamais sur sa décision. Le ministre français pouvait désormais compter sur la Cour de Madrid. Il trouvait seulement

a donné à ce titre qui ne signifiait rien dans son institution primitive que l'état et les fonctions des principaux prêtres et curés des paroisses de Rome, beaucoup plus d'éclat et de prérogatives qu'il ne devrait en avoir. C'est un piège tendu par les papes pour s'attacher des créatures dans tous les peuples catholiques, et les souverains par leur complaisance excessive à cet égard et par une piété mal entendue ont fourni à la Cour de Rome un prétexte pour étendre son autorité usurpée et pour affaiblir la fidélité de leurs sujets. » Aff. étr. Rome, DCCCXLV, f° 218.

1. Lettre du duc de Choiseul au marquis d'Ossun, 26 avril 1768. Aff. étr. Espagne, DLV, f° 99.

2. Lettre du duc de Choiseul au marquis d'Aubeterre, 14 juin 1768. Aff. étr. Rome, DCCCXLIII, f° 264.

3. Lettre du marquis d'Ossun au duc de Choiseul, 13 juin 1768. Aff. étr. Espagne, DLII, f° 335.

le moment mal choisi. L'invasion du territoire pontifical était commencée et il convenait de ne pas embrouiller cette question déjà si compliquée. Le 27 juin, il fit répondre à D. Manuel de Roda que « nous n'avons point changé de principes à cet égard et que nous ne cessons point de regarder l'abolition de cette société comme un événement qui serait utile au bien de la religion, à la tranquillité publique de l'Europe, à l'avantage même des individus qui composent la compagnie des Jésuites, mais nous ne croyons pas qu'il faille confondre cette affaire, quelque importante qu'elle puisse être, avec l'objet beaucoup plus essentiel qui concerne le bref du 30 janvier dernier[1]. » Le même jour il déclara au marquis d'Aubeterre : « Quoiqu'il ne faille pas perdre cet objet de vue, il ne doit pas être question de le traiter dans ce moment : ce sera un article à négocier lorsqu'il s'agira d'un accommodement définitif[2]. » Ces deux lettres concordent exactement, donnent la mesure exacte des sentiments du duc de Choiseul. Il entendait ajourner, non abandonner la suppression des Jésuites. L'Espagne, toujours fertile en contre-temps, revenait maintenant à la charge. D. Manuel de Roda fit observer qu'il y aurait avantage à demander la suppression avant la mort du pape régnant, pour mettre son successeur et le Conclave dans l'obligation de se prononcer[3]. Le duc de Choiseul, fidèle à sa politique de diviser les questions pour les mieux régler, répéta encore une fois qu'il valait mieux différer : « Nous pensons entièrement comme M. de Roda sur la nécessité et l'utilité de l'extinction absolue des Jésuites ; mais nous sommes persuadés que toute réquisition que nous ferions à cet égard dans les circonstances actuelles serait inutile. Le pape, qui s'est si opiniâtrement refusé à la révocation du bref du 30 janvier à laquelle on lui avait fourni un moyen de se déterminer sans compromettre sa dignité ni son amour-propre, se prêterait encore moins à l'abolition et à la sécularisation de l'ordre jésuitique et se porterait peut-être au parti extrême de faire prendre au Saint-Siège et à l'autorité pontificale des engagements si forts sur cet objet que les successeurs

1. Lettre du duc de Choiseul au marquis d'Ossun, 27 juin 1768. Aff. étr. Espagne, DLII, f° 422.

2. Lettre du duc de Choiseul au marquis d'Aubeterre, 27 juin 1768. Aff. étr. Rome, DCCCXLV, f° 296.

3. Lettre du marquis d'Ossun au duc de Choiseul, 4 juillet 1768. Aff. étr. Espagne, DLVII, f° 15.

de Clément XIII pourraient se croire dans l'impossibilité d'y déroger[1]. »

Le pape, de son côté, multipliait les plaintes. Il demandait au roi de Naples de lui restituer Bénévent, au roi de France de lui rendre le Comtat Venaissin. Loin d'y consentir, les troupes napolitaines se préparaient à occuper Castro et Ronciglione. A la fin de juillet le duc de Choiseul résumait ainsi son ultimatum : destitution et expulsion du cardinal Torregiani, cession d'Avignon à la France, de Bénevent aux Deux-Siciles, révocation du monitoire, reconnaissance explicite du duc de Parme. Le roi d'Espagne approuva ces demandes, il pensait cependant « trop dur et assez inutile » de faire reconnaître officiellement par le pape l'infant duc de Parme. Surtout il réclamait l'extinction des Jésuites : « Sa Majesté catholique m'a fait l'honneur de me dire qu'elle regardait comme absolument nécessaire que les trois couronnes fissent dès à présent la demande formelle au Saint-Père de l'extinction absolue des Jésuites... et que ce devait être une condition *sine qua non* dans le cas d'un accommodement amiable avec le Saint-Siège[2]. »

Devant cette insistance la question d'opportunité commença de paraître secondaire au duc de Choiseul. Sans doute, il avait jugé préférable d'attendre quelques mois, mais l'obstination de l'Espagne ne laissait pas de flatter son secret penchant. Sa réponse fut un chef-d'œuvre de diplomatie. Autant il s'était montré pressant lorsqu'il avait à convaincre la cour d'Espagne, autant il parut cette fois froid et réservé. Il acceptait la proposition, mais en ministre scrupuleux, qui n'agit point sans l'autorisation de son souverain. Le nom du Roi son maître revenait sans cesse sous sa plume : « En vous communiquant, Monsieur, ce que j'ai pensé relativement à l'anéantissement absolu de la Société des Jésuites dont je sens plus que personne la nécessité et l'utilité, j'ai constamment soumis mes idées et mes réflexions au jugement de Sa Majesté catholique et je vous ai mandé dans plusieurs de mes dépêches... que le roi serait toujours prêt à concourir à toutes les démarches que le roi son cousin jugerait convenables et nécessaires, tant sur cette affaire que sur tous les objets qui peuvent intéresser la

1. Lettre du duc de Choiseul au marquis d'Ossun, 19 juillet 1768. Aff. étr. Espagne, DLIII, f° 63.

2. Lettre du marquis d'Ossun au duc de Choiseul, 1er août 1768. Aff. étr. Espagne, DLIII, f° 104.

gloire et les avantages des deux couronnes. Ainsi, dès que j'aurai reçu les pièces que M. le marquis de Grimaldi doit me confier tant sur cet article des Jésuites que sur la réponse uniforme à faire de la part des deux monarques au dernier bref que le pape leur a adressé, je rendrai compte au roi et je ne doute pas que Sa Majesté n'approuve tout ce qui sera proposé par Sa Majesté catholique[1]. »

Choiseul pouvait désormais se donner le beau rôle et, vis-à-vis du public comme des diplomates étrangers, rejeter sur le roi Charles III et ses ministres la responsabilité des mesures prises. Le 10 septembre, dans une conversation avec le nonce, M. Giraud, il lui confiait en grand secret « que l'Espagne sera toujours le grand obstacle à tout accommodement avec le Saint-Siège dans la présente lutte[2]. » Et c'était vrai. La cour d'Espagne réitérait ses instances. A la fin de novembre, le marquis d'Ossun assurait que « M. le marquis de Grimaldi a ajouté que l'article de l'extinction totale des Jésuites était celui que Sa Majesté catholique avait le plus à cœur et qu'elle le regardait même comme un condition *sine qua non*[3] ».

Le duc de Choiseul céda enfin : il convint de l'envoi d'un ultimatum, présenté au pape par les représentants des trois puissances, le cardinal d'Orsini pour Naples, D. Thomas Azpuru pour l'Espagne, le marquis d'Aubeterre pour la France. Le mémoire français, énergique, très net, ne laissait place à aucune équivoque : « Le roi a été informé par Sa Majesté catholique qu'elle se proposait de ne pas différer plus longtemps à demander formellement à Notre Saint Père le Pape la destruction totale et irrévocable de la Société des Jésuites et la sécularisation de tous les individus qui la composent et à faire remettre incessamment et en son nom un mémoire sur ce sujet à Sa Sainteté. Le roi, parfaitement d'accord avec le roi son cousin sur la nécessité et l'utilité de la destruction du corps entier de religieux et de la sécularisation de tous ses membres a ordonné au marquis d'Aubeterre son ambassadeur de solliciter aussi au nom de Sa Majesté et conjointement avec les ministres de Leurs Majestés

1. Lettre du duc de Choiseul au marquis d'Ossun, 15 août 1768. Aff. étr. Espagne, DLIII, f° 344.

2. Lettre du nonce Giraud au cardinal Torregiani, 28 novembre 1768, citée par le P. Theiner, *o. c.*, I, p. 141.

3. Lettre du marquis d'Ossun au duc de Choiseul, 28 novembre 1768. Aff. étr. Espagne, DLIV, f° 163.

catholique et sicilienne la même abolition. Le roi s'est déterminé avec d'autant plus d'empressement à concourir à cette démarche qu'elle est fondée sur les motifs de sagesse et de justice qui ont déjà engagé Sa Majesté à proscrire de tous les pays de sa domination cette société, dont l'existence et le régime y étaient depuis son premier établissement un germe intarissable et funestes de troubles et de dangers. Sa Majesté attend de la piété du Père commun de tous les fidèles que Sa Sainteté n'écoutera dans une occasion si importante que ses propres lumières, la droiture de ses intentions et des conseils dictés par une prévoyance éclairée par les intérêts les plus évidents de l'Église, par la considération du repos de tous les États soumis à l'autorité spirituelle du souverain pontificat et par la crainte des malheurs que l'expérience du passé doit faire envisager pour l'avenir de la conservation des Jésuites dans quelque partie de l'univers que ce puisse être. Le roi, tant en son particulier que dans le concert le plus intime avec Leurs Majestés catholique et sicilienne, prie donc très instamment Sa Sainteté d'éteindre absolument, sans réserve et sans délai, dans le monde entier, la Compagnie dite de Jésus et de séculariser tous les individus dont elle est composée avec la défense la plus expresse à chacun d'eux de s'assembler désormais en communauté et de former aucune association sous quelque dénomination et quelque prétexte que ce soit. Cette réquisition doit être accueillie d'autant plus favorablement par Notre Saint Père le Pape qu'elle lui est faite par trois monarques, également éclairés et zélés sur tout ce qui peut avoir rapport à la prospérité de la religion, aux intérêts de l'Église romaine, à la gloire personnelle de Sa Sainteté et à la tranquillité de tous les États catholiques [1], »

Dans la lettre d'envoi au comte de Fuentès, le duc de Choiseul ajoutait que « si le Roi n'a pas cru devoir parler formellement de la doctrine et de la morale des Jésuites, c'est pour ne pas réveiller sur cette matière des disputes qui ont troublé son royaume pendant plus d'un siècle et dont la plus légère étincelle pourrait y occasionner encore un incendie très dangereux qu'il est essentiel de prévenir [2] ». Fidèle à la tactique qu'il avait adoptée, le ministre français recommandait au marquis d'Aube-

1. Mémoire du 27 décembre 1768. Aff. étr. Rome, DCCCXLVI, f° 277.

2. Lettre du duc de Choiseul au comte de Fuentès, 27 décembre 1768. Aff. étr. Espagne, DLIV, f° 270.

terre de ne donner son mémoire qu'après s'être assuré que l'ambassadeur d'Espagne aurait remis le sien [1]. L'ultimatum fut remis au pape le 18 janvier 1769. Les trois cours d'ailleurs ne se firent pas la moindre illusion sur son sort et le duc de Choiseul résumait l'opinion commune en déclarant: « Nous pensons ici comme on pense à Madrid sur la nécessité forcée où nous nous trouverons vraisemblablement d'attendre un nouveau Pontificat pour parvenir à une conciliation entre les souverains de la maison de Bourbon et le pape [2]. » La solution ne se fit pas longtemps attendre. Trois jours après, le pape Clément XIII était mort [3].

Ce n'est pas ici le lieu de raconter en détail les opérations du Conclave qui s'ouvrit à la mort du pape Clément XIII et la part que les trois cours prirent à l'élection de son successeur [4]. La question des Jésuites prima toutes les autres. Les couronnes mirent tout en œuvre pour obtenir contre eux une promesse formelle du candidat qui serait élu. On se renvoya, de Madrid à Paris, des listes de cardinaux classés en bons, douteux, mauvais; on les modifia: on se livra à des pointages passionnés. La Cour de Versailles, aussitôt après la mort du pape, fit partir pour Rome les deux cardinaux français, le cardinal de Bernis et le cardinal de Luynes, avec mission de favoriser un ennemi de la Société. De son côté, l'Espagne, par l'intermédiaire du cardinal de Solis, exerça la pression la moins déguisée sur le Sacré Collège. L'attitude des deux gouvernements n'était pas exactement semblable: tandis que le roi d'Espagne poussait aux partis les plus violents, le duc de Choiseul, plus perspicace, ne voulait pas, par des mesures précipitées et mal combinées, perdre le fruit de tant de soins. Dès le 6 février, comme le marquis d'Aubeterre, sous l'influence de ses deux collègues napolitain et espagnol, déclarait: « Quant aux conditions... nous croyons qu'il faudrait s'en tenir

1. Lettre du duc de Choiseul au marquis d'Aubeterre, 27 décembre 1768. Aff. étr. Rome, DCCCXLVI, f° 279.

2. Lettre du duc de Choiseul au marquis d'Ossun, 31 janvier 1769. Aff. étr. Espagne, DLVI, f° 91.

3. Dans la nuit du 2 au 3 février 1769.

4. Le récit le plus détaillé en a été fait par le P. Theiner, I, p. 151-243, d'après les archives romaines. Il a été complété par M. F. Masson, o. c., p. 81 et sq., avec des documents tirés des archives personnelles de la famille de Bernis et enfin par M. F. Rousseau, I, p. 268-298, d'après la correspondance des ambassadeurs espagnols à Rome.

à l'abolition des Jésuites[1] », le duc de Choiseul tempérait son ardeur : « Je ne suis pas aussi persuadé que vous l'êtes, monsieur, de l'importance de n'insister d'abord que sur l'abolition entière et irrévocable des Jésuites. Cette condition éprouvera certainement les plus grandes contradictions et en s'en tenant à ce point unique, on pourrait se mettre hors de toute mesure pour traiter les autres objets[2] ». Puis plus tard : « Il ne faut pas faire auprès du conclave des démarches prématurées dont le succès serait douteux et qui pourraient compromettre le nom et la dignité des trois cours[3]. »

Au fond, le duc de Choiseul craignait la conclusion d'un pacte simoniaque qui entacherait de nullité l'élection pontificale et présenterait pour les trois cours les plus graves inconvénients. Il ne s'en cachait pas. Comme, le 12 avril, le marquis d'Aubeterre entièrement gagné par l'ardeur des Espagnols, écrivait : « Je voudrais, s'il est possible d'y parvenir et l'Espagne le désire aussi, qu'avant que l'élection fût décidée, on tâchât d'engager le sujet qui devrait être élu à donner une promesse par écrit que dans un temps limité il séculariserait entièrement et par toute la terre la Compagnie des Jésuites... Mais nos deux cardinaux français s'y refusent par principe de conscience, prétendant qu'un tel pacte tiendrait de la simonie et de la confidence[4]. » Le duc de Choiseul démontra l'inutilité et le danger d'un pareil engagement : « Je crois que l'exécution de ce projet souffrirait des difficultés insurmontables[5]. »

Enfin, le 19 mai 1769, le candidat des couronnes, le cardinal Ganganelli, fut élu. On a démontré d'une façon péremptoire que jamais le pape Clément XIV ne prit avant son élection l'engagement formel de supprimer la Compagnie de Jésus[6]. Néan-

1. Lettre du marquis d'Aubeterre au duc de Choiseul, 6 février 1769. Aff. étr. Rome, DCCCXLVIII, f° 76.

2. Lettre du duc de Choiseul au marquis d'Aubeterre, 20 février 1769. Aff. étr. Rome, DCCCXLVIII, f° 127.

3. Lettre du duc de Choiseul au marquis d'Aubeterre, 21 mai 1769. Aff. étr. Rome, DCCCXLVIII, f° 254.

4. Lettre du marquis d'Aubeterre au duc de Choiseul, 12 avril 1769. Aff. étr. Rome, DCCCXLVIII, f° 322.

5. Lettre du duc de Choiseul au marquis d'Aubeterre, 2 mai 1769. Aff. étr. Rome, DCCCXLVIII, f° 370.

6. Le P. Theiner l'a longuement prouvé, I, p. 258 et sq. C'est ce qui ressort de la correspondance du cardinal de Bernis. Voir surtout la lettre du 20 novembre 1769 : « Les cardinaux espagnols, dirigés à l'insu de M. le marquis d'Aubeterre par

moins, il est trop vraisemblable que dans les conversations privées, il avait, pour se faire élire, multiplié les promesses les plus explicites[1]. On pouvait compter sur lui et, à partir de son élection, les deux couronnes redoublèrent leurs instances en Cour de Rome pour obtenir la suppression de la Compagnie.

Toutes les difficultés paraissaient aplanies et on pouvait sans crainte aller de l'avant. Une question de personnes vint brusquement compliquer le problème. Le marquis d'Aubeterre, au cours du conclave, avait paru inférieur à sa tâche: on le rappela et on lui donna pour successeur le cardinal de Bernis qui, venu à Rome pour l'élection pontificale, y resta comme ambassadeur. Les rapports du duc de Choiseul et du cardinal de Bernis à cette époque sont un des problèmes les plus difficiles à résoudre de toute cette délicate histoire. A l'origine, une communauté d'intérêts unissait le comte de Stainville et l'abbé de Bernis. Tous deux favoris de la marquise de Pompadour, ils avaient les mêmes vues, les mêmes principes, ils s'étaient prêtés un mutuel appui au début de leur carrière. Le prélat, plus avancé dans les affaires politiques, guida les premiers pas du duc de Choiseul dans la voie diplomatique. Mais, à cette heure, un lourd passé les séparait. En 1758, M. de Bernis, secrétaire d'état des Affaires étrangères, effrayé des multiples désastres subis par les armées françaises en Allemagne s'était mis à regretter l'alliance autrichienne, avait voulu en limiter les effets. M. de Stainville releva âprement ses faiblesses, le perdit dans l'esprit du roi et de la marquise de Pompadour, obtint sa place, le fit chasser durement et exiler.

Confiné jusqu'en 1764 dans son abbaye de Saint-Médard de Soissons, le cardinal de Bernis avait eu tout le temps de couver sa rancune. Heureusement pour lui, il conservait des appuis: une des filles du roi, Mme Adélaïde, en particulier le tenait en

M. Azpuru, s'étaient contentés d'un écrit par lequel le cardinal Ganganelli, en qualité de théologien, disait qu'il pensait que le Souverain Pontife pouvait en conscience éteindre la Société des Jésuites, en observant les règles canoniques et celles de la prudence et de la justice. »

1. Il avait même, et le fait est indiscutable, déclaré qu'un cardinal pouvait adhérer au parti proposé par l'Espagne sans que l'élection fût entachée de simonie: le 12 avril 1769, le marquis d'Aubeterre écrivait, blâmant les scrupules des cardinaux français: « Je leur conseille de prendre conseil du cardinal Ganganelli, un des célèbres théologiens de ce pays-ci, et qui n'a jamais passé pour avoir une morale relâchée. » Aff. étr. Rome, DCCCXLVIII, f° 332.

grande estime[1]. Il obtint sa grâce et son rappel, reparut à la Cour et en 1764 reçut l'archevêché d'Albi. En avril 1769, on le nomma ambassadeur à Rome. Quel fut le véritable auteur de cette désignation ? Peut-être Mme Adélaïde y prit-elle quelque part[1]. En tout cas, il ne paraît pas qu'on puisse l'attribuer au duc de Choiseul. Sans doute, officiellement, il en assuma la responsabilité, mais il semble bien que ce choix lui fut imposé. Plus tard, lorsque la Cour d'Espagne lui reprocha cette désignation, il soutint toujours très froidement son ambassadeur et garda une réserve au moins étrange pour un esprit aussi expansif. Lui qui se défiait, on l'a vu, des cardinaux, il n'aurait pas confié l'ambassade de Rome à de tels personnages et au cardinal de Bernis encore moins qu'à tout autre. La lettre personnelle qu'il lui écrivit au moment de sa nomination est tout à fait caractéristique.

Loin d'y prendre le ton d'un ministre qui attend les remerciements de son subordonné ; il éprouva le besoin de justifier sa conduite passée : « Le roi sait parfaitement, et se l'est rappelé, que c'est moi qui lui ai parlé le premier du retour de ses bonnes grâces pour Votre Éminence. Il se ressouvient de tout ce que j'ai fait pour qu'on ne lui ôtât pas ces mêmes bonnes grâces; enfin, de lui-même, il m'a dit qu'il avait très présent à l'esprit que c'était moi qui avais demandé et obtenu pour Votre Éminence l'archevêché d'Albi... Je me suis aperçu, sans être bien fin, que j'étais mal avec vous; j'ai vu, et je m'en suis tenu là, que je n'avais l'honneur d'être connu de Votre Éminence et que je ne me ferais pas connaître à elle d'aussi loin. Je me suis tenu tranquille... Je supplie Votre Éminence, si elle veut savoir le vrai et juger d'après lui, d'être persuadée que je n'ai d'autres vues secondes relativement à elle que le désir du service du roi et celui de marquer à Votre Éminence mon véritable et sincère attachement[2]. »

S'il avait eu réellement quelque part à la nomination du cardinal de Bernis, Choiseul n'aurait pas manqué de s'en prévaloir. Le cardinal ne demeura pas en reste de politesses. Il se déclara prêt à accepter l'amitié du ministre ; il reconnut que « ses amis avaient cherché à lui inspirer de la défiance, mais cette défiance,

1. Plus tard, pendant son ambassade à Rome, il entretint avec elle une correspondance qui, malheureusement, ne s'est pas retrouvée. Voir M. F. Masson, p. 172.

2. Lettre particulière du duc de Choiseul au cardinal de Bernis, 10 avril 1769. Arch. Bernis, M. F. Masson, o. c., p. 116.

les amis de Choiseul avaient bien fait tout ce qu'il fallait pour l'augmenter[1]. » A partir de cette époque, ils entretinrent en effet une correspondance particulière, ils se confiaient leurs affaires personnelles, le duc de Choiseul racontait ses embarras politiques (il en parlait à tout le monde). Ils paraissaient se traiter avec le plus complet abandon ; mais, dans quelle mesure étaient-ils sincères et jusqu'à quel point parvenaient-ils à se tromper l'un l'autre ? Toutes ces lettres, dans leur intimité cérémonieuse, ont quelque chose d'affecté, de factice, qui détourne la confiance.

Trop de souvenirs séparaient ces deux hommes. Situation d'autant plus difficile à éclaircir qu'il y avait peu d'esprits aussi souples, aussi habiles à dissimuler que le cardinal de Bernis. « Par sa douceur, a-t-on écrit de lui très justement, par sa flexibilité, par son adresse, par sa haine des moyens violents..... il était à coup sûr l'un des meilleurs négociateurs qu'on pût employer. Tout le monde croyait avoir Bernis à soi : il était assez modéré pour que chacun pût le réclamer, il était assez habile pour n'obéir à personne qu'au roi et qu'à lui-même[2]. » Il en donna une preuve dans l'affaire des Jésuites. Leur était-il favorable ou hostile ? Nul ne le savait. Pendant sa jeunesse, il avait frayé avec les Jansénistes et s'était rendu suspect en Cour de Rome ; dans ses dépêches, il se prononçait contre la Compagnie avec modération, mais avec fermeté. Cependant on l'accusait un peu partout d'être favorable à la Société. Il avait jusque dans ces derniers temps entretenu une correspondance avec le P. Lorenzo Ricci[3].

Aussi, le duc de Choiseul crut d'une prudence élémentaire de lui cacher ses vues personnelles. Jamais il ne fit la moindre allusion à sa négociation, entreprise, en 1767, auprès de la Cour de Madrid en vue d'obtenir la destruction des Jésuites. Bien plus, il feignit d'être fort indifférent à leur sort, d'agir contre eux à son corps défendant et de demander leur suppression uniquement pour complaire à l'Espagne. Ces protestations ont trompé la plupart des historiens. Si l'on compare dans le même temps la correspondance de Rome avec celle de Madrid, on voit que, au moment même où Choiseul se laisse aller à des regrets auprès du cardinal avec une bonhomie dont il n'est pas coutumier, il

1. M. F. Masson, o. c., p. 117, d'après une lettre particulière du cardinal de Bernis au duc de Choiseul, 31 mai 1769 (archives de Bernis).
2 M. F. Masson, o. c., p. 120-121.
3. M. F. Masson, o. c., p. 87.

continue, avec beaucoup de réserve sans doute mais avec fermeté, d'approuver les démarches de la Cour de Madrid et de lui promettre quoique discrètement son concours. S'il avait désapprouvé les démarches de l'Espagne, cette pensée apparaîtrait dans toute sa correspondance avec elle ? Pourquoi la retrouve-t-on seulement dans les lettres au cardinal de Bernis ?

Aussitôt après la nomination du nouvel ambassadeur et l'exaltation du pape Clément XIV, la Cour d'Espagne renouvela les plus vives instances à la Cour de Rome. Le duc de Choiseul écrivit alors au cardinal le 24 juin 1769 : « La Cour d'Espagne de son côté croit toujours que l'on ne presse pas assez l'extinction des Jésuites. L'on vous fera des reproches et l'on s'en prendra très injustement à vous quand les choses n'iront pas aussi vite que l'imagination les présente en Espagne. Ne vous inquiétez pas, je vous en conjure, de toutes les picoteries qui vous entoureront : allons au but sagement et je me charge de ramener l'Espagne », et insidieusement il ajoutait : « dans le fonds il faut l'extinction des Jésuites; car le roi d'Espagne vient encore depuis deux jours d'envoyer au roi un courrier pour lequel il lui mande, par une lettre de sa main, que la tranquillité de son royaume et de sa *personne*[1] est intéressée à cette extinction. Vous jugerez de la chaleur de cette assertion, pour un prince qui a une volonté décidée comme le roi d'Espagne[2]. »

Ici, il est possible de prendre le duc de Choiseul en flagrant délit de supercherie. Ce n'est pas à propos des Jésuites, comme le laissait entendre le ministre, que le roi Charles III venait d'envoyer un courrier. Le souverain espagnol adressait à son cousin une lettre de condoléances au sujet d'une chute que Louis XV avait faite. Après beaucoup d'autres questions, il y était en effet question des Jésuites, et le roi catholique disait simplement : « Nous avons un pape, nos cardinaux et nos ministres de Rome nous paraissent contents de ce choix ; c'est leur concours qui a également contribué à son élection. Je désire ardemment que ce nouveau pontife se détermine à éteindre l'ordre des Jésuites. L'esprit de parti qu'ils ont laissé dans les états même d'où ils ont été expulsés est certainement contraire au bien de la religion et également préjudiciable à la tranquillité

1. Le mot est ainsi souligné.
2. Lettre particulière du duc de Choiseul au cardinal de Bernis, 24 juin 1769 (archives Bernis), cité par M. F. Masson, p. 145, en note.

de nos royaumes. Cela fait, je me flatte que tous les autres petits différends avec la Cour de Rome seront bientôt arrangés, afin d'affermir de plus en plus cette union avec le Chef de l'Église, qui est si nécessaire pour la conservation de notre sainte religion [1]. » Cette lettre, on le voit, ne présentait rien que de très banal. Les termes du roi d'Espagne n'avaient pas la portée que le ministre leur attribuait. En tout cas le mot souligné « *de sa personne* » était inventé de toutes pièces et n'existait que dans l'imagination du duc de Choiseul.

Un mois après, Choiseul réitérait ses insinuations. « De toutes les affaires qui intéressent à Rome les trois souverains de la maison de France, l'affaire qui concerne l'abolition des Jésuites est sans doute celle qui affecte principalement la Cour de Madrid [2]. » Enfin, le terrain ainsi préparé, le 2 août 1769, dans une lettre confidentielle, il feignit de se laisser aller à un parfait abandon et de confier au prélat toute sa pensée. « Les Jésuites me persécutent depuis dix ans. J'en ai par-dessus la tête. L'on dit en France et l'on est persuadé que je les ai fait chasser etc... etc... En Espagne, l'on publie que je les aime, que je les soutiens, je crois même, que je suis affilié. Ni les uns ni les autres ne disent vrai : je le jure à la face de l'univers. Rien au monde ne m'a été plus indifférent que les Jésuites, mais à présent je suis au terme d'en être excédé, car ils sont devenus la démence des cours au point qu'à Madrid on oublie l'Angleterre, M. Pitt et les intérêts les plus grands et les plus chers pour songer aux Jésuites et m'embarrasser. Je les donne à tous les diables. J'y joindrai notre pape, s'il ne m'en débarrasse pas [3]. »

Assurément le duc de Choiseul disait en partie vrai. A l'origine, il n'avait pas poursuivi les Jésuites, mais il ne semble pas que jamais la Cour d'Espagne lui ait jamais reproché de les aimer et de les soutenir. Trois semaines après, sur le même ton il reprenait : « Votre Éminence aura été étonnée de la précipitation et de la force que j'ai mis dans les dépêches que je lui ai écrites de la part du roi relativement à l'extinction des Jésuites, mais je ne doute pas qu'elle n'ait senti que j'étais forcé à cette démarche,

1. Lettre du roi d'Espagne au roi de France, 7 juin 1769. Aff. étr. Espagne, DLVII, f°s 24 et sq.

2. Lettre du duc de Choiseul au cardinal de Bernis, 24 juillet 1769. Aff. étr. Rome, DCCCXLIX, f° 148.

3. Lettre particulière du duc de Choiseul au cardinal de Bernis, 2 août 1769 (Archives Bernis), cité par M. F. Masson, *o. c.*, p. 151.

non seulement par la complaisance que le roi doit au roi son cousin pour cette affaire jésuitique qui se trouve être, par les circonstances et l'aversion, beaucoup plus vive dans le cœur du roi d'Espagne... mais encore, pour éviter à Votre Éminence une foule de tracasseries dont nous ne nous serions jamais tirés, attendu que l'on ne revient pas en Espagne des préventions que l'on prend quand elles ne sont pas détruites dans le principe. »

Il fit même alors connaître au cardinal les propos que la Cour de Madrid tenait sur son compte : « Depuis ce que le roi d'Espagne dit à M. d'Ossun et dont vous trouverez la copie, M. de Fuentès a eu ordre de me communiquer les pièces que je vous adresse en grand secret, car l'on m'a fait promettre de ne pas vous les communiquer, et je vous demande en grâce de ne jamais paraître vis-à-vis de M. Azpuru les avoir vues. Je prends même des précautions pour que mon bureau ne puisse soupçonner que je vous les envoie. » Et, à la fin de la lettre apparaissait son véritable dessein : se servir de ces révélations pour piquer d'honneur le plénipotentiaire et stimuler son zèle : « Je ne sais pas s'il a été bien fait de renvoyer les Jésuites. Les rois de France, d'Espagne et de Naples sont en guerre ouverte contre les Jésuites et leurs partisans ; seront-ils supprimés, ne le seront-ils pas? Les rois l'emporteront-ils, les Jésuites auront-ils la victoire ?... En vérité, l'on ne peut pas voir ce tableau de sang-froid sans en sentir l'indécence et, si j'*étais ambassadeur à Rome,* je serais honteux de voir le Père Ricci l'antagoniste de mon maître[1]. »

Pendant que le duc de Choiseul jouait ainsi aux fausses confidences, la Cour d'Espagne multipliait les plaintes contre le prélat. Dès le 12 juin 1769, le marquis d'Ossun fit savoir que le roi catholique trouvait dangereux de laisser plus longtemps au cardinal de Bernis représenter la France à Rome[2]. La réponse du duc de Choiseul fut insignifiante et glaciale[3]. Peu de jours après, il ajoutait sèchement : « L'Extinction aura lieu sûrement, selon ce que me mande ce ministre (le cardinal)... Nous avons renouvelé, il y a quinze jours, les ordres au cardinal de Bernis pour leur

1. Lettre particulière du duc de Choiseul au cardinal de Bernis, 26 août 1769. Aff. étr. Rome, DCCCXLIX, f°s 313 et sq.

2. Lettre du marquis d'Ossun au duc de Choiseul, 12 juin 1769. Aff. étr. Espagne, DLVII, f° 46.

3. Lettre du duc de Choiseul au marquis d'Ossun, 27 juin 1769. Aff. étr. Espagne, DLVII, f° 88.

extinction[1] ». Maintenant, il se tenait sur ses gardes, mais l'Espagne insistait toujours plus fort, accusait positivement le Cardinal d'intelligence avec les Jésuites : « Sa Majesté, écrivait le marquis d'Ossun, m'a dit : Je crains fort que M. le cardinal de Bernis ne soit ami des Jésuites et qu'il ne cherche à éloigner la demande de l'extinction de cette société[2]. » Le comte de Fuentès recevait l'ordre de presser Louis XV et son ministre.

Alors, à son tour, le cardinal de Bernis multiplia les doléances. L'ambassadeur d'Espagne, D. Thomas Azpuru le desservait; la Cour de Madrid trahissait, et une négociation secrète se tramait entre le pape et le roi d'Espagne. Choiseul se trouvait fort embarrassé. Il ne se défiait pas du roi catholique ; bien plus, il ne goûtait guère le cardinal de Bernis, mais il n'avait pas le pouvoir de le congédier. Il allait de l'un à l'autre, parlementait, s'efforçait de faire progresser la négociation. Dans une lettre particulière au marquis d'Ossun, le 13 août 1769, il rassurait la Cour de Madrid : « Il y a plus de désir de primer que de mauvaise volonté dans la conduite de M. le cardinal de Bernis[3]. » Il assurait son ambassadeur à Rome qu'il ne croyait pas à l'existence d'une négociation secrète entre le Saint-Siège et Madrid : « Si cette négociation existait, je suis sûr qu'elle viendrait plutôt du pape que de l'Espagne, car il n'est pas possible que le roi d'Espagne veuille tromper le roi son cousin par des instances fausses en pure perte[4]. »

Cependant, pour plus de sûreté, il insista une fois encore auprès du gouvernement de Madrid ; la lettre particulière qu'il écrivit à cette occasion ne manque pas d'intérêt, car elle montre bien, que, à cette époque, comme en 1767, les désirs du duc de Choiseul n'avaient pas changé et qu'il voulait toujours fermement l'extinction des Jésuites : « Quant au fond de l'affaire, vous verrez qu'il est instant que la Cour d'Espagne décide si elle veut qu'on emporte cette affaire de force, et c'était mon premier avis... ou bien, ce qui me paraît aussi, vu les circonstances, pouvoir être adopté, si le roi d'Espagne croirait qu'il serait plus convenable de

1. Lettre du duc de Choiseul au marquis d'Ossun, 11 juillet 1769. Aff. étr. Espagne, DLVII, f° 145.

2. Lettre du marquis d'Ossun au duc de Choiseul, 27 juillet 1769. Aff. étr. Espagne, DLVIII, f° 196.

3. Lettre particulière du duc de Choiseul au marquis d'Ossun, 13 août 1769. Aff. étr. France, Mém. et Doc., DLXXV, f° 78.

4. Lettre particulière du duc de Choiseul au cardinal de Bernis, 7 août 1769, Aff. étr. Rome, DCCCXLIX, f° 314.

marcher pied à pied à l'extinction. Dans tous les cas, vous pouvez assurer que le Roi fera *tout ce que voudra le Roi son cousin*[1]. En voilà assez sur Rome ; je suis un peu épuisé sur cette matière, mais nous ne le serons jamais pour seconder les intentions de Sa Majesté catholique et moi en particulier pour me porter avec zèle à tout ce qu'il désirera et qui lui montrera ma vénération bien sincère pour sa personne et son service[2]. » Il était difficile de parler plus net. Choiseul n'en disait pas plus, mais depuis longtemps la Cour d'Espagne connaissait son avis. Et sa situation à Versailles, très-menacée, l'empêchait de se compromettre. Il n'osait même pas envoyer par ses bureaux cette discrète excitation, il la confiait à une lettre secrète.

Les instances de l'Espagne redoublèrent. Le 28 août, le marquis de Grimaldi se plaignit, dans les termes les moins modérés, de la conduite du Cardinal : « La manière avec laquelle il pense traiter cette affaire, soit d'intelligence avec le pape ou autrement, son sentiment qui penche toujours du côté des moyens les plus lents, son penchant à s'emparer exclusivement de la négociation et surtout les indignes propos qu'il tient et qui sont certainement inventés par lui, comme par exemple le bruit de la négociation secrète, sans parler actuellement d'autres qui nous sont parvenus, tout cela, dis-je, fait craindre la conduite dudit cardinal et avoir toujours des incertitudes sur lui dans l'affaire dont il est question, et même à l'égard de l'union parfaite qui règne entre nos deux cours, article de la plus grande importance. Le roi, monsieur, le pense ainsi, et Sa Majesté s'est proposé de ne rien cacher au roi son cousin et de lui communiquer à cet égard jusqu'à ses moindres pensées. Sa Majesté veut par conséquent que Votre Excellence informe de tout à cet effet M. le duc de Choiseul, nonobstant que ce ministre paraît avoir une grande confiance au cardinal et ne lui donner pas le tort : sans doute que cette confiance et cette bonne foi du duc de Choiseul ne lui laissent pas voir ce que nous voyons ici sur le compte de cette Éminence. L'imposture de notre négociation secrète est certainement très criminelle, et quoiqu'il ne nous est jamais tombé dans l'esprit que Sa Majesté très chrétienne ou son ministère fussent capables d'y ajouter foi, cependant nous avons

1. Ainsi souligné.

2. Lettre particulière du duc de Choiseul au marquis d'Ossun, 13 août 1769. Aff. étr. France, Mém. et Doc., DLXXV, f°s 78 et sq.

été très flattés d'avoir une entière certitude à cet égard par vos dernières lettres. Il nous est aussi parvenu d'autres propos du dit cardinal, non moins indécents et dont on le croit le premier inventeur: comme, par exemple, que nous publions en Espagne que la France regarde avec indifférence la suppression de l'ordre des Jésuites, qu'elle n'est attachée qu'à la conservation d'Avignon et que nous ne serions pas bien aises qu'elle gardât cet état, fiction bien maladroite, mais quelle raison pouvons-nous avoir pour ne pas voir avec plaisir que la France rentre dans ses droits et dans la possession du Comtat? Elle n'est pas moins grossière, l'imposture de la négociation secrète. Tout cela marque bien dans ce cardinal ou une ignorance ou beaucoup de malignité mêlée d'un intérêt caché : il serait, je crois, mieux pour Son Éminence que nous puissions croire qu'il n'agissait en tout cela que comme un sot[1]. »

Il est difficile de dire ce qu'il y avait de vrai dans les propos attribués par Grimaldi au cardinal. Néanmoins, ils se rapprochent beaucoup du texte des feintes confidences que le duc de Choiseul lui adressait : aussi peuvent-ils n'être pas entièrement de l'invention de la cour de Madrid. En tout cas, interpellé ainsi directement le ministre français ne pouvait garder plus longtemps le silence : il couvrit son subordonné, mais avec fort peu d'enthousiasme. Il disait simplement : « Je n'aperçois cependant ni dans les dispositions, ni dans les propos, ni dans les démarches de M. le cardinal de Bernis et dont il me rend un compte détaillé, rien qui puisse justifier les soupçons qu'on a tenus à Madrid. » Le post-scriptum était encore moins encourageant : « Je suis obligé de soutenir le cardinal de Bernis tant qu'il reste à Rome chargé des affaires du roi... Il y a dans toute cette affaire de Rome un imbroglio difficile à expliquer, mais sans entrer en détail vous pouvez assurer M. de Grimaldi que le roi d'Espagne sera content de nous *à Rome* comme partout. Je vais m'appliquer à détruire les soupçons. » Pour qui savait lire entre les lignes, il était difficile de s'y méprendre[2].

De son côté, le pape, qui promettait d'agir, ne faisait rien. Le choix d'une nouvelle procédure, imaginée par lui, agréée par

1. Lettre du marquis de Grimaldi au comte de Fuentès, 28 août 1769. Aff. étr. Espagne, DLVII, f°s 349 et sq.

2. Lettre du duc de Choiseul au marquis d'Ossun, 12 septembre 1769. Aff. étr. Espagne, DLVII, f°s 422 et sq.

l'Espagne, retardait la conclusion. Le Souverain Pontife proposa de promulguer un bref *motu proprio,* où il justifierait les mesures prises par les deux couronnes contre les Jésuites. La publication de cette bulle devait précéder l'extinction de l'Ordre, mais aussi la reculer. Le roi d'Espagne approuva cette façon d'agir, qui calmait ses scrupules religieux et justifiait l'expulsion de la Compagnie.

Une autre question l'amenait alors à se montrer facile. De tout temps, les Franciscains figuraient au premier rang des congrégations religieuses pour le culte qu'ils vouaient à la sainte Vierge. En particulier, ils souhaitaient ardemment faire reconnaître son Immaculée Conception comme dogme de l'Église. Le roi Charles III, qui partageait les doctrines de l'Ordre de Saint-François d'Assise et y était même affilié[1], espérait obtenir cette proclamation. Il honorait aussi particulièrement la mémoire de la mère d'Agreda, auteur d'un travail sur la *Mysticité de Dieu,* où elle exaltait la pureté originelle de Marie. Il désirait vivement sa canonisation. Ces motifs le déterminaient à accorder du temps en échange au pape sur l'affaire des Jésuites. Le ministre français parut d'abord surpris, mais il n'avait pas le choix, et d'ailleurs, ce n'était que partie remise. Quoique d'assez mauvaise grâce, il passa cette fantaisie à l'humeur dévote du roi catholique.

Toutefois, par moments, il s'impatientait; le 10 avril 1770, il écrivit au marquis d'Ossun : « Chaque ordinaire, on nous mande de Rome que le pape travaille au bref *motu proprio.* C'est une vraie dérision que cette espérance prolongée de semaine en semaine pour un bref qui, plus il sera concis, meilleur il sera et dont le canevas est déjà convenu entre les deux Cours... Tout ce que je vous mande, monsieur, à cet égard, est dicté par la crainte assez fondée que j'ai que l'Espagne ne se laisse amuser par la Cour de Rome. Je vous avoue que tout ce qui me revient de Rome ressemble beaucoup à cette tournure. Si le roi d'Espagne en est d'accord, je n'ai plus rien à dire; si au contraire Sa Majesté catholique persiste dans son sentiment sur l'extinction de la Société, je dois la prévenir qu'il me paraît peu décent que deux aussi grandes Cours que la sienne et celle de France soient jouées par la Cour de Rome[2]. »

1. Il appartenait au Tiers-Ordre.

2. Lettre du duc de Choiseul au marquis d'Ossun, 10 avril 1770. Aff. étr. Espagne, DLIX, f° 355.

Là encore, il montrait son impatience d'« éteindre » la Compagnie. Auprès du cardinal de Bernis, il blâmait la méthode suivie : « Le projet de l'extinction absolue et totale de la Société doit suivre la démarche du bref *motu proprio*. Il aurait été plus simple qu'il la précédât »[1]. Il finissait même par s'inquiéter si fort que dans un moment de découragement, il adressa au cardinal de Bernis cette dépêche, moins ampoulée, mais plus sincère, où perçait l'anxiété. « Il y a longtemps que je crois m'apercevoir qu'il y a une correspondance établie dont on nous fait mystère entre le pape et le roi d'Espagne concernant l'affaire des Jésuites. La conscience timorée de Sa Majesté catholique lui a fait désirer, pour la tranquilliser sur l'expulsion de ces religieux le bref *motu proprio* dont elle n'avait assurément pas besoin comme souverain; mais cet acte approbatif de tout ce qui s'est fait en Espagne contre la Société étant une fois expédié, Sa Sainteté ne sera plus pressée sur l'abolition absolue et on lui laissera tout le temps d'y réfléchir à son aise et peut-être la liberté de laisser les choses à cet égard sur le pied où elles sont. Quoi qu'il en soit, le roi persiste dans la résolution de s'en rapporter entièrement au sentiment du Roi son cousin[2]. » Que pouvait en effet, le duc de Choiseul de plus ? A cette époque, miné de tous côtés, battu en brèche auprès du Roi, il se maintenait difficilement et ne songeait plus, comme trois ans plus tôt, à conduire une intrigue, qui, découverte, lui aurait infailliblement coûté sa place.

Certes, le duc de Choiseul n'était pas au bout de ses peines. A plusieurs reprises, il avait promis au cardinal de Bernis de passer sous silence, dans sa correspondance avec l'Espagne, les soupçons du prélat contre la Cour de Madrid. Cependant, comme, le 1er août, le cardinal se plaignit avec plus de force que jamais des intrigues du pape et du confesseur de Charles III, le ministre français, soit pour compromettre son ambassadeur à Rome, soit plutôt pour amener l'Espagne à s'expliquer d'une façon catégorique. donna lecture de la dépêche au comte de Fuentès. A son tour le marquis d'Ossun, interrogé par le Roi d'Espagne lui-même, ne trouva rien de mieux à faire que de commu-

1. Lettre du duc de Choiseul au cardinal de Bernis, 24 avril 1770. Aff. étr. Rome, DCCCLII, f° 51.

2 Lettre du duc de Choiseul au cardinal de Bernis, 29 mai 1770. Aff. étr. Rome, DCCCLII, f° 130.

niquer *in extenso* la même dépêche au ministère espagnol[1]. Il y eut alors à Madrid une explosion de colère contre le cardinal. On voulut le perdre sans retour dans l'esprit du duc de Choiseul. Pour y parvenir plus sûrement, le marquis de Grimaldi l'accusa de lier parti avec Mme du Barry et les ennemis du ministre. « Nous découvrîmes, écrivit-il au comte de Fuentès, qu'il vise ses idées à s'emparer d'abord des affaires de Rome et peut-être à l'avenir de toutes les affaires de la Monarchie en retournant au ministère. A cet effet, le cardinal a imaginé sans doute qu'il lui conviendrait de détruire la confiance qui règne entre nos deux cours et de discréditer le duc de Choiseul en discréditant le système que ce ministre tient si fort à cœur de soutenir dans la même union et confiance. Et nous croyons par conséquent que le dit cardinal aura bien quelqu'un avec qui s'entendre à la Cour de France à ce sujet, attendu la cabale qui a pour point d'appui Mme du Barry. Si, comme le roi se fixa d'abord dans cette idée, Sa Majesté s'eût laissé entrainer par son premier mouvement, elle aurait écrit au roi son cousin pour lui demander ouvertement de retirer les affaires de Rome d'entre les mains du cardinal de Bernis, en satisfaction des impostures offensantes dont ce cardinal est l'inventeur et celui qui les fait courir, ayant ajouté à l'imposture de la négociation secrète celle de dire que le ministère espagnol était fâché que la France soit réintégrée dans le Comtat d'Avignon, sans que je vous rapporte ici d'autres inventions du même cardinal, non moins ridicules et infondées. Mais Sa Majesté s'arrêta et pensa que ce serait compromettre le duc de Choiseul, qui nous avait confié la susdite dépêche. Elle réfléchit aussi que la passion du roi son cousin pour Mme Du Barry étant si vive, il pourrait arriver que Sa Majesté ne réussît pas dans sa demande, ce qui lui causerait un vrai regret qu'il faudrait bien témoigner et dont il pourrait résulter à la longue quelque froideur dans la correspondance et dans la confiance mutuelle avec laquelle les deux souverains cousins et intimes amis se sont traités jusqu'ici. Sa Majesté prit en conséquence le parti de m'ordonner de vous écrire ce que je croirais suffisant pour faire savoir au Roi son cousin qu'elle n'était nullement satisfaite dudit cardinal et qu'Elle serait très fâchée qu'il pût faire des progrès dans la confiance de Sa Majesté Très Chrétienne, et encore plus

1. Lettre du marquis d'Ossun au duc de Choiseul, 3 septembre 1770. Aff. étr. Espagne, DLX, fos 279 et sq.

qu'il pût retourner auprès de sa personne. Sa Majesté se réservera donc pour un cas plus urgent de demander formellement la séparation du cardinal. Si Sa Majesté très chrétienne a vu ma lettre ou si Votre Excellence fait en sorte qu'Elle la voie, il n'est pas possible qu'elle ne lui fasse une grande impression, voyant que le cardinal est déjà suspect au roi, non seulement pour ce qui regarde les affaires de Rome, mais aussi pour ce qui concerne le système général de l'union. Vous instruirez, Monsieur, de tout en toute confiance M. le duc de Choiseul, avec qui nous ne désirons que de procéder d'accord et pour la conservation duquel nous faisons tout ce qu'il y aura à faire. Nous croyons que ce ministre connaît le cardinal aussi bien ou mieux que nous, mais nous sentons aussi qu'en bonne politique il ne peut l'attaquer à découvert comme il le mériterait. Vous nous informerez, monsieur, de tout ce que vous sachiez et pensiez à ce sujet[1]. »

Le 21 octobre, le comte de Fuentès répondit très évasivement au sujet des « émules »[2] du duc de Choiseul. Il ne fit aucune allusion au rôle du cardinal. C'était donc qu'il n'avait rien trouvé

1. Lettre du marquis de Grimaldi au comte de Fuentès. Aff. étr. Espagne, DLX, f°s 406 et sq.

La copie à Paris ne porte pas de date et c'est simplement par comparaison avec la dépêche précédente du marquis d'Ossun que M. F. Masson lui a assigné la date du 3 septembre 1770, *o. c.*, p. 166.

Il est difficile de savoir ce qu'il y a de vrai dans ces affirmations. D'autre part, le cardinal de Bernis entretenait à ce moment une correspondance des plus affectueuses avec le duc de Choiseul ; après son renvoi, il ne craignit pas de lui écrire une lettre hardie (Voir M. F. Masson, *o. c.*, p. 172) ; d'un autre côté, on peut croire qu'il aurait vu avec plaisir la chute de celui qui l'avait supplanté. Cependant, divers indices tendent à faire croire que le cardinal de Bernis ne prit pas part à la cabale de la comtesse du Barry. Dans sa correspondance particulière avec le duc de Choiseul, il s'exprimait assez librement sur le compte des partisans de la favorite (Voir M. F. Masson, *o. c.*, p. 170). De plus, le nonce pontifical, M. Giraud, comptait parmi les plus grands amis de Mme du Barry (M. F. Masson, *o. c.*, p. 123), et une inimitié très vive séparait le nonce et le cardinal (Voir lettre du cardinal de Bernis au duc de Choiseul, 14 février 1770. Aff. étr. Rome, DCCCLI, f° 149). Enfin, le cardinal de Bernis entretenait, on l'a vu, une correspondance très active avec Mme Adélaïde. Il se trouvait en quelque sorte dans sa clientèle, et Mme Adélaïde, bien qu'ennemie du duc de Choiseul, le soutint avec énergie contre la cabale dirigée par la favorite (M. P. de Nolhac, *Marie-Antoinette Dauphine*, p. 150).

Il paraît donc téméraire, sur cette seule assertion du marquis de Grimaldi formulée sans aucunes preuves (il n'y en a pas trace dans la correspondance de Simancas, leg. 4574), d'accuser le cardinal de Bernis d'intrigues avec la comtesse du Barry.

2. Lettre du comte de Fuentès au marquis de Grimaldi, 21 octobre 1770. Simancas, leg. 4574, n° 624.

à en dire. Le ministre français se borna le 18 septembre à accuser réception et à mander qu'il transmettait au cardinal de Bernis les assurances du roi d'Espagne[1]. Il se vit d'ailleurs dans la nécessité de justifier son indiscrétion auprès du cardinal, auquel l'ambassadeur espagnol, D. Thomas Azpuru, ne cacha pas son mécontentement. Le duc déclara même avec une certaine hardiesse : « Il ne m'est rien revenu à cet égard qui puisse me faire juger que ce prince ait conçu le plus léger ombrage sur les intentions et les vues de Votre Eminence[2]. »

D'ailleurs, d'autre questions plus pressantes l'absorbaient. La guerre avec l'Angleterre était sur le point d'éclater. Après avoir, à l'origine, alors que personne n'y songeait encore, ni à Paris, ni à Madrid, ni à Naples, ni à Rome, poussé de toutes ses forces à la suppression de la Compagnie de Jésus; après avoir, par ses instances et son importunité, forcé les cours de la maison de Bourbon à une démarche décisive, il laissa l'affaire suivre son cours, certain désormais du succès. Sans doute, il quitta le ministère avant d'avoir vu aboutir son projet, mais ses espérances ne furent pas trompées. Le 21 juillet 1773, le bref *Dominus ac Redemptor* supprima la Compagnie de Jésus et, cette destruction, on peut dire que le duc de Choiseul l'avait le premier conçue[3], qu'il en était le véritable auteur.

1. Lettre du duc de Choiseul au marquis d'Ossun, 18 septembre 1770. Aff. étr. Espagne, DLX, f° 353.

2. Lettre du duc de Choiseul au cardinal de Bernis, 22 octobre 1770. Aff. étr. Rome, DCCCLIII, f° 322.

Dans une lettre particulière qui n'a pas été publiée et qui se trouve sans doute dans les archives de la famille, le duc de Choiseul gronda même assez fortement le cardinal de sa susceptibilité. On peut le conjecturer par une lettre du cardinal du 7 novembre 1770. Aff. étr. Rome, DCCCLIII, f° 345.

3. On trouve bien dans un plan formulé dès 1760 par le marquis de Tanucci un avis à peu près semblable. Mais ce n'était qu'un programme général sans application pratique; le duc de Choiseul, le premier, forma un plan de suppression.

CHAPITRE VI

L'AFFAIRE DES ILES MALOUINES ET LA CHUTE DU DUC DE CHOISEUL

Au milieu de l'année 1770, la situation du duc de Choiseul était particulièrement menacée. Jamais il n'avait joui d'un pouvoir incontesté. Parvenu par l'intrigue, toujours il dut se débattre contre l'intrigue. Sa faveur lui suscitait de multiples envieux, sa hauteur et son insolence lui créaient de nombreux ennemis. Sa politique avait mis à peu près tout le monde contre lui. L'expulsion des Jésuites, en 1762, lui avait entièrement aliéné le parti dévot, déjà son ennemi; son alliance avec les Parlements, ses liaisons avec les philosophes, inquiétaient les fermes défenseurs des prérogatives royales; l'alliance autrichienne scandalisait tous les diplomates de la vieille école. Au reste, il ne faisait rien, bien au contraire, pour désarmer ses adversaires; trop dédaigneux de ses rivaux, il ne voyait pas la portée de leurs entreprises; il se croyait sûr de son crédit auprès du roi et, dans sa superbe confiance, donnait tête baissée dans tous les pièges qu'on lui tendait, quitte à s'en tirer avec une désinvolture égale à son imprévoyance.

En 1760, sa querelle avec le Dauphin, au sujet des Jésuites[1], faillit compromettre sa fortune politique. La mort de la marquise de Pompadour, le 15 mars 1764, le priva de son plus ferme soutien. Sans doute, la mort du Dauphin, le 20 décembre 1765, le délivra d'un redoutable ennemi. Alors il entreprit d'accaparer la faveur du monarque et veilla jalousement à ce qu'aucune autre influence ne vînt contrebalancer la sienne. Il voulut se rendre maître du cœur, des passions du roi. Il ne convenait pas au

1. Voir plus haut, p. 107.

ministre de se poser en défenseur de la morale et il n'eut jamais pareille prétention. Mais il ne tolérait pas d'action étrangère à la sienne. Il ne voyait pas pourquoi, lui présent, Louis XV avait besoin d'une favorite, il entendait être le favori. Aussi se mit-il résolument en travers de toutes les nouvelles affections du Roi, au risque de donner ainsi à ses ennemis un avantage sérieux.

A partir de ce moment, sa situation ne parut plus jamais pleinement assurée[1]. En décembre 1765, il s'y prit de la façon la plus brutale pour empêcher Mme d'Esparbès de succéder à la marquise de Pompadour. Il parvint à son but, mais l'affaire fit scandale et le ministre fut un moment sur le point de se croire disgrâcié. Il songea alors à tirer parti de la situation pour abattre ses ennemis et, dans le mémoire justificatif qu'il composa à cette occasion[2], où il exposait à grands traits ses principes politiques, les efforts faits, les résultats acquis, il entreprit, pour se défendre, de démasquer et d'attaquer ses adversaires : « En entrant dans le ministère de Votre Majesté, je lui protestai, et avec vérité, que l'emploi qu'Elle me forçait d'accepter était très étranger à mon éducation, au genre de vie que j'avais mené et au goût que mon caractère et mes passions m'inspiraient. Je représentai alors que j'avais pu gêner ma liberté pour mettre à profit quelques talents dans les ambassades, mais que j'aurais bien de la peine à l'asservir aux sérieuses et continues occupations d'un ministère.... On dira peut-être à Votre Majesté que je suis dissipé, léger, que je ne travaille pas; que je n'ai pas assez de dévotion; d'autres diront plus, que je n'ai pas de religion. Je sais que Mme d'Esparbès et quelques autres ont écrit contre moi à Votre Majesté; je ne doute pas qu'elle ne permette que l'on lui écrive contre ses ministres. Elle fait même plus, elle autorise cette espèce de délation, humiliante pour les gens d'honneur qui la servent et très pernicieuse pour le bien de son service. Quand Votre Majesté m'a choisi pour entrer dans le ministère, je lui ai promis que j'emploierais le peu d'esprit, de ressources qui étaient en moi et toute ma fidélité à son service, mais je ne lui ai pas promis que j'abandonnerais le goût que j'ai pour le plaisir, ni

1. Au milieu de 1765, l'abbé Beliardi lui écrivit : « M. de Grimaldi m'a avoué que si vous ni lui ne pouviez pas vous reposer tellement sur votre crédit que vous ne dussiez craindre à tout moment de vous le voir enlever par le parti qui voulait la paix à quelque prix que ce fût ». Lettre de l'abbé Beliardi au duc de Choiseul, 1er juillet 1765. Aff. étr. Espagne, DXLIII, f° 161.

2. Voir plus haut, p. 80 et p. 108.

que je serais sans défauts... Malheureusement pour moi, Sire, je ne suis point long à réfléchir et suis très prompt à exécuter, ce qui me donne le démérite, devant les gens pesants, d'être léger. Je ne puis pas être autrement. Je ne mets point de légèreté dans mes principes et dans l'honnêteté que je professe : dans mes formes, il peut y en avoir. Je ne suis dissipé que quand je n'ai rien à faire; c'est l'affaire de ma santé et de ma force; il me semble que jamais mes plaisirs n'ont retardé mes devoirs, je ne mêle point l'un avec l'autre ; j'ai simplement et naturellement l'attention que la dissipation ne nuise point aux devoirs. On ne peut pas dire sérieusement que je ne travaille pas. J'emploie huit heures par jour à mes départements ; le travail des Affaires étrangères, tant que je les ai eues, est presque tout de ma main dans le bureau... Si je travaillais davantage, je m'appesantirais et je travaillerais mal. Enfin, le grand reproche tombe sur ma religion. Il est difficile de m'attaquer positivement en cette matière sérieuse, car je n'en parle jamais. Mais, dans la forme, j'observe exactement les décences et, dans les affaires, j'ai pour principes le soutien de la religion... Votre Majesté n'a de confiance que pour le détail des places en ceux qui en sont chargés. Elle n'en a pas dans leur personne... La méfiance de Votre Majesté provient des délations qu'Elle laisse approcher d'Elle. De bonne foi, Sire, pouvez-vous croire qu'un maréchal de Richelieu, une d'Esparbès, un Bertin, un d'Amécourt, un vieil abbé de Broglie soient des sujets dont les opinions puissent altérer la confiance que vos ministres méritent? N'est-ce pas à vous seul à juger de nos travaux ? Vous êtes on ne peut pas plus capable d'en juger. Mais quand nous savons que ces espèces méprisables ont la liberté de vous écrire sur nous, le dégoût s'empare de nos esprits; vous n'avez plus de confiance en nous et de même nous n'en avons plus en vos bontés et en votre estime ; nos âmes sont flétries, l'activité se perd ; chacun songe aux moyens de se retirer d'un emploi vilipendé et mesuré par des intrigants ; votre service souffre ; l'honneur est attaqué en vous servant, Sire, et n'est pas vengé par Votre Majesté ; de là l'on croit tous les rapports que l'on vient faire chaque jour ; vous ne recevez pas une lettre, que l'on ne vous la rapporte comme un libelle diffamatoire contre vos ministres; l'abbé de Broglie lit les minutes des siennes à qui veut les entendre; Mme d'Esparbès se donne pour être votre maîtresse dans Paris et se déchaîne contre moi et contre ma famille dans les termes les plus odieux ; la considération du ministère qui n'est autre que la vôtre est anéantie dans la capitale ; sa chute se fait sentir dans les provinces ; à la Cour, une Mme de Marsan, aussi dangereuse que folle, fronde toutes les opérations du ministère, sans être réprimée. Tout le monde, Sire, se croit en droit de dire du mal de vos ministres et de les critiquer, parce que tout le monde sait que vous permettez au rebut de Votre Royaume de vous en écrire encore plus de mal que l'on ne se hasarde à en dire [1]. »

L'incident n'eut pas de suite et le duc de Choiseul retrouva sa faveur, mais la leçon ne lui servit pas d'avertissement. Trois ans après, il se compromit dans une affaire toute semblable avec la comtesse du Barry. Vers juillet 1768, le roi s'éprit de Jeanne Vaubernier, femme du sieur du Barry. La nouvelle maîtresse n'était pas hostile au duc de Choiseul et pensait au contraire qu'elle aurait tout avantage à se concilier les bonnes grâces d'un ministre aussi puissant. Elle rechercha donc son appui et multiplia les avances.

Mais l'animosité du duc de Choiseul envers les favorites se trouvait encore accrue par un fait personnel. Sa sœur, la duchesse de Grammont, visait à prendre dans le cœur du roi la place laissée vacante par la mort de Mme de Pompadour et ne pardonnait pas d'être supplantée par Mme du Barry. Aussi le ministre ne tarda pas à éclater, au grand désespoir des représentants étrangers, surtout ceux d'Autriche et d'Espagne intéressés à son maintien. « La tournure sérieuse de cette aventure, écrivit le 1er novembre 1768 le comte de Mercy-Argenteau, ambassadeur impérial, au chancelier prince de Kaunitz, me détermina enfin à en parler à l'ambassadeur d'Espagne qui n'en était qu'imparfaitement instruit. Nous convînmes qu'il s'en expliquerait avec M. de Choiseul et il s'en acquitta tout de suite ; mais, à notre très grand étonnement, le ministre parut ou voulut paraître ignorer une grande partie des circonstances de cette intrigue et M. de Fuentès eut assez de peine à l'en persuader ; il représenta à M. de Choiseul tout ce qu'un pareil éclat avait d'intéressant pour la personne du roi ; il entra en détail sur toutes les fâcheuses conséquences qui résulteraient du rétablissement d'une maîtresse en titre ; enfin, il parvint à fixer l'attention de M. de Choiseul sur cet objet et ils délibérèrent sur les moyens de prévenir ce danger. M. de Fuentès proposa de concerter une lettre

1. Mémoire justificatif de 1765. *Mémoires du duc de Choiseul*, p. 382-414.

qu'il écrirait à sa cour et qui, étant interceptée, viendrait à la connaissance du roi très chrétien ; cet expédient a été adopté et sera mis en œuvre. Indépendamment de cela, M. de Choiseul est résolu à saisir le moment de parler au roi sur sa nouvelle maîtresse. » Et, en post-scriptum : « Après ma lettre écrite, j'ai eu une longue conférence avec M. le duc de Choiseul, et notre conversation a pris une tournure si favorable, que j'ai fini par lui parler de Mme du Barry... Il s'est livré ensuite à me parler à cœur ouvert de cette intrigue, dont je vois qu'il est maintenant très occupé ; il m'a prié même de lui communiquer tout ce que j'en apprendrai dans la suite, sans cependant me confier les mesures qu'il se propose de prendre et que je sais par l'Ambassadeur d'Espagne.

Je me suis entendu avec ce dernier pour que nous agissions de concert, sans que M. de Choiseul puisse le remarquer[1]. »

Ainsi c'était avec les ambassadeurs étrangers que le duc de Choiseul intriguait pour perdre la comtesse du Barry ; c'était eux qu'il admettait dans son intimité et honorait de ses confidences.

Si ses adversaires l'avaient su, ils tenaient là un beau prétexte de le dénoncer comme un agent de l'Autriche et de l'Espagne. Mais à ce moment un parti ne s'était pas encore constitué autour de la nouvelle favorite.

Et, puis, toutes ces négociations paraissaient trop longues à son esprit impatient. Il perdit la tête, s'imagina qu'il triompherait aussi facilement que de Mme d'Esparbès, entama une guerre de pamphlets, voulut rompre en visière au Roi. On eut toutes les peines du monde à le calmer :

« Il s'en est peu fallu, écrivit le 9 décembre le comte de Mercy, qu'un moment de vivacité n'ait porté ce ministre à faire un éclat qui aurait tout gâté. L'ambassadeur d'Espagne a le plus contribué à le retenir et Mme de Grammont est entièrement de notre avis sur les représentations que nous avons faites à son frère.... J'ai prié M. de Choiseul de ne point se mêler à ces propos (les pamphlets) et mon avis a été fortement appuyé par sa sœur et par M. de Fuentès[2]. »

De son côté, l'ambassadeur espagnol en référait à sa cour : le

1. Lettre particulière du comte de Mercy au prince de Kaunitz, 1er novembre 1768, tome II, p. 341.

2. Lettre particulière du comte de Mercy au prince de Kaunitz, 9 décembre 1768, tome II, p. 346.

marquis de Grimaldi s'alarma, demanda des éclaircissements déclara que, si les intrigues prenaient consistance, il faudrait l'en avertir, afin que le roi d'Espagne prît ses précautions [1].

Il y eut un moment d'accalmie. Le 29 décembre le comte de Mercy mandait : « J'ai trouvé M. de Choiseul beaucoup plus tranquille sur le chapitre de Mme du Barry, sans qu'à mon avis il en ait des motifs très fondés [2]. »

Mais cette trêve ne dura guère ; mis au courant des inquiétudes du marquis de Grimaldi, Choiseul éprouva le besoin de s'expliquer avec lui à cœur ouvert et s'enfonça de plus en plus dans les intrigues secrètes qu'il nouait avec les représentants et les ministres étrangers. Dans une lettre particulière au secrétaire d'État espagnol, il lui parla de la comtesse du Barry.

Sa confiance l'égarait : il se croyait encore pour longtemps le maître de la situation. C'est ce qui résulte de la lettre d'envoi au marquis d'Ossun : « Je vous adresse en même temps à cachet volant ma lettre au marquis de Grimaldi ; elle vous servira d'instructions particulières et vous instruira de la politique générale et actuelle de la France. Vous ne ferez pas semblant vis-à-vis le ministre d'Espagne d'avoir connaissance de cette lettre ; il y a un article délicat sur lequel je ne me suis permis d'écrire à M. de Grimaldi que parce que, à propos de cet objet, j'ai vu une lettre de ce ministre à M. Fuentès, où il dit que si cette femme demeurait à la cour et que les intrigues prissent consistance, il faudrait l'en prévenir, afin que le roi d'Espagne prît ses précautions. Au surplus, je mande la vérité à M. de Grimaldi et dans tous les cas, l'alliance doit faire beaucoup plus de fonds sur les sentiments du roi pour le roi son cousin que sur mon opinion particulière et sur ma position ; je ne suis qu'un instrument très médiocre d'un sentiment très bon et qui est invariable. D'ailleurs il n'est point question de changement dans ce moment-ci ; sans fatuité, je crois pouvoir dire que d'ici à longtemps, il n'en sera pas question tant que je ne voudrai pas, et, si à présent je le

1. C'est ce qui résulte de la lettre particulière du duc de Choiseul au marquis d'Ossun du 13 janvier suivant

Cette lettre du marquis de Grimaldi a malheureusement disparu, ainsi que toute sa correspondance avec l'ambassadeur de France en décembre 1768. Simancas, leg. 4566.

2. Lettre particulière du comte de Mercy au prince de Kaunitz, 29 décembre 1768, tome II, p. 349.

voulais, relativement à moi, il serait difficile surtout quant à la forme[1]. »

L'ambassadeur français, un peu étonné et effrayé de la confidence, soucieux avant tout de ne pas se compromettre, répondit avec la plus grande réserve et se borna presque entièrement à des généralités : « J'ai remarqué, monsieur..., l'histoire de Mme du Barry... Je regarderais (ce point) comme singulièrement funeste, s'il venait jamais à vous dégoûter du ministère. Votre génie, vos talents supérieurs... rendent votre ministère respectable à nos ennemis et cher à nos amis. » Et, après une longue suite d'éloges hyperboliques : « Il ne m'appartient pas, monsieur, de parler sur les goûts du roi mon maître, et je ne me permettrai à cet égard qu'une seule comparaison. Henri IV a été un des plus grands rois de notre monarchie et M. de Sully un des plus grands ministres. L'histoire nous apprend que ce grand roi fut extrêmement galant et que son ministre, austère, sans approuver ce penchant, sut le tolérer ; il s'expliquait cordialement avec son grand et bon maître lorsque la force des intrigues faisait naître quelque petit nuage. Ce sont, si j'ose le dire, des exemples assez remarquables pour être imités[2]. »

A ce moment, l'affaire avait repris une nouvelle gravité. Le duc de Choiseul croyait Mme du Barry sur le point d'être présentée officiellement à la cour. « Ce ministre s'était tellement échauffé la tête, rapportait le comte de Mercy, que nous avons eu bien de la peine, M. de Fuentès et moi, de l'arrêter sur les démarches inadmissibles et violentes auxquelles il paraissait déterminé[3]. » La situation devenait de plus en plus délicate. Brutalement repoussée par le duc de Choiseul, Mme du Barry s'était retournée vers ses ennemis. Elle les groupa, les unit, leur permit de se compter sur son nom. Elle recruta des alliés, même dans le ministère. M. de Maupeou, chancelier depuis le 16 septembre 1768, se posant en ennemi juré de son collègue, se déclara l'allié de Mme du Barry.

1. Lettre particulière du duc de Choiseul au marquis d'Ossun, 13 janvier 1769. Aff. étr. France, Mém. et Doc., DLXXV, f° 68.

La confiance que le duc de Choiseul témoigna au marquis d'Ossun en cette occasion rend bien peu vraisemblable l'hypothèse d'une correspondance entreprise à son insu par l'abbé Beliardi avec la cour d'Espagne, v. plus haut, p. 47.

2. Lettre du marquis d'Ossun au duc de Choiseul, 23 janvier 1769. Aff. étr. Espagne, DLVI, f° 53.

3. Lettre particulière du comte de Mercy au prince de Kaunitz, 24 janvier 1769, t. II, p. 352.

A la fin de janvier 1769, la cabale se trouvait constituée, un peu à la hâte, et guerroyait contre le duc de Choiseul. Le 4 février le comte de Mercy pouvait dire : « Cette crise ne tardera pas longtemps à se décider; elle est certainement très menaçante pour M. de Choiseul[1]. » Cependant, le ministre triompha : il fit ajourner la présentation. La coalition s'était organisée trop tardivement et Mme du Barry n'avait pas encore assez d'empire sur le cœur du monarque. De plus, Louis XV hésitait à se séparer de son ministre au moment où la mort imminente du pape Clément XIII rendait plus que jamais nécessaire un concert étroit entre la France et l'Espagne.

La première entreprise de Mme du Barry contre le duc de Choiseul aboutit donc à un échec complet. Trois jours après les remarques inquiètes de l'ambassadeur impérial, le ministre français écrivait au marquis d'Ossun une lettre où il paraissait plus maître du terrain : « Quant à Mme du Barry, vous sentez bien, Monsieur, que, dans l'éclat qu'a fait cette aventure, je n'ai pas songé à moi; je ne suis rien vis-à-vis de la gloire du roi et de l'intérêt de ses affaires; je sacrifie sans peine mon personnel et ma situation, qui, toute constante qu'elle paraît, est contraire à mes goûts, à mes plaisirs. Au surplus, ne craignez pas que je manque de courage; je ne manquerai pas d'honneur, à ce que j'espère, mais je soutiendrai le fardeau et ses inconvénients tant que je me croirai utile au roi mon bienfaiteur[2]. » Le 14 mars, le comte de Mercy pouvait écrire : « La cabale de Mme du Barry a depuis visiblement du dessous. M. de Vauguyon, qui en est le chef, se trouve couvert d'ignominie; M. de Choiseul marche tête levée et est fort bien traité par le roi[3]. »

Seulement, Mme du Barry préparait sa revanche. Elle avait juré la perte du ministre, et tous les moyens lui étaient bons pour parvenir à ses fins. Presque tout l'ancien parti du Dauphin, le parti dévot, s'était reformé autour d'elle. Dans les conversations particulières, dans les tête-à-tête journaliers avec le roi, elle lui dépeignait son conseiller sous les couleurs les plus sombres. A sa parole venaient se joindre des voix plus autorisées. Le maréchal de Richelieu

1. Lettre particulière du comte de Mercy au prince de Kaunitz, 4 février 1769, t. II, p. 354.

2. Lettre particulière du duc de Choiseul au marquis d'Ossun, 7 février 1769. Aff. étr. France, Mém. et Doc., DLXXV, f° 71.

3. Lettre particulière du comte de Mercy au prince de Kaunitz, 14 mars 1769, tome II, p. 356.

attaquait la conduite du duc de Choiseul. Le chancelier de Maupeou dénonçait ses relations avec les parlementaires, lui faisait grief de sa gestion financière, le comte de Broglie critiquait sa politique étrangère. Les récits contemporains laissent deviner ces entretiens plutôt qu'ils ne les racontent, et la plus grande partie des intrigues tentées contre le duc de Choiseul est à jamais perdue pour l'histoire.

Deux documents précis permettent seulement de se rendre compte des propos tenus et des procédés employés, le mémoire de Favier et la correspondance secrète du comte de Broglie. Favier reste un des plus complets représentants de ce monde interlope qui encombrait alors toutes les chancelleries. Né à Toulouse, vers 1710[1], il vint à Paris après avoir tâté de différents métiers, et, criblé de dettes, menant une vie désordonnée, entra dans la diplomatie. Il prit rang parmi les multiples agents de second ordre que le gouvernement employait à des besognes plus ou moins avouables. Il se constitua un système politique et figura au nombre des défenseurs les plus zélés des vieilles méthodes diplomatiques, des ennemis de la maison d'Autriche. Après de multiples aventures au service du marquis d'Argenson et de M. de la Chétardie, le duc de Choiseul l'utilisa dans plusieurs négociations, puis le congédia brusquement et le traita avec la dernière arrogance. L'opposition des principes entre eux se doubla ainsi d'une rancune personnelle. Retiré en Hollande, puis à Bruxelles, Favier vécut d'expédients.

Un émissaire de Mme du Barry[2] vint le trouver à Gand en mars 1769 et lui demanda de fournir aux conjurés, contre le duc de Choiseul, un vaste recueil d'arguments où ils pourraient puiser à leur gré. L'envoyé obtint sans grande peine ce qu'il désirait et reçut un venimeux pamphlet où l'auteur semblait avoir pris plaisir à entasser tous les griefs qui l'animaient contre le ministre. Rien n'échappait à son œil exercé[3] : « Entré au ministère au mois de

1. Voir la biographie qu'a faite de lui M. J. Flammermont, *Rev. de la Révolution française*, 1899, p. 161 et suiv.

2. Voir M. Claude Saint-André, *Madame du Barry*, p. 117.

3. Une copie se trouve au ministère des Affaires étrangères, Mém. et Doc. France, DLXXXI, f° 131 et sq. Le manuscrit se compose de deux parties : d'une part le texte même du mémoire, tel qu'il fut composé à l'origine, et, en marge des additions très intéressantes, mais postérieures à la chute du duc de Choiseul. Le travail porte comme titre : *Précis de faits* (et, d'une autre encre, en surcharge : *de M. Favier, par ordre de Mme du Barry*) *sur l'administration de M. de Choiseul.*

Le texte a été publié avec soin par M. J. Flammermont dans la *Revue de la Révo-*

décembre 1758, M. le duc de Choiseul se fit deux systèmes, l'un pour les affaires étrangères, l'autre pour l'intérieur qu'il se proposait de gouverner également. Dans ces deux plans, il n'eut pour objet, ni la gloire du roi, ni la tranquillité, ni le bonheur personnel de Sa Majesté, pas même ses propres lumières et sa conviction intime, ni son honneur et sa réputation comme ministre, mais uniquement son intérêt particulier et son ambition démesurée. Il en résulterait l'ensemble *du vrai système de la France* toujours altérée, affaiblie, souvent subordonnée et sacrifiée aux intérêts personnels et momentanés de ces messieurs... et au parti qu'ils en pouvaient tirer pour leurs vues particulières. » Son plan, à l'extérieur, c'était la soumission aveugle à la cour de Vienne; à l'intérieur, l'asservissement de l'autorité royale à la magistrature. Le traité du 30 décembre 1758 devenait pour Favier une « renonciation à tous les avantages que les traités précédents de M. l'abbé de Bernis avaient stipulés ». La négociation en vue de la paix avec l'Angleterre au milieu de 1761, le duc de Choiseul l'avait faite avec le dessein formé de la faire échouer par la demande indiscrète qu'il fit d'y mêler quelques prétentions de l'Espagne, démarche qu'il savait bien devoir effaroucher l'orgueil de M. Pitt et entraîner une rupture entre l'Espagne et l'Angleterre. »

Mais, l'alliance espagnole surtout excitait les critiques du pamphlétaire. M. de Choiseul ne pouvait alléguer l'ignorance; il était parfaitement instruit de l'état misérable de l'Espagne : « Il négociait en même temps le *Pacte de famille*... ce fameux traité si funeste aux deux couronnes... Il sacrifia à cet indigne objet (son intérêt personnel), la gloire de son roi, l'honneur de la couronne, en accordant l'égalité à celle d'Espagne, égalité toujours refusée par les prédécesseurs de Sa Majesté... Enivré de ce succès, car c'en était un pour lui que de rompre, et de la conclusion du Pacte de famille, il s'érigea en charlatan politique, militaire et marin ; il fit le prophète et l'enthousiaste, et, comme s'il avait suffi de menacer l'Angleterre pour la subjuguer... il ne parla plus que d'invasions et de descentes en Angleterre. »

Le résultat, ce furent le traité de Paris, la perte de la Louisiane, celle de la Grenade et de la Grenadine : « Calculez le bénéfice du Pacte de famille... La même méthode de se maintenir sur

lution française, 1899, p. 411 et sq. C'est pourquoi je n'ai pas cru devoir le donner ici en appendice.

place par l'appui des cours étrangères... a été adoptée par M. de Choiseul relativement à l'Espagne. Depuis le Pacte de famille, ces messieurs ont fait cause commune avec le ministère espagnol et toute leur intrigue a été employée de concert pour faire illusion aux deux rois sur les suites funestes de ce malheureux traité... Sûrs à présent dans tous les cas de l'appui du roi catholique, ils font servir les liens du sang, l'amitié, l'estime réciproque des deux souverains à leur propre fortune, très indifférents d'ailleurs sur le sort des deux royaumes. Il ne faut pas douter qu'ils n'obtiennent aussi dans le moments critiques pour eux l'intervention la plus favorable de la cour de Madrid. »

Les autres procédés politiques de Choiseul n'étaient pas moins sévèrement condamnés. Il avait acquis la Corse « île ruineuse et inutile » ; il avait envoyé à Cayenne une expédition vouée à l'échec le plus lamentable. Il intriguait à l'intérieur, excitait les affaires des Parlements, profitait des troubles de Bretagne, cabalait avec les princes du sang. Tel était en somme l'homme qui n'avait pas « craint de déplaire au roi en se mêlant de choses qui ne regardent que son personnel et sa vie privée, et cela, uniquement à la prière de ces messieurs qui croyaient avoir intérêt à faire les censeurs de la morale pour la première fois de leur vie ».

Le ministre devenait donc un danger pour le roi, qui se trouvait menacé dans son trône même : « M. de Praslin, toujours avide et insatiable, ne rougit de rien, se fait donner tout ce qu'il peut, et, ce qu'on ne lui donne pas, il le prend. Heureux le roi, heureux l'Etat si M. de Choiseul était aussi facile à contenter! Toutes ses démarches, ses liaisons et ses intrigues n'annoncent que trop un but plus élevé, un plan plus vaste et plus dangereux ; mais quelque ardente que soit l'ambition de ce nouveau *Pépin,* il n'avance que par degrés vers le but qu'ont eu autrefois les auteurs et les chefs de la Ligue et des Barricades. S'il n'obtient pas le titre de *Maire du Palais,* il n'espère pas moins d'en réunir tout le pouvoir ; déjà il en possède la plus grande partie. Il ne tient pas d'envie que la France, l'Europe ne regardent le roi de France comme un nouveau Childéric. Il ne parviendra pas à établir cette opinion ; le juste châtiment de tant d'audace et d'ingratitude rendra au roi tout l'éclat de sa gloire et de ses vertus. Enfin, la chute de M. de Choiseul (comme celle de Rufin, ce tyran de l'Orient sous l'empereur Arcadius) *justifiera la Providence.* »

Un tel pamphlet, par sa violence même, manquait le but qu'il se proposait d'atteindre. Mais on put retrouver ces mêmes attaques, ces mêmes insinuations dans la correspondance secrète du comte de Broglie, d'autant plus insidieuses qu'elles revêtaient une forme plus modérée. Par les origines, les sentiments, les intérêts, le comte de Broglie était tout l'opposé du duc de Choiseul. Issu d'une famille ancienne, où le dévouement à la religion et à la royauté faisaient partie du patrimoine héréditaire, il portait peu de sympathie au nouveau venu de la Lorraine. Homme de principes et de tenue, la conduite et les procédés du duc de Choiseul effarouchaient son austère dignité; les sympathies du ministre pour les Parlementaires choquaient en lui les superbes dédains du gentilhomme pour les parvenus de la magistrature; ses sentiments religieux souffraient de la liaison avec les philosophes, de l'incrédulité qu'affichait le duc de Choiseul; il se trouvait profondément peiné par l'expulsion des Jésuites; son patriotisme, nourri dans les doctrines traditionnalistes de la diplomatie française, s'indignait enfin de voir sacrifier à une politique aventureuse ce qu'il considérait comme les véritables intérêts du royaume.

Et puis, entre les deux hommes intervenaient des questions personnelles; dès leurs débuts dans la carrière, leurs ambitions s'étaient trouvées aux prises. En 1757, le comte de Broglie convoitait l'ambassade de Vienne, donnée au comte de Stainville. Plus tard, nouvelle source de rivalités. Le comte de Broglie jouissait du précieux privilège d'entretenir une correspondance secrète avec le roi. A tout moment, il pouvait glisser au monarque des conseils dont lui seul prenait connaissance. Il se trouvait en état de contrarier l'influence des ministres. Sans doute le duc de Choiseul n'était pas au courant de ces pratiques, mais il les soupçonnait. Sa haine s'accroissait contre le dépositaire du secret royal. De son côté, le comte de Broglie se lassait de conduire dans l'ombre les ténébreuses intrigues du roi de France; il répugnait à poursuivre indéfiniment ce rôle de conspirateur sans gloire et sans objet; pour prix d'avoir contribué aux délassements de son souverain, il désirait la direction officielle des Affaires étrangères. Mais, cette place, le duc de Choiseul l'occupait et, pour s'en emparer, le comte de Broglie s'employait de tout son pouvoir à le renverser. Rien n'est curieux comme les efforts qu'il fit dans ce dessein pendant les quatre années qui précédèrent la chute du ministre.

Il s'y prit de la façon la plus adroite. Dans ses lettres, il se plaignait amèrement des soupçons que faisait peser sur lui Choiseul. Il détaillait avec soin toutes les marques de la mauvaise volonté que lui témoignait le ministre; il protestait de ses bonnes intentions; il rappelait adroitement qu'il devait tous ces mauvais traitements à son trop de zèle pour les intérêts du monarque. Il cherchait à piquer d'honneur le Roi, à lui montrer que sa gloire était intéressée à ne pas désavouer les instruments dont il se servait. La correspondance devint moins alors un exposé des négociations dont le soin revenait au comte de Broglie qu'un récit des griefs de la maison de Broglie contre le duc de Choiseul.

La perspicacité de Louis XV avait dès le début deviné les intentions du confident. Il laissait faire, s'amusait de ses efforts, feignait de ne rien entendre, ne répondait rien, à moins que, à la suite de quelque instance trop vive, il ne rappelât, en quelques mots secs, à son favori qu'il s'émancipait un peu trop. Comme, au milieu d'août 1768, le comte de Broglie reprenait une fois de plus ses éternelles plaintes sur « l'éloignement de M. le duc de Choiseul pour tout ce qui s'appelle Broglie[1] », et hasardait l'hypothèse que peut-être le ministre tenait du roi lui-même l'aveu de la correspondance secrète, Louis XV répondit : « Vous pouvez être très sûr qu'on vous a menti grossièrement ou que vous avez voulu me sonder[2]. » Ce fut au confident de s'excuser avec beaucoup d'humilité : « Je serais infiniment humilié si Votre Majesté pensait sérieusement que j'eusse la hardiesse de la vouloir sonder et que je fusse capable, pour y parvenir, de forger une histoire semblable[3]. »

Le comte reprit bientôt ses plaintes. Et même, avec plus de de hardiesse, il étendit insensiblement ses critiques à toute la politique du ministre. Il combattait fréquemment sa conduite dans les affaires d'Orient et de Pologne[4], rappelait soigneusement, sans d'ailleurs vouloir les improuver, les projets de revanche que le duc de Choiseul nourrissait contre l'Angleterre : « Il paraît que M. le duc de Choiseul, prévoit déjà le cas d'une rupture avec l'Angleterre; c'est une précaution bien placée[5]. » Il cherchait à

1. Lettre du comte de Broglie au roi, 18 août 1768. Aff. étr. France, Mém. et Doc., DXL, f° 74.

2. Lettre du roi au comte de Broglie, 28 août 1768. Arch. nat., K, 157, et éd. Boutaric, I, p. 405, n° 328.

3. Lettre du comte de Broglie au roi, 31 août 1768. Aff. étr. France, Mém. et Doc., DXL, f° 78.

4. Voir lettres du 7 juin 1768, *id.*, f° 51, du 17 juin, f° 54, du 25 janvier 1769, f° 92, du 20 avril 1769, f° 708.

5. Lettre du comte du Broglie au roi, 26 septembre 1768, *id.*, f° 85. Voir aussi la lettre du 15 août 1768, *id.*, f° 74.

s'ingérer dans les affaires de Corse : « Les affaires de Corse prennent, Sire, une tournure très sérieuse ; il serait possible que Votre Majesté désirât de voir les différents rapports sur les événements qui s'y passent et qui attirent l'attention publique ; si cela était, je pourrais mettre, si elle me l'ordonnait, ceux qui me parviennent sous ses yeux[1]. » Il risquait quelques paroles favorables au duc d'Aiguillon, gouverneur de Bretagne, en butte à l'hostilité du Parlement de Rennes et du duc de Choiseul : « Votre Majesté remarquera peut-être ce qu'à l'article de la défense de la Bretagne je dis des services rendus par M. le duc d'Aiguillon. J'aurais été, Sire, plus prolixe sur cet article en lui rendant la justice qu'il mérite, si je n'avais pas craint que cette apologie ne parût affectée. Je suis d'ailleurs persuadé que Votre Majesté en est suffisamment instruite, ce qui m'a déterminé à m'en dispenser[2]. » Un peu plus tard, il offrit de faire parvenir au roi un mémoire sur la réforme des abus et attaqua dans sa lettre, à mots couverts, ceux qui pouvaient les favoriser, c'est-à-dire les ministres : « J'ai l'honneur d'adresser ci-joint à Votre Majesté un troisième mémoire que m'a envoyé M. de Saint-Victor ; ce mémoire me paraît fait avec beaucoup d'intelligence et de réflexion et il serait bien à souhaiter qu'un objet de cette importance pût être examiné par ceux qui dirigent les opérations ; ce qu'il y a de fâcheux, c'est que tout ce que propose M. de Saint-Victor couperait la racine des abus au maintien desquels il n'y a que trop de gens intéressés et qui savent faire partager leurs intérêts à ceux qui pourraient les détruire. J'avoue, Sire, que je ne peux voir les désordres sans un vif chagrin et le plus grand regret de n'y voir mettre aucun obstacle ; tout ce qui est en moi, c'est de mettre les détails sous les yeux de Votre Majesté avec la plus exacte vérité[3] ».

Enfin, un jour de Broglie alla plus loin et se risqua à déclarer : « Je ne dois pas finir cette lettre, Sire, sans prendre la liberté de confier à Votre Majesté l'embarras où je me trouve ; averti comme je le suis de toutes parts et notamment par M. de Beauveau, que mon séjour à Compiègne... était regardé comme un

1. Lettre du comte de Broglie au roi, 18 août 1768, *id.*, f° 77. Voir lettre du 27 février 1769, f° 100.

2. Lettre du comte de Broglie au roi, 11 juin 1768. Aff. étr. France, Mém. et Doc., DXL, f° 52.

3. Lettre du comte de Broglie au roi, 22 août 1769. Aff. étr. France, Mém. et Doc., DXL, f° 119.

voyage d'intrigue et que M. le duc de Choiseul m'accusait, comme à l'ordinaire, d'être l'âme des cabales qu'il suppose se former contre lui, j'ai senti que je devais en éviter jusqu'au soupçon en retournant à Ruffec, et je me dispose en effet à partir d'ici samedi... je suis prêt à le faire ou à différer mon départ si Votre Majesté le juge nécessaire[1]. » L'invite était claire : le comte de Broglie voulait amener le roi à se prononcer entre lui et le duc de Choiseul. De plus, parler des accusations d'intrigue que formulait contre lui le ministre, c'était avouer qu'elles n'étaient pas dénuées de fondement. Cette fois encore, le comte de Broglie perdit sa peine ; il ne reçut pas de réponse, de réponse écrite tout au moins, et il dut se résigner à partir.

Mais le 6 juillet 1770, au plus fort de la lutte entre le duc de Choiseul et l'abbé Terray, il prit parti pour le contrôleur général. Il s'agissait de recommandations faites au chargé d'affaires à Amsterdam. « Votre Majesté permet que je lui observe que la sensation dont il rend compte et qu'il dit d'avoir été la suite des opérations de M. l'abbé Terray paraît selon ses propres rapports avoir été un peu prématurée, puisque l'effet s'en était manifesté avant que la nouvelle de la suspension ne fût arrivée à Amsterdam. Je n'ai pas voulu lui ajouter que cela devait faire soupçonner que cette sensation avait été mendiée par des courriers de ce pays-ci où sans doute elle avait été regardée comme un moyen de décrier le ministre des finances et de l'embarrasser, mais j'en dis assez au sieur abbé Duprat pour qu'il s'aperçoive qu'il pourrait être soupçonné de se prêter à de pareilles manœuvres et pour l'en détourner[2]. » Là s'arrêtèrent ses efforts, ceux du moins dont on peut trouver trace par la correspondance secrète.

Le 9 juillet 1770 le comte de Broglie repartit pour Ruffec et cessa pour un temps d'écrire directement au roi. Mais divers indices tendent à faire croire qu'il garda des relations très étroites avec la cabale. La lettre citée plus haut montre qu'au voyage de Compiègne, en août 1769, on l'accusait d'intrigues avec les ennemis du duc de Choiseul. Un peu plus tard, en mars 1770, il entra en relations avec la comtesse du Barry[3] ; en septembre,

1. Lettre du comte de Broglie au roi, 22 août 1769. Aff. étr. France, Mém. et Doc., DXL, f° 121.

2. Lettre du comte de Broglie au roi, 6 juillet 1770. Aff. étr. France, Mém. et Doc., DXL, f° 159.

3. Voir lettre du 20 mars 1770, *id.*, f° 146, et le duc de Broglie, *o. c.*, II, p. 330.

l'impératrice reine le désignait comme le successeur probable du duc de Choiseul[1]. Peut-être imagina-t-il la manœuvre qui détermina le renvoi du ministre[2]. En tous cas, la précipitation avec laquelle, quatre jours seulement après la chute du duc de Choiseul, le 28 décembre 1770, le comte arriva de Ruffec à Paris, prouve qu'on le tenait de très près au courant.

Et, cependant, contre les efforts répétés de la plus grande partie de la Cour, le roi soutint ferme et longtemps son conseiller. Il est surprenant de voir avec quelle énergie ce souverain qui, tant de fois, avait sacrifié ses instruments aux moindres caprices d'une favorite, sut, en faveur du duc de Choiseul, résister aux obsessions qui l'assiégeaient. Louis XV était trop intelligent pour méconnaître les services rendus par son ministre; il appréciait ses qualités. Peut-être, aussi, le duc de Choiseul, par son charme de causeur, par l'irrésistible attrait de sa conversation, avait-il subjugué l'esprit du monarque. Louis XV méprisait trop la Cour et ses intrigues pour ne pas apprécier à leur juste valeur les arguments qu'on entassait contre le secrétaire d'État des Affaires étrangères. Et, au fond, toute cette querelle l'ennuyait profondément : il aurait voulu faire vivre en paix côte à côte sa maîtresse et son favori. Plus d'une fois, il témoigna son mécontentement à l'une et à l'autre[3].

Cependant, la comtesse du Barry avait tout l'avantage. A la longue les insinuations, les objections qui venaient au Roi de toutes parts finissaient par l'ébranler. Le 22 avril 1769, Mme du Barry obtint les honneurs de la présentation officielle ; en août, elle fut du voyage de Compiègne. Alors, la situation du duc de Choiseul, quoique encore assurée, demeurait incertaine : « L'on ne peut disconvenir, constatait l'ambassadeur impérial, que dans les occasions M. de Choiseul ne se soit expliqué assez adroitement vis-à-vis de son maître, mais ses imprudences

1. Lettre particulière de l'impératrice-reine au comte de Mercy, 1er septembre 1770, II, p. 47.

2. C'est du moins ce que laisse entendre le duc de Broglie : « On retrouva dans l'incident qui provoqua la crise finale ce caractère de mystère et de diplomatie clandestine dans lequel, à tort ou à raison, on se plaisait à reconnaître la main du comte de Broglie », o. c., II, p. 334.

3. On raconte qu'un jour, Mme du Barry ayant, malgré le roi, mis la main sur des papiers qui concernaient la direction des affaires, il la prit par le bras et l'expulsa de son cabinet. D'autre part, en avril 1769, le roi aurait dit au duc de Choiseul : « Vous m'aviez promis que je n'entendrais plus parler de vous sur elle. » Voir Vatel, *o. c.*, I, p. 268.

dans les propos particuliers, la mauvaise tête de sa sœur et l'esprit un peu romanesque de sa femme sont autant d'écueils entre lesquels il est sans cesse en danger d'échouer. Cependant, l'appui du roi d'Espagne contrebalance ces inconvénients et pourra le soutenir encore longtemps[1]. »

Là-dessus le chancelier de Meaupeou prenait l'offensive. Il s'attachait à isoler le duc de Choiseul. En septembre 1768[2], le premier ministre avait fait remplacer au contrôle général M. de Laverdy par M. Mayon d'Invau qui lui était tout dévoué. Le 27 septembre 1768, il écrivait au marquis d'Ossun : « Le roi a renvoyé aujourd'hui de son ministère M. de Laverdy dont la conduite et le discrédit devenaient insoutenables ; il est remplacé dans le contrôle général par M. d'Invau conseiller d'État ; j'ai applaudi en particulier à ce changement que je désirais infiniment pour le bien des affaires de Sa Majesté[3]. » Le chancelier prit à partie le nouveau contrôleur, le fit attaquer par le Parlement de Paris, à propos d'un arrêt du conseil concernant la capitation et le 24 février 1769, le Parlement prononça l'abrogation de l'édit[4]. D'ailleurs, il faut l'avouer, M. d'Invau n'était pas à la hauteur de sa tâche : et le déficit s'accrut encore pendant son administration. A la fin de l'année, le chancelier s'animait au combat. Le 21 décembre, comme le contrôleur général présentait un plan de réformes financières, M. de Maupeou, dans une séance du conseil des finances[5], s'éleva vivement contre lui, critiqua sa politique de fond en comble. Le duc de Choiseul voulut intervenir, mais le roi « de mauvaise humeur rompit le Conseil, se retira dans son cabinet en poussant la porte avec violence. Il y fit entrer M. le Chancelier et resta une demi-heure avec lui. M. le Contrôleur général ne douta point de sa disgrâce, il la prévint avec fermeté et envoya sa démission le soir[6]. »

1. Lettre particulière du comte de Mercy au prince de Kaunitz, 29 juin 1769, t. II, p. 358.

2. Et non décembre comme le dit à tort M. F. Flammermont, *Le chancelier Maupeou*, p. 38. Cela résulte de la dépêche suivante.

3. Lettre particulière du duc de Choiseul au marquis d'Ossun, 27 septembre 1768. Aff. étr. France, Mém. et Doc., DLXXV, f° 63.

4. M. J. Flammermont, *o. c.*, p. 38.

5. Il ne peut s'agir d'une séance au conseil d'en-haut, puisque M. de Maupeou n'y avait pas accès.

6. M. J. Flammermont, *o. c.*, p. 39, d'après l'ouvrage intitulé : *Mémoires de l'abbé Terray*.

C'était le premier échec du duc de Choiseul. Il en subit un second: le chancelier fit donner pour successeur à M. d'Invau, une de ses créatures, l'abbé Terray, qui se déchaîna aussitôt contre le ministre et commença une série d'opérations plus malencontreuses les unes que les autres. Le 18 janvier 1770, il diminua les arrérages d'un grand nombre d'effets royaux; le 20, ce fut le tour des tontines; le 29, il réduisit les pensions et gratifications assises sur le trésor royal; puis le 18 février, deux arrêts du Conseil suspendirent le payement des billets de fermes et des rescriptions des receveurs généraux[1]. Le 21, il fallut cesser les versements. Ces mesures produisirent dans le public le plus vif émoi; le crédit de la France paru menacé. La Cour d'Espagne, en particulier, s'inquiéta vivement: « Je voudrais, monsieur, manda le marquis d'Ossun que mon devoir me permît de vous laisser ignorer l'effet aussi désavantageux que désagréable que vos opérations de finance ont produit dans le public espagnol. Elles auront sans doute été dictées par une nécessité absolue, mais il n'en est pas moins malheureux pour la France de voir son crédit intérieur et dans l'étranger entièrement détruit. Cette triste réflexion n'a pas échappé au roi d'Espagne, et il m'a fait l'honneur de me dire à cette occasion que nous venions de donner à l'Angleterre un avantage que plusieurs campagnes de guerre heureuses ne lui avaient pas procuré[2] ».

Le duc de Choiseul fulminait; il répondit à M. d'Ossun: « M. de la Balue[3] vient d'essuyer un assaut terrible par les opérations encore plus terribles du contrôleur général; le bouleversement est général dans nos finances et dans notre crédit, soit intérieur, soit étranger. Je ne crois pas que M. l'abbé Terray ait les connaissances nécessaires pour entreprendre des opérations aussi fortes[4]. » Il faisait aussi entendre ses doléances au cardinal de Bernis, il prenait pour confident l'ambassadeur d'Angleterre lui-même, lord Harcourt, lui assurant que « plusieurs arrêts du conseil étaient très durs et très rigoureux et qu'à la fin ils pourraient atteindre le peu de crédit public qui

1. M. J. Flammermont, o. c., p. 45.

2. Lettre du marquis d'Ossun au duc de Choiseul, 5 mars 1770. Aff. étr. Espagne, DLIX, f° 204.

3. Un des financiers amis du duc de Choiseul.

4. Lettre particulière du duc de Choiseul au marquis d'Ossun, 23 février 1770. Aff. étr. France, Mém. et Doc., DLXXV, f° 83.

restait encore », déclaration que le représentant britannique qualifiait de « sûrement très extraordinaire[1] ».

Choiseul crut enfin qu'il allait triompher de l'irrésolution du roi. Le 4 mars, il amenait Louis XV à prendre des mesures pour arrêter la catastrophe. Le 16 il lut un long mémoire justificatif où il se disculpait du reproche de dépenses exagérées que lui faisaient ses adversaires. Il y recommençait l'exposé de son système politique : « Jusqu'ici, nous y avons réussi de manière que Votre Majesté, unie avec la Cour d'Espagne et celle de Vienne, a un système de politique, tandis que l'Angleterre n'en a réellement aucun[2]. » Triomphant, il écrivit, le lendemain au marquis d'Ossun : « Quant au crédit de la France, je ne dissimulerai pas que la suspension du paiement des rescriptions et des assignations avait d'abord extrêmement alarmé les changeurs, mais les fortes représentations qui ont été faites sur ce sujet ont déterminé le roi à donner ses ordres pour prévenir les dangers qui auraient été la suite nécessaire de cette opération[3] », et un peu plus tard : « Je ne crois pas que les affaires du roi ne soient pas meilleures physiquement qu'elles n'étaient[4] ». Pour consolider sa situation, il crut le moment venu de fortifier son parti à la Cour. Le 16 mai 1770, il mariait le nouveau Dauphin à l'archiduchesse Marie-Antoinette. Par cette union, il pensait, non sans raison, trouver dans la nouvelle Dauphine, qui lui devrait tout, une alliée capable de faire un utile contrepoids à la faveur de Mme du Barry.

Désormais, la nouvelle entreprise du chancelier avait piteusement échoué et ce n'était pas sur la question financière qu'on pouvait espérer renverser le duc de Choiseul.

Il existait bien une affaire où la politique du secrétaire d'État donnait prise à la critique : la suppression de la Compagnie de Jésus. Mais, on ignorait les détails de la négociation. De plus, l'issue de l'intrigue de 1760, qui avait tourné à la confusion des auteurs[5],

1. Lettre de lord Harcourt à lord Weymouth, 21 février 1770, citée par M. J. Flammermont, o. c., p. 47.

2. *Mémoires du duc de Choiseul*, p. 244. Le texte du mémoire en question s'y trouve in extenso, p. 239-268.

3. Lettre du duc de Choiseul au marquis d'Ossun, 20 mars 1770. Aff. étr. Espagne, DLIX, f° 262.

4. Lettre du duc de Choiseul au marquis d'Ossun, 10 avril 1770. Aff. étr. Espagne, DLIX, f° 356.

5. Voir plus haut, p. 107.

était peu faite pour encourager des tentatives du même genre. Les Jésuites eux-mêmes ne se souciaient pas de se compromettre encore davantage. Surtout, on ignorait la pensée du roi à ce sujet. Si, au fond du cœur, Louis XV désirait le maintien de la Société, il n'en parlait à personne et on n'osait s'aventurer sur ce terrain qu'avec la plus extrême prudence[1]. Aussi ne fut-il pas question des Jésuites. On dut se résigner à chercher ailleurs. Fort heureusement, les circonstances fournirent des arguments aux alliés de Mme du Barry. On accusa le duc de Choiseul de cabaler à l'intérieur avec les Parlements ; à l'extérieur de provoquer une guerre contre l'Angleterre.

En 1764, le gouverneur de Bretagne, duc d'Aiguillon, avait voulu lever une taxe sans l'assentiment des États de la province. Le Parlement de Rennes cassa l'édit; des querelles violentes suivirent et le gouverneur fit arrêter l'un des magistrats les plus turbulents, un procureur, M. de la Chalotais (11 novembre 1765). L'agitation redoubla; en novembre 1768, le duc d'Aiguillon dut abandonner sa charge. M. de Maupeou prit fait et cause pour lui, refusa de réintégrer M. de la Chalotais. Le Parlement de Rennes, par représailles, engagea des poursuites contre le duc d'Aiguillon, saisit le Parlement de Paris, qui, le 28 mars 1770, ouvrit la procédure. Le chancelier intrigua pour la faire échouer et le 27 juin, le roi, dans un lit de justice, ordonna de suspendre l'affaire. Pour toute réponse, le Parlement, le 2 juillet, déclara le duc d'Aiguillon exclu de la pairie.

Le duc de Choiseul se trouvait dans un grand embarras : l'ancien gouverneur de Bretagne appartenait au parti dévot, et le ministre favorisait les Parlements. Pour ne pas se compromettre, il garda la plus grande réserve[2] ; mais la cabale l'accusait de négocier sous-main avec la magistrature pour encourager sa résistance Menacé sérieusement, il eut alors la pensée de re-

1. A tel point que, un mois après la chute du duc de Choiseul, le comte de Broglie, qui dans sa correspondance secrète, se posait alors en conseiller politique, se risqua le 21 janvier 1771 à critiquer la conduite du duc de Choiseul vis-à-vis des Jésuites. A la réflexion, l'entreprise lui parut trop hardie et il biffa le passage de la lettre qui contenait ces réflexions. Voir Aff. étr. France, Mém. et Doc., DXL, f° 171, et le duc de Broglie, o. c., II, p. 348.

2. Le 7 juillet 1770, dans une lettre particulière au marquis d'Ossun, il écrivait : « Il n'y a d'ailleurs rien de nouveau en France. La cour et la ville sont occupées de l'affaire de M. d'Aiguillon, sur laquelle je me suis condamné au silence. J'espère que par ennui tout le monde prendra le même parti. » Aff. étr. France, Mém. et Doc., DLXXV, f° 88.

courir à un moyen qui le rendrait indispensable en faisant de lui le ministre nécessaire : provoquer la guerre entre la France et l'Angleterre[1].

On a pu voir déjà dans le détail quelles étaient en cette matière les vues du duc de Choiseul. Une guerre, victorieuse, la plus lointaine possible, et surtout circonscrite entre les deux puissances; à côté de la France, une Espagne forte, capable, le cas échéant, d'intervenir dans la lutte[2]. Peu à peu, cependant, à mesure que les réformes opérées dans l'armée et la marine lui inspiraient une plus grande confiance dans le relèvement militaire du royaume, à mesure que, à Versailles, les attaques se faisaient plus vives contre sa personne, il envisagea avec moins d'inquiétude l'éventualité d'une guerre. Il commençait à ajouter foi aux assurances

1. Le rôle du duc de Choiseul dans l'affaire des îles Malouines et son attitude dans le conflit qui faillit amener une rupture entre l'Angleterre et l'Espagne ont été l'objet d'appréciations très diverses. Le duc de Broglie, *Le secret du roi* (1878), accuse le duc de Choiseul d'avoir tout fait pour amener une conflagration européenne, mais sans preuves. M. C. Vatel, *Histoire de Madame du Barry* (1883), a voulu complètement absoudre le duc de Choiseul, mais il fonde exclusivement son argumentation sur la dépêche du 23 décembre, évidemment écrite sous l'inspiration directe du roi de France. Peu après, M. J. Flammermont, dans sa thèse sur *Le chancelier Maupeou et ses parlements* (1883), a entrepris une magistrale réfutation de la thèse de M. Vatel. Avec une grande abondance de textes diplomatiques, il s'est efforcé de prouver que le ministre avait de toutes ses forces poussé à la guerre. L'année suivante, M. F. Masson, *Le cardinal de Bernis depuis son ministère* (1884), à la lecture des dernières dépêches écrites par le duc de Choiseul (surtout celle du 18 décembre), lui a prêté une politique plus pacifique. M. E. Daubigny, *Choiseul et la France d'outre-mer après le traité de Paris* (1892), avec beaucoup de bon sens, mais sans documents, a lavé la mémoire du duc de Choiseul du reproche de duplicité. M. P. de Nolhac, *Marie-Antoinette dauphine* (1898), accuse au contraire le ministre d'avoir joué double jeu et étaye son argumentation sur la correspondance secrète du comte de Mercy et du prince de Kaunitz. M. G. Maugras, *La disgrâce du duc et de la duchesse de Choiseul* (1903), affirme que « les documents diplomatiques prouvent que le duc n'a pas hésité à donner raison à l'Angleterre et qu'il a fait tous ses efforts pour maintenir la paix », p. 464. M. F. Rousseau, *Règne de Charles III d'Espagne* (1907), assure, mais sans insister, que le ministre a voulu apaiser l'Espagne. Par contre M. Claude Saint-André, *Madame du Barry* (1909), soutient la thèse de l'offensive contre l'Angleterre. M. H. Carré (1909) s'est borné à résumer l'opinion de M. J. Flammermont.

L'examen des documents diplomatiques laisse entrevoir une solution beaucoup plus complexe. En particulier la correspondance particulière du duc de Choiseul avec le marquis d'Ossun, les dépêches secrètes du comte de Mercy au prince de Kaunitz, permettent de modifier assez profondément les conclusions très soigneusement établies d'ailleurs par M. J. Flammermont.

2. Telle était encore sa pensée en janvier 1770. Voir plus haut, p. 92 et 93.

de la Cour de Madrid : « L'état dans lequel vous assurez que se trouve actuellement la marine espagnole doit rassurer sur l'avenir, si les circonstances forçaient Sa Majesté catholique à soutenir la guerre contre les Anglais [1]. » Un peu plus tard, il déclarait évasivement que la paix comme la guerre dépendait du ministère anglais [2]. Au mois de juillet, comme sa situation politique devenait plus précaire, il songea sérieusement à la guerre.

Justement à Chandernagor, où la Compagnie des Indes avait fait creuser un fossé autour de ses établissements, les autorités anglaises accusèrent les Français de commettre une infraction au traité de 1763, et comblèrent le fossé par force. Le 15 juin 1770, M. Francès, chargé d'affaires à Londres, manda la nouvelle à Paris. L'incident n'était pas de nature à provoquer une rupture. Le gouvernement tory de lord North, instrument de la politique personnelle de Georges III, cherchait à éviter la guerre. Il se montrait disposé à toutes les concessions, pourvu qu'on lui donnât les moyens de se ménager une retraite honorable aux yeux du Parlement britannique. Mais l'honneur de la France se trouvait offensé, et le duc de Choiseul tenait là un beau prétexte pour entrer en lutte, s'il le voulait. Précisément la guerre se présentait dans des conditions qu'il jugeait très favorables : le *casus belli* concernait la France seule et non l'Espagne. Aussi Choiseul crut-il pouvoir aller de l'avant. Il le fit, du reste, avec la plus grande prudence. Le 7 juillet, il écrivit à M. Francès et le chargea de présenter à la Cour de Londres un mémoire ferme, sans brusquerie [3]. En même temps, il voulut sonder l'Espagne.

Sans doute, il n'entendait pas entraîner dès le début le gouvernement de Madrid dans la lutte, mais il tenait à savoir dans quelle mesure il pourrait compter sur lui. Ce fut alors qu'un nouvel incident vint à éclater entre l'Angleterre et l'Espagne. On se souvient du conflit suscité par l'occupation des îles Malouines [4]. Le cabinet espagnol prétendait recouvrer les établissements formés par les Anglais. Il agissait avec vigueur, à la grande satisfaction du duc de Choiseul, qui, à plusieurs reprises,

1. Lettre du duc de Choiseul au marquis d'Ossun, 6 mars 1770. Aff. étr. Espagne, DLIX, f° 212.

2. Lettre du duc de Choiseul au marquis d'Ossun, 10 avril 1770. Aff. étr. Espagne, DLIX, f° 356.

3. Lettre du duc de Choiseul à M. Francès, 7 juillet 1770 (autographe). Aff. étr. Angleterre, XCDII, f° 305.

4. Voir plus haut, p. 87.

conseillait des mesures énergiques[1]. » Le gouverneur de Buenos-Ayres, D. Francisco Buccarelli confia au capitaine de vaisseau de Madariaga cinq frégates qui, le 11 mai 1770, quittèrent Montevideo. On ne savait rien de plus, mais dans la lettre où il annonçait l'affaire de Chandernagor, M. Francès mandait qu' « il se répandit un bruit dans la cité que les Espagnols avaient obligé les Anglais d'abandonner l'île Falkland[2] ».

Le jour même où il expédiait sa réponse à M. Francès, le duc de Choiseul écrivit, en dehors de ses bureaux, au marquis de Grimaldi. Dans sa lettre d'envoi au marquis d'Ossun, il ne cachait pas qu'il irait jusqu'à une rupture : « M. de Fuentès, renvoye, monsieur, un courrier de sa Cour, par lequel j'écris à M. le marquis de Grimaldi ; je lui mande une nouvelle affaire que nous avons avec les Anglais au sujet d'une insulte qu'un de nos comptoirs a éprouvé de la part de la Compagnie anglaise dans le Bengale. Nous allons donner un mémoire sur cet objet à la cour de Londres et nous verrons ce qu'elle répondra à la demande de satisfaction que nous lui faisons que nous serons obligés de nous procurer si le ministère anglais ne nous satisfait point. Cette affaire peut devenir sérieuse. J'attends des plans et de nouveaux détails pour vous envoyer le tout par un courrier extraordinaire à la fin de ce mois ; en attendant je vous prie de chercher à découvrir ce que pense M. Grimaldi sur cette affaire que je lui explique dans ma lettre et sur les suites qu'elle peut avoir. Je parle aussi à M. de Grimaldi des frégates espagnoles qui ont été aux îles Malouines. Selon les rapports anglais, ces frégates auraient aussi bien fait de n'y point aller que de s'y comporter aussi mollement, mais j'espère que les relations espagnoles seront plus consolantes et je vous serai obligé de demander en confiance à M. de Grimaldi quelles sont les nouvelles qu'il a des officiers espagnols chargés de cette commission[3]. »

La réponse du ministère espagnol fut très peu enthousiaste. A Madrid, les esprits, entièrement occupés de l'affaire des Jésuites, songeaient presque uniquement aux négociations avec Rome ; la perspective d'une guerre avec l'Angleterre, pour le

1. Lettre du duc de Choiseul au marquis d'Ossun, 15 mars 1768. Aff. étr. Espagne, DLXI, f° 343, et 22 mars 1768, f° 410.

2. Lettre de Francès au duc de Choiseul, 15 juin 1770. Aff. étr. Angleterre, XCDII, f° 216.

3. Lettre particulière du duc de Choiseul au marquis d'Ossun, 7 juillet 1770. Aff. étr. France, Mém. et Doc., DLXXV, f°s 87 et sq.

moment déplaisait fort. Le marquis de Grimaldi surtout n'y tenait pas. Son humeur pacifique goûtait peu les entreprises belliqueuses; et puis, il redoutait une entreprise qui pût donner la prépondérance à son rival, le comte d'Aranda, déjà très puissant depuis la révolte de Madrid et le procès de la Compagnie. Le 23 juillet, le marquis d'Ossun envoya une réponse plutôt froide : « Au reste, monsieur, croyez en général que Sa Majesté catholique et son ministère désirent infiniment la continuation de la paix et qu'il faut au moins deux ans encore pour que l'Espagne soit en état d'entrer en guerre[1]. » Le 6 août, le marquis d'Ossun insista sur les dispositions très peu belliqueuses de l'Espagne : la Cour de Madrid elle-même rappelait que la France, à cause du mauvais état de ses finances, courait un grand risque en prenant l'initiative d'une rupture[2].

Dans l'intervalle, le duc de Choiseul avait réfléchi que l'affaire de Chandernagor était bien petite pour courir et justifier un si gros risque. Le 20 août, il annonçait que la question pouvait s'arranger; mais il gardait une certaine rancune à l'Espagne qui ne l'avait pas alors soutenu : « Ce que j'ai vu de plus certain dans la réponse qu'a faite M. de Grimaldi à mes communications, c'est que l'Espagne meurt de peur de tous les incidents qui peuvent amener la guerre. Elle rejette en partie sur nous et nos finances cette crainte obligeante, elle a peut-être raison sur le dernier article[3]. »

Le jour même où le duc de Choiseul écrivait cette lettre, une complication nouvelle rouvrait les possibilités d'une guerre. La flotille de M. Madariaga avait paru sous Port-Egmont. Au premier coup de canon, le gouverneur britannique, Sir Hunt céda et, le 10 juin, promit de s'embarquer avec « son monde, ses armes et ses bagages[4] ». Le 16 août, la nouvelle de ce succès arrivait à Madrid : le 20, le marquis d'Ossun en fit part à son ministre. Le gouvernement espagnol comprit immédiatement la gravité de l'incident. Après une pareille insulte faite au drapeau britannique, il fallait désarmer l'Angleterre par de promptes concessions ou

1. Lettre du marquis d'Ossun au duc de Choiseul, 23 juillet 1770. Aff. étr. Espagne, DLX, f° 78.
2. Lettre du marquis d'Ossun au duc de Choiseul, 6 août 1770. Aff. étr. Espagne, DLX, f° 134.
3. Lettre du duc de Choiseul au marquis d'Ossun, 20 avril 1770. Aff. étr. Espagne DLX, f° 214.
4. M. E. Daubigny, *o. c.*, p. 254 et 255.

se battre. Le 20 août, au moment même où le duc de Choiseul expédiait son épître découragée, le marquis de Grimaldi déclarait au comte de Fuentès : « L'établissement injuste des Anglais dans la Malouine est devenue une affaire très sérieuse... Elle produira peut-être la guerre. Vous pouvez par conséquent imaginer, monsieur, combien notre situation a changé depuis que je vous expédiai mon dernier courrier extraordinaire, il y a huit jours. Cette nouveauté nous a extrêmement agités. Le roi, après avoir entendu ses ministres, a beaucoup réfléchi sur ce qu'il faudrait faire pour conserver les droits de sa couronne. pour retenir les Anglais s'il est possible et pour empêcher qu'ils ne nous anticipent pas une guerre que ni la France ni l'Espagne ne sont encore en état d'entreprendre avec une espérance fondée de succès. La Résolution que le Roi a puisée dans ce moment critique a été celle d'informer le premier la cour de Londres de l'expédition de Madariaga dans l'intention d'empêcher que ladite cour prenne un parti violent, comme il est à présumer, si elle en était instruite par une autre voie et directement... afin d'éviter la guerre pour un objet qui ne la mérite pas [1]. » Et du même coup, M. de Grimaldi envoyait trois lettres suppliantes à son ambassadeur à Londres, le prince de Masserano. Il le conjurait de faire tous ses efforts « pour ne pas allumer l'horrible feu de la guerre [2] ».

Pour le duc de Choiseul, la question n'était plus la même. Il ne s'agissait plus d'une guerre limitée entre la France et l'Angleterre, avec faculté de l'étendre à l'Espagne, mais d'une lutte où la Cour de Madrid tiendrait dès le début la première place. Le duc avait depuis longtemps prévu tous les dangers d'une telle entreprise. Il avait déclaré, à plusieurs reprises, que l'affaire des îles Falkland ne valait pas une rupture. Mais il sentait d'autre part, à la cour, les efforts contre lui redoubler. Une de ses cousines, la comtesse de Gramont, refusa dans un spectacle de céder sa place à Mme du Barry et fut exilée à quinze lieues de la Cour [3]. L'affaire provoqua le 9 août, une altercation entre le duc de Choiseul et le duc de Richelieu. Le vieux maréchal reprochait au ministre de soulever les Parlements de Provence et de Lan-

1. Lettre du marquis de Grimaldi au comte de Fuentès, 20 août 1770. Aff. étr. Espagne, DLV, f° 218.

2. Lettre du marquis de Grimaldi au prince de Masserano, 20 août 1770. Aff. étr. Espagne, DLV, f° 227.

3. Lettre particulière du comte de Mercy à l'impératrice-reine, 14 août 1770, II, p. 29.

guedoc par l'intermédiaire de sa sœur, la duchesse de Grammont. En même temps, le roi paraissait l'entendre et se disposer à des mesures de rigueur : le 3 septembre 1770, dans un lit de justice, il cassa l'arrêt du Parlement contre le duc d'Aiguillon. Une guerre ne serait-elle pas le moyen de ruiner ces cabales, de ramener le roi? Pour la soutenir, il faudrait lever des impôts, contracter des emprunts, par suite faire des concessions aux Parlements, ranimer le crédit, congédier le chancelier et l'abbé Terray. Le duc de Choiseul se prit à cette idée : il se mit à souhaiter la guerre.

Cependant, sa prudence ne l'abandonnait pas; aux dépêches qui lui étaient envoyées il répondit simplement, le 28 août, par une lettre secrète où il gardait une attitude fort réservée : « J'en ai dit un mot ce soir au roi et ce que je puis vous assurer, c'est que le roi catholique peut compter dans toutes occasions et de toute manière sur le roi son cousin; quand j'aurai rendu compte plus en détail au roi, je vous manderai mon sentiment particulier pour l'affaire; aujourd'hui je n'ai que le temps de vous prier de dire au marquis de Grimaldi que j'ai reçu sa lettre, que j'y répondrai quand j'aurais vu Fuentès et que lui, Grimaldi, doit répondre de moi comme de lui-même[1]. » S'il ne se prononçait pas pour la guerre, il ne disait rien non plus en faveur de la paix et, à mots couverts, laissait entendre que l'Espagne pouvait compter sur son plus entier concours.

A Madrid, la situation avait changé. Sans doute, le marquis de Grimaldi demeurait aussi pacifique, mais les idées belliqueuses, adoptées par le comte d'Aranda, avaient repris le dessus dans l'esprit du roi catholique. Le 27 août, le marquis d'Ossun annonçait que l'on poussait les préparatifs avec activité[2]; le 3 septembre, il ajoutait : « Vous ne vous seriez pas douté, monsieur, d'après la réponse manifeste de M. de Grimaldi à l'occasion de cette affaire, que la guerre pourrait être amenée par les procédés vigoureux de l'Espagne ; vous aviez jugé avec raison que le ministère de Madrid redoutait singulièrement tout incident qui pourrait l'occasionner. M. de Grimaldi paraît se flatter encore qu'elle n'aura pas lieu ; cependant, il ne néglige rien pour que l'on se mette ici le plus tôt qu'il sera possible en

1. Lettre particulière du duc de Choiseul au marquis d'Ossun, 28 août 1770. Aff. étr. France, Mém. et Doc., DLXXV, f° 90.

2. Lettre du marquis d'Ossun au duc de Choiseul, 27 août 1770. Aff. étr. Espagne, DLX, f° 257.

état de la faire défensivement et offensivement[1]. » Le 10 septembre, le marquis de Grimaldi écrivait au comte de Fuentès : « La manière avec laquelle les Anglais ont été expulsés du port d'Egmont me laisse peu ou point d'espérance d'arranger cette affaire sans une guerre, car il n'est ni de l'honneur de la couronne, ni de ses intérêts de rétablir les Anglais dans le port d'Egmont, chose à laquelle on ne consentira jamais[2]. » Ce fut en effet la proposition que, conciliant, lord Weymouth, secrétaire d'Etat des Affaires étrangères, fit transmettre à Madrid par son chargé d'affaires, sir Harris : il offrait d'oublier le passé pourvu que le *statu quo* fût rétabli[3]. L'Espagne se préparait à rejeter cette offre. Rien ne pouvait être plus agréable à Choiseul. Il dissimulait encore ses intentions de guerre. Il envoyait ostensiblement, à Madrid, par la voie officielle la copie d'une lettre particulière à M. Francès, où il semblait blâmer la conduite de l'Espagne : « Je ne me serais pas conduit comme la Cour de Madrid; j'aurais attendu l'événement et les plaintes de l'Angleterre, qui nous auraient fait connaître plus clairement les projets, sur cet objet, du ministre britannique et nous aurions été les maîtres de la mesure, au lieu que, par la démarche de l'Espagne, c'est la Cour de Londres qui en est la maîtresse... Je crois qu'il ne peut arriver que de deux choses l'une : ou le ministère anglais négociera sur l'avis de l'Espagne, ou il ne négociera pas. S'il ne négocie pas, la guerre est inévitable et je ne sache pas de moyen de l'empêcher... Voilà ce que je mande préliminairement à M. le marquis de Grimaldi, afin qu'il puisse calculer d'avance ce qui convient à sa cour[4] ». Six jours plus tard, dans un écrit secret, il dissimulait plus encore, indiquant même, sans insister, le parti de la paix comme préférable; il demandait seulement une prompte détermination : « Vous connaîtrez les sentiments du roi sur la circonstance présente; vous en conférerez avec M. le marquis de Grimaldi; je crois que la paix ou la guerre sont à la disposition de l'Espagne; vous ne négligerez rien pour

1. Lettre du marquis d'Ossun au duc de Choiseul, 3 septembre 1770. Aff. étr. Espagne, DLX, f° 286.
2. Lettre du marquis de Grimaldi au comte de Fuentès, 10 septembre 1770. Aff. étr. Espagne, DLX, f° 327.
3. Mémoire de sir Harris au marquis de Grimaldi, 24 septembre 1770. Aff. étr. Espagne, DLX, f° 366.
4. Lettre particulière du duc de Choiseul à M. Francès, 9 septembre 1770. Aff. étr. Angleterre, XCDIII, f° 14.

m'instruire du parti que prendra l'Espagne, et vous lui ferez sentir que, quelque parti qu'elle prenne, celui de la paix étant préférable, il faut qu'elle se détermine promptement, afin de n'avoir pas à combattre les incidents du Parlement qui s'assemblera au mois de novembre[1]. » Tandis qu'ainsi, même dans sa correspondance secrète, le ministre laissait à peine deviner ses désirs, il ne dissimulait pas ses véritables vues à son entourage et spécialement aux ambassadeurs étrangers qui l'entouraient.

Deux jours après l'envoi de cette dépêche, le 19 septembre, le comte de Mercy écrivit dans un billet à l'impératrice-reine : « Je n'ai pas lieu de douter que le duc de Choiseul ait cru que la guerre pourrait l'affermir et rendre son ministère nécessaire : aussitôt que je me suis aperçu de cette idée, j'en ai dévoilé toutes les conséquences à l'ambassadeur d'Espagne et, agissant de concert, je me flatte que nous sommes parvenus à convaincre le duc de Choiseul de la fausseté de son calcul. Mes dépêches exposent les raisons d'impossibilité où se trouve la France de soutenir une guerre. Il paraît que l'Angleterre prendra la voie des négociations dans l'affaire relative aux îles Malouines ; il y aurait un expédient qui serait de convenir d'une neutralité pour ces îles ; j'ai ouvert cet avis à l'ambassadeur d'Espagne qui a paru le goûter. Cependant la conjoncture est critique et semble exiger encore quelques semaines avant que l'on puisse en prévoir les suites[2]. » Les desseins du duc de Choiseul perçaient alors au dehors. Plus que jamais ses ennemis l'accusèrent de vouloir la guerre, pour le perdre auprès de Louis XV qui ne la voulait pas. Le 1er septembre 1770, l'impératrice-reine croyait sa chute toute proche[3]. L'entourage du ministre, le comte de Mercy et le comte de Fuentès surtout, qui lui étaient alors attachés par les liens d'une intime amitié, soucieux de maintenir en place un conseiller gagné à leur alliance, s'employaient de toutes leurs forces à dénoncer au duc de Choiseul la folie de son entreprise. Dans le Conseil, à chaque levée de subsides, à chaque nouveau préparatif, il éprouvait de multiples obstacles. On lui représentait que le roi voulait maintenir la paix à tout prix, qu'il ne gagnerait pas à une guerre

1. Lettre particulière du duc de Choiseul au marquis d'Ossun, 17 septembre 1770. Aff. étr. France, Mém. et Doc., DLXXV, f° 91.

2. Lettre particulière du comte de Mercy à l'impératrice-reine, 19 septembre 1770, I, p. 58.

3. Lettre particulière de l'impératrice-reine au comte de Mercy, 1er septembre 1770, I, p. 47.

autant qu'il se l'était imaginé tout d'abord. A la première défaite tout le monde se tournerait contre lui; il risquait non seulement son influence et sa place, mais peut-être plus encore.

Choiseul alors hésita: il se reprit à douter du succès. Il savait par expérience ce que valait le concours de l'Espagne. La détresse financière, l'affaire des Parlements ne mettaient guère la France en état de soutenir les hostilités. Il résolut donc d'ajourner ses projets belliqueux et de s'employer franchement à réconcilier l'Angleterre et l'Espagne. D'autre part, sa situation devenait, à la cour un peu plus assurée: « Quels que soient, écrivait le comte de Mercy, les intrigues et l'acharnement de ceux qui veulent perdre le duc de Choiseul, il y a cependant toute apparence encore que ce ministre se soutiendra, pourvu qu'il échappe à deux moments critiques, celui de son voyage à Chanteloup et celui du séjour à Fontainebleau où il s'agira de règler la finance des départements... Ses principaux ennemis, savoir le chancelier et le duc d'Aiguillon, sont des gens décriés et perdus dans l'esprit du public. Le roi ne l'ignore pas; il ne les estime point, parce qu'il connaît leur caractère dangereux et s'en méfie, mais il se sert d'eux en partie par faiblesse pour leur protectrice, la comtesse du Barry, et, en partie, parce qu'il croit avoir besoin d'eux pour dompter les Parlements qui lui causent le plus grand embarras[1]. »

Alors le 26 septembre, neuf jours après sa première lettre, le duc de Choiseul laissa voir ses nouvelles intentions dans un billet au marquis d'Ossun[2]. Il relevait les variations de la Cour d'Espagne, montrait qu'il fallait de toute façon retarder les hostilités: « Dans tous les cas, surtout après la première démarche du prince de Masserano, il n'y a pas de doute qu'il faut accorder les deux propositions anglaises, quand même l'on voudrait en Espagne faire la guerre. Je vous observerai au reste que nous avons huit mille matelots à la pêche de Terre-Neuve qui ne reviendront qu'à la fin d'octobre... et qu'il faut au moins trois mois pour préparer des vivres pour notre flotte, pour les troupes que nous

1. Lettre particulière du comte de Mercy à l'impératrice-reine, 19 septembre 1770, I, p. 58.

2. M. J. Flammermont prétend expliquer la nouvelle attitude du duc de Choiseul par le souci de cacher son jeu à ses ennemis, *o. c.*, p. 162. Sans doute, le ministre, dans l'affaire des Jésuites, suivit ce procédé; mais jamais alors on ne lui vit écrire les lettres presque suppliantes qu'il adressa en secret à la cour de Madrid pour la prier d'accepter la paix à tout prix.

avons à envoyer en Amérique et en Asie, ainsi que pour l'approvisionnement des habitants des colonies... Ainsi donc, même avec le projet de la guerre, il faut acquiescer, à ce que je pense, aux propositions anglaises, sauf après, si l'on veut la guerre en Espagne, de la faire arriver dans la discussion du droit de souveraineté sur les îles Malouines; alors, étant prévenus des projets de l'Espagne, nous serons prêts de tous côtés et je puis assurer le roi d'Espagne que nous serons prêts et à ses ordres d'une manière satisfaisante[1] ». On ne pouvait plus clairement déclarer la lutte inopportune. En même temps, le ministre écrivait directement au marquis de Grimaldi.

Ce changement dans l'attitude du duc de Choiseul n'échappa point au comte de Mercy. Deux jours après, seulement, le 28 septembre, il annonçait au prince de Kaunitz : « Quoique ce dernier (le duc de Choiseul) cherche à cacher ses idées le mieux qu'il le peut, je crois remarquer qu'il s'occupe encore à calculer les avantages et les inconvénients que pourrait produire personnellement pour lui une guerre avec l'Angleterre; il paraît embarrassé de la solution de ce problème, lequel pourrait peut-être se résoudre facilement par l'impossibilité évidente de suffire aux dépenses d'une guerre et de la faire avec quelque vraisemblance de succès[2]. »

Si le duc de Choiseul était ainsi revenu à des sentiments plus pacifiques, le roi catholique ne l'avait pas suivi dans cette évolution. Le 27, il signifia ses conditions au prince de Masserano. Il laisserait les Anglais rentrer à Port Egmont, mais il ne les rétablirait pas; il exigerait ensuite d'eux la promesse d'évacuer la place au bout de quelques mois. Il regretterait l'acte de D. Francisco Buccarelli, mais il ne le désavouerait pas. Avec des concessions de ce genre, on ne pouvait guère espérer d'apaiser l'Angleterre. Le marquis d'Ossun, le 3 octobre, confirmait ces dispositions : « Ce monarque m'a paru très décidé à ne jamais l'accorder (le rétablissement), et son ministre m'a avoué qu'il n'oserait pas le lui conseiller par la crainte de se faire lapider par les Espagnols[3]. »

1. Lettre particulière du duc de Choiseul au marquis d'Ossun, 26 septembre 1770. Aff. étr. France, Mém. et Doc., DLXXV, f° 92.

2. Lettre particulière du comte de Mercy au prince de Kaunitz, 28 septembre 1770, II, p. 373.

3. Lettre du marquis d'Ossun au duc de Choiseul, 3 octobre 1770. Aff. étr. Espagne, DLXI, f° 22.

Comme il était facile de le prévoir, l'Angleterre n'accepta pas les conditions espagnoles ; à Londres le ministère avait, lui aussi, à compter avec l'opinion et, le 16 octobre, le prince de Masserano dut transmettre à sa cour un refus formel de lord Weymouth.

Cependant le duc de Choiseul s'entêtait maintenant à la paix : plus la rupture devenait proche, plus il sentait l'impossibilité d'une guerre. Dans une lettre du 15 octobre, il fit de nouveaux efforts pour l'écarter : « Je n'ai point encore perdu l'espérance que je vous ai témoignée du maintien de la paix[1]. » Ne recevant pas de réponse favorable, il écrivit, coup sur coup, le 21 et le 24 octobre, deux lettres particulières au marquis de Grimaldi. Dans les billets d'envoi au marquis d'Ossun, il demandait même à l'ambassadeur, comme un service personnel, d'user de son crédit pour amener le roi Charles III à des concessions : « Vous ferez ce que vous pourrez, monsieur, pour faire adopter cet avis, et vous rendrez un grand service et à la cause générale, et à moi en particulier. Je ne vous en dis pas davantage[2]. » Le 24, il renouvela ses prières ; il ajoutait : « Nos affaires de finance vont de mal en pire, mais nos préparatifs de guerre et de marine sont très satisfaisants ; avec de la patience, tout ira bien ; le point essentiel est de ne rien brusquer[3]. »

De tels aveux ne me permettent pas de soutenir que le duc de Choiseul poussait jusqu'au bout l'Espagne à la guerre. Aussi, dès le 20 octobre, le comte de Mercy mandait au prince de Kaunitz : « M. de Choiseul commence cependant à comprendre que sans argent, sans crédit et sans généraux, il n'est pas conseillable de faire la guerre. Il tâche maintenant de l'éviter et de calmer en Espagne des rodomontades desquelles il avait lui-même donné l'exemple[4]. »

D'ailleurs quand il s'efforçait ainsi d'apaiser l'Espagne, le duc de Choiseul, dans le Conseil, ne cachait pas que si, malgré toutes ces tentatives, le roi catholique se décidait à la guerre, il faudrait venir à son secours et ne pas dénoncer le Pacte de famille.

1. Lettre du duc de Choiseul au marquis d'Ossun, 15 octobre 1770. Aff. étr. Espagne, DLXI, f° 55.

2. Lettre particulière du duc de Choiseul au marquis d'Ossun, 21 octobre 1770. Aff. étr. France, Mém. et Doc., DLXXV, f° 94.

3. Lettre particulière du duc de Choiseul au marquis d'Ossun, 24 octobre 1770. Aff. étr. France, Mém. et Doc., DLXXV, f° 96.

4. Lettre particulière du comte de Mercy au prince de Kaunitz, 20 octobre 1770, t. II, p. 376.

Il concluait à la nécessité d'accélérer les préparatifs. Alors ses adversaires avaient beau jeu pour l'accuser de vouloir la lutte. Ils jouaient plus que jamais serré autour du roi.

Louis XV continuait à soutenir son ministre, dont l'attitude lui déplaisait franchement, et il ne le cachait pas. D'une part, il refusait toute espèce de concessions aux Parlements ; d'autre part, il n'entendait à aucun prix lutter contre l'Angleterre. A la fin de novembre, sans doute après un entretien avec le monarque, le duc de Choiseul fit part de ses inquiétudes au comte de Fuentès ; « Il lui dit qu'il craignait que ses ennemis ne réussissent à engager le roi, non pas à rompre complètement le Pacte de famille, mais à abandonner dans cette occasion à ses seules forces le roi d'Espagne : ce serait une conséquence presque forcée de la ruine des finances françaises[1]. » De son côté, la duchesse de Grammont avait confié au comte de Mercy que, « si les adversaires de son frère parvenaient à détourner le roi de l'exécution du Pacte de famille, le duc de Choiseul, en fidèle ministre, se démettrait de tous ses emplois ». Le 29 novembre, le roi interrompit dans le Conseil le duc de Choiseul, au moment où il voulait parler des préparatifs de guerre. Le 2 décembre, nouvelle interruption du même genre. La veille le comte de Fuentès avait saisi l'occasion d'une lettre à remettre au roi de France[2] pour appeler l'attention du monarque « sur l'étendue des armements anglais et sur la nécessité de faire des préparatifs suffisants pour s'opposer à une attaque ». Le roi « lui fit une réponse très amicale et il lui déclara que, dans cette occasion, comme dans toutes les autres, il prendrait à cœur les intérêts du roi son cousin comme ses intérêts propres ».

1. M. J. Flammermont, o. c., p. 168, d'après une lettre du comte de Mercy au prince de Kaunitz du 2 décembre 1770.

2. M. J. Flammermont, o. c., p. 169, d'après une dépêche du comte de Mercy du 18 décembre 1770, déclare que « le roi d'Espagne avait l'habitude d'écrire chaque semaine au roi de France, le comte de Fuentès profita de l'occasion que lui offrait la remise de la lettre habituelle pour demander au roi une audience ». Aussi, s'est-on souvent autorisé de ce passage pour admettre l'existence d'une correspondance régulière entre les deux souverains. Il n'en est rien. Sans doute, en plus d'une circonstance, les deux cousins échangèrent des lettres, jamais d'une façon suivie. Mais depuis le mariage du prince des Asturies avec l'infante Louise de Parme, fille de Mme Louise-Élisabeth de France, le roi adressait régulièrement chaque semaine une lettre à sa petite-fille, comme le prouvent les dépêches ordinaires : « Ci-joint une lettre du roi pour Madame la princesse des Asturies. » Bien entendu, il y avait réciprocité, et c'est très vraisemblablement une lettre de la princesse des Asturies que le comte de Mercy aura prise pour une lettre du roi d'Espagne.

La crise cependant se précipitait. Le 23 décembre, dans de solennelles remontrances, le Parlement avait mis en cause le chancelier, menaçant de la guerre civile. Le lendemain, il renouvelait ses protestations. L'agitation croissait dans Paris. Et voilà que la politique du duc de Choiseul menaçait encore d'aboutir à un conflit en Orient. Il venait d'envoyer en Pologne le colonel Dumouriez, pour soutenir les confédérés de Bar contre la tsarine et contre le roi de Prusse. Il songeait à conclure avec les Turcs, qui attaquaient la Russie, une alliance défensive pour les amener à défendre les Polonais[1]. Cette conduite, qui pouvait déterminer une rupture avec la Prusse et la Russie, inquiétait vivement l'Autriche. Enfin, le 6 décembre, dans une séance du Conseil, le contrôleur général prit la parole; dès le début de la séance, il déclara le trésor épuisé et la France sans crédit. Le roi garda un silence indifférent[2].

Il y eut alors un grand émoi à la cour de Versailles. On crut le duc de Choiseul à la veille de sa chute. Le lendemain, le roi devait dompter les Parlements dans un lit de justice. Le marquis de Paulmy, le comte de Maillebois, étaient accourus; on disait que Louis XV voulait leur confier les affaires étrangères et la guerre. Le comte de Fuentès se proposa de demander une audience pour lui représenter les périls d'une pareille disgrâce: le duc de Choiseul l'en dissuada. Louis XV ne cachait pas, d'ailleurs, son antipathie à l'ambassadeur d'Espagne; « le 8, jour de la remise ordinaire de la lettre, M. de Fuentès se risqua à rappeler l'importance des préparatifs militaires: le roi le regarda fixement, et, après un instant d'embarras, lui tourna le dos sans répondre un seul mot[3]. » Cependant, à ce moment encore, Louis XV ne voulait pas renvoyer Choiseul, il désirait simplement éviter la guerre.

Mais les rapports entre l'Angleterre et l'Espagne devenaient chaque jour plus tendus. Le 4 décembre, le duc de Choiseul constatait avec regret: « Il nous reste aussi fort peu d'espérance de conserver la paix[4] »; et, peu après, dans une lettre au marquis de Grimaldi: « Vous savez, mon cher camarade, où en est votre négo-

1. Voir duc de Broglie, *o. c.*, II, p. 299 et sq.
2. M. J. Flammermont, *o. c.*, p. 169, d'après la dépêche du comte de Mercy au prince de Kaunitz, 18 décembre 1770.
3. *Id.*, p. 171.
4. Lettre du duc de Choiseul au marquis d'Ossun, 4 décembre 1770. Aff. étr. Espagne, DLXI, f° 364.

ciation à Londres, c'est-à-dire qu'elle est finie et qu'aux hostilités près vous êtes en guerre[1]. »

La crise, à l'extérieur comme à l'intérieur, paraissait au plus haut point de gravité. A la cour les altercations redoublaient entre les deux partis; dans la séance du 9 décembre, au Conseil, le duc de Praslin « attaqua si vivement la conduite et l'administration du contrôleur général que le roi se leva de son fauteuil, ouvrit lui-même la porte de la salle et dit aux courtisans qu'ils pouvaient entrer et que le Conseil était fini ». Le duc de Choiseul sentait le péril s'accroître, tout un monde d'intrigants s'agiter autour de lui. Il confiait à l'ambassadeur impérial « qu'il regrettait très vivement de voir le roi entouré de gens qui sacrifiaient à leurs passions personnelles le salut du pays et l'honneur de la couronne et qui, dans le seul dessein de le renverser, lui et son cousin, violaient les maximes les plus essentielles du royaume. Moi-même, si j'étais dans le ministère anglais, je choisirais le moment présent comme l'instant le plus désirable pour attaquer la France[2]. ».

C'était, en effet, l'heure où les amis de Mme du Barry, qui ne se décourageaient pas, tentèrent un nouveau coup. Louis XV n'ignorait pas la sympathie du duc de Choiseul pour le Parlement; il le croyait aussi, bien qu'à tort, favorable à une rupture avec l'Angleterre. Il croyait du moins que la politique de son ministre se bornait à ses interventions dans le Conseil. On prit à tâche de lui persuader que, en secret, le secrétaire d'État des Affaires étrangères entretenait la révolte des Parlements, les projets belliqueux de l'Espagne. Jusqu'alors le roi n'avait jamais ajouté foi à ces propos ; on entreprit de lui donner des preuves. On commença par l'affaire du duc d'Aiguillon dans l'espoir de démontrer facilement que le duc de Choiseul en était l'instigateur. Justement, le 10 décembre, le Parlement, en corps, suspendait ses séances et refusait de rendre la justice. Comme le duc de Choiseul se trouvait en conférence avec le comte de Fuentès, M. de la Borde, financier depuis longtemps attaché à sa cause, vint mystérieusement lui révéler que le chancelier remettait au roi des billets, qu'on déclarait écrits par le duc de Choiseul aux parlemen-

1. Lettre du duc de Choiseul au marquis de Grimaldi, 10 décembre 1770. Aff. étr. Espagne, DLXI, f° 348.

2. M. J. Flammermont, o. c., p. 171, d'après la lettre du comte de Mercy au prince de Kaunitz, 18 décembre 1770.

taires pour exciter leur résistance. C'était, paraît-il, une lettre écrite huit ans auparavant, au moment de l'expulsion des Jésuites[1].

Alors, le 13, le ministre usa du moyen qui si souvent lui avait réussi. Il vint hardiment trouver le roi, justifia longuement sa conduite, proposa de soumettre au conseil des parties les accusations portées contre lui. Louis XV voulut dissimuler; il assura que personne ne lui avait présenté de pareilles pièces. Il se plaignit cependant d'un entretien, au dernier lit de justice, entre le ministre et l'un des meneurs du Parlement, M. Michau de Montblin. Le duc de Choiseul nia énergiquement; et le roi laissant voir, par un mouvement significatif, combien il était dégoûté d'être comme enveloppé de mensonges, témoigna à son ministre une très grande confiance et beaucoup de bonté[2]. » Aussitôt, le duc de Choiseul, vainqueur encore une fois, écrivit à M. de la Borde « qu'il ne serait pas encore disgrâcié cette fois et que tout cela était une suite sans conséquence d'une indiscrétion de Mme du Barry[3] ».

L'alarme avait été chaude : Choiseul sentait plus que jamais le besoin d'en finir avec l'Espagne, de régler à tout prix le conflit avec l'Angleterre. Il prit sur lui d'envoyer un projet d'accommodement à M. Francès et au prince Masserano : les clauses anglaises étaient acceptées, mais on omettait dans le désaveu le nom de Francisco Buccarelli et on réservait formellement la discussion sur le droit de propriété des îles : « Je me suis porté à faire confidentiellement ces trois propositions, écrivit-il au marquis de Grimaldi, parce qu'*ici,* je ne pouvais pas, sans *nuire à la chose,* proposer un projet différent, *d'autant plus qu'il répond à toutes les objections que j'ai essuyées dans cette affaire*[4]. » Il proposait le projet « *sub spe rati,* parce que je le crois très convenable pour les intérêts de l'Espagne, très utile à la situation des affaires de France, et par-dessus tout, parce que, comme le *spe rati* est très incertain de votre part, il me fournira une occasion nouvelle, vu ma proposition, d'aller en Espagne passer huit jours avec vous, me mettre aux pieds du roi d'Espagne, ce que je désire avec ardeur, et faire taire ici les méchants propos que

1. M. F. Calmettes, *Mémoires du duc de Choiseul*, p. 270.
2. M. J. Flammermont, *o. c.*, p. 173.
3. *Id.*, p. 174.
4. Les mots sont ainsi soulignés dans le texte.

l'on tient au roi que j'excite la guerre par ambition personnelle, ainsi que M. de Praslin ». La démarche était peut-être risquée. Choiseul s'excusait de son initiative et concluait affectueusement : « Vous serez peut-être fâché contre moi, mon cher camarade, que j'aie envoyé à Londres un projet sur un objet qui regarde directement l'Espagne, aussi simple et un peu contraire, dans la forme, à vos instructions. Songez, mon cher camarade, que les îles Falkland appartiennent à l'Espagne, mais que tout l'accessoire de l'affaire, mais que la guerre appartiendra à la France comme à l'Espagne[1]. » Dans la lettre d'envoi à l'ambassadeur, le duc de Choiseul se rendait ce témoignage : « J'ai grand peur que le ministère anglais n'accepte pas mes propositions. J'aurai la satisfaction d'avoir fait plus que le possible[2]. »

Peine inutile : la Cour d'Espagne devenait pressante. Elle s'inquiétait des dispositions de la France et les lettres du comte de Fuentès jetaient le trouble dans les conseils du roi catholique. Dès le 6 décembre, dans une lettre particulière à son ambassadeur, le marquis de Grimaldi demandait des précisions : « Il serait extrêmement important de régler et de convenir sur-le-champ sur le *quid agendum*. Serait-ce à nous à commencer les hostilités? Faudrait-il faire une déclaration de guerre? La France ferait-elle la même chose et quels sont ses projets? Mettra-t-elle des corsaires à la mer? Fera-t-elle sortir des vaisseaux de guerre? Quels ordres enverra-t-elle dans les îles? Quel est le nombre réel de ses vaisseaux armés? Où sont-ils ? Voudra-t-elle faire aussitôt l'expédition contre la Jamaïque[3]? » Le 10, le marquis d'Ossun mandait : « Je ne vous dissimulerai pas que si Sa Majesté catholique sacrifie son sentiment personnel pour la considération que la France n'est pas en état d'entrer en guerre, notre considération ici subira une furieuse atteinte[4]. »

A Madrid le marquis de Grimaldi se trouvait dans une situation aussi critique que celle du ministre français. Le comte d'Aranda exigeait, pour le perdre, la rupture que, pour se maintenir,

1. Lettre particulière du duc de Choiseul au marquis de Grimaldi, 10 décembre 1770. Aff. étr. Espagne, DXLI, f° 398

2. Lettre particulière du duc de Choiseul au marquis d'Ossun, 10 décembre 1770. Aff. étr. France, Mém. et Doc., DLXXV, f° 97.

3. Lettre particulière du marquis de Grimaldi au comte de Fuentès, 6 décembre 1770. Aff. étr. Espagne, DLXI, f° 375.

4. Lettre du marquis d'Ossun au duc de Choiseul, 10 décembre 1770. Aff. étr. Espagne, DLXI, f° 404.

Choiseul devait prévenir à tout prix. Le patriotisme espagnol se réveillait dans la nation et l'on n'aurait pas manqué de se déchaîner contre le ministre gênois, s'il avait prononcé un mot en faveur de la paix. « Sa position est très délicate, assurait le 20 décembre le marquis d'Ossun. Les avis de deux de ses confrères et du comte d'Aranda, qui les a entraînés sont pour la guerre... L'objet principal de M. le comte d'Aranda et de ses adhérents est de discréditer le marquis de Grimaldi dans l'esprit de la nation espagnole et de le faire regarder comme vendu à la France et comme peu jaloux de l'honneur, de la gloire et des intérêts de la monarchie. Ces messieurs ont monté la nation à désirer la guerre avec une ardeur qui approche de l'enthousiasme. Le roi catholique est vivement affecté de la hauteur du ministère britannique. Il a des anciens griefs contre les Anglais et de plus de la propension aux sentiments des anciens chevaliers, et, quoique ce monarque dise qu'il désire le maintien de la paix, j'oserais croire qu'il incline intérieurement pour la guerre. En un mot, il y a ici une cabale formidable contre M. le marquis de Grimaldi; il la redoute et ne veut rien prendre sur lui[1]. » Et, un peu plus tard : « M. le comte d'Aranda a été assez emporté et assez imprudent pour écrire ces jours derniers une lettre au marquis de Grimaldi qui contient, à ce que l'on m'a assuré, une critique amère et satirique de la conduite du roi catholique et de son ministre dans la négociation présente[2]. » Ainsi le projet conciliant du duc de Choiseul ne pouvait recevoir l'agrément de la Cour de Madrid.

A Londres aussi son ingéniosité s'était escrimée en pure perte. Lord Weymouth avait rejeté purement et simplement le plan proposé. Le 14 décembre, M. Francès en informait son gouvernement. Il déclarait que, pour empêcher la guerre, il fallait souscrire à l'ultimatum britannique et sans trop tarder, car la paix ne subsisterait guère au delà des premiers jours de janvier[3]. Rebuté par les Anglais, le duc de Choiseul n'avait plus de ressource que de recourir plus que jamais au roi catholique. Il ne connaissait pas encore l'effet produit à Madrid par sa proposition *sub spe rati*. Au reçu de la lettre de M. Francès, le 19, il

1. Lettre du marquis d'Ossun au duc de Choiseul, 20 décembre 1770. Aff. étr. Espagne, DLXII, f° 447.
2. Lettre du marquis d'Ossun au duc de Choiseul, 24 décembre 1770. Aff. étr. Espagne, DLXI, f° 176.
3. Lettre particulière de M. Francès au duc de Choiseul, 14 décembre 1770. Aff. étr. Espagne, DLXI, f° 421.

écrivit au marquis de Grimaldi : « J'envoie, mon cher confrère, à M. d'Ossun, les lettres que nous avons reçues hier de M. Francès. Elles ne sont que préliminaires, mais vous jugerez ainsi que moi que l'expédient que j'avais proposé sur la forme du droit n'aura pas lieu et que par conséquent la dernière proposition que je vous ai faite est inutile. Après en avoir conféré avec M. le comte de Fuentès, nous sommes convenus ensemble qu'il n'y avait d'autre moyen de conserver la paix que celui d'accorder purement et simplement la donation... Je ne vous conseille pas ce parti, mon cher confrère, je ne vous conseille plus rien, je vous dis simplement que c'est le seul qui puisse assurer la paix quelque temps et peut-être longtemps ; mais, si vous le prenez, prenez-le promptement, car si la réponse à ce courrier n'est pas à Londres avant le 10 janvier, je crains qu'elle n'arrive pas à temps... Je ne vous dirai pas tout ce qu'il y a à dire sur l'incertitude des événements d'une guerre, entreprise surtout pour un aussi petit objet ; sur les dépenses de cette guerre, sur sa durée ; vous savez sur tous ces objets ce qu'il y a à dire et à réfléchir ; je ne crois pas que l'on puisse jamais sacrifier l'honneur de sa couronne, mais je ne pense pas, à vrai dire, que celui de la couronne d'Espagne soit compris dans cette occasion : le fonds du droit ne touche qu'à l'intérêt, et il reste à calculer si cet intérêt équivaut les hasards d'une guerre[1]. »

1. Lettre particulière du duc de Choiseul au marquis de Grimaldi, 19 décembre 1770. Aff. étr. Espagne, DLXI, f° 446.

C'est sur cette lettre, pourtant si catégorique, si expressive, que M. J. Flammermont s'appuie pour déclarer que le duc de Choiseul continuait à pousser à la guerre : « C'est presque avec joie qu'il reçut la lettre par laquelle Francès lui annonçait que le prince de Masserano avait refusé de présenter le projet d'accommodement... Choiseul lui-même laissa voir qu'il s'y résignait très volontiers, comme le prouve la lettre suivante », et il cite cette lettre p. 177. Il étaye encore sa thèse sur un passage des mémoires de sir Horace Walpole où il est dit, IV, p. 243 : « Le duc de Choiseul était complètement décidé à la guerre. » Mais, malgré l'importance de ses relations, sir H. Walpole n'était pas si bien placé pour juger les événements que son témoignage puisse peser ici beaucoup. D'ailleurs, un peu plus haut, dans une circonstance analogue, M. J. Flammermont reconnaît lui-même que « Walpole... suivant son habitude, avait un peu arrangé les choses », p. 165, note 1.

M. J. Flammermont voit dans cette lettre, on ne sait pourquoi, le produit du travail des bureaux, p. 182, note 1. On ne voit pas quel motif aurait amené le duc de Choiseul à changer ses procédés ordinaires de correspondance avec le marquis de Grimaldi. Sans doute, la lettre figure dans la correspondance officielle. Mais il est à remarquer que toutes les lettres secrètes de décembre 1770, sauf une, y figurent également. Peut-être le marquis d'Ossun fut-il plus tard invité à en donner copie,

Avant même qu'il eût reçu cette lettre, Charles III, à bout de patience, résolut d'intervenir directement auprès du roi de France, et, le 22[1], lui adressa une sommation à peine déguisée : « Je ne dois pas différer de témoigner à Votre Majesté les tendres sentiments de reconnaissance qu'a éveillés dans mon cœur le rapport que m'a fait le comte de Fuentès des expressions de Votre Majesté, au sujet de la guerre dont les Anglais nous menacent. Je suis bien plus flatté de reconnaître que les dispositions de Votre Majesté partent de l'amitié et du cœur que des obligations des traités et de la propre convenance, quelque clairs et évidents que les unes et l'autre puissent être. Mais, que Votre Majesté me permette d'entrer un peu en matière sur l'affaire présente pour lui faire connaître le retour sincère de mes sentiments pour sa personne et la justification de ma conduite depuis la dernière paix ; connaissant combien Votre Majesté désirait la conservation de la paix et sentant l'avantage qu'elle procurait à nos royaumes, j'ai non seulement dissimulé une infinité d'événements injustes, contraires aux traités et au droit des gens de la part des Anglais, mais jai eu le plus grand soin d'éloigner tout prétexte à cette nation de nous chercher querelle, ne prenant même aucune résolution qui pût induire de loin un prétexte aux Anglais de nous faire la guerre sans la consulter auparavant avec Votre Majesté, en avoir son approbation. Tel a été l'ordre que je donnais en 1764 à l'égard des établissements que les Anglais cherchaient à faire dans l'Amérique méridionale. Il fut trouvé convenable, nécessaire pour Votre Majesté, son ministère, et sur le consentement que j'en reçus, il fut expédié. C'est pourtant cet ordre même qui causa la querelle présente et qui sert de prétexte... Informé comme j'étais que Votre Majesté et ses ministres craignaient de voir commencer une guerre, il n'y a pas d'expédients que je n'aie adoptés pour satisfaire l'orgueil anglais, jusqu'à aller même au delà de ce que l'honneur et la dignité d'une couronne auraient dû permettre. Je pense même que cette faiblesse qu'on marquait a contribué peut-être à rendre le ministère anglais plus difficile ; rien n'a suffi, comme Votre Majesté a été informée. On veut en Angleterre une bassesse qui nous déshonore, qui

comme on le sait pertinemment pour une autre période, par une note insérée dans le volume Espagne, DXXXVI, f° 60. D'ailleurs, ce sont des copies et non des minutes.

1. Elle ne fut expédiée que le 24, comme le prouve la lettre du marquis de Grimaldi qui fait suite.

discrédite nos puissances dans le monde... Mais, puisque, malgré cela, les ministres de Votre Majesté avouent, suivant ce qu'ils ont fait connaître à mon ambassadeur, qu'il faut passer par-dessus ces considérations, ne s'arrêtant qu'au moment sans songer à un avenir prochain, je suis toujours disposé à tel expédient d'accommodement qui ne blessera pas directement l'honneur ni la dignité. Car je suis bien sûr que, sortant des mêmes aïeuls, Votre Majesté en est aussi jalouse que moi, qu'elle ne le voudrait pas, ne se laisserait pas induire par les faux raisonnements de ceux qui ne cherchent qu'à colorer les objets selon leurs vues. S'il y a un moyen encore de parvenir à ce qu'on désire, ce sera, à mon avis, celui d'adopter un système contraire à celui que les ministres de Votre Majesté ont suivi jusqu'à présent; c'est-à-dire d'accélérer, d'augmenter autant qu'il sera possible, les préparatifs que Votre Majesté leur avait ordonnés... J'ai ordonné qu'on envoie un état détaillé (de mes forces) au comte de Fuentès pour qu'il la communique aux ministres de Votre Majesté. Si Elle daignait ordonner à ceux-ci de faire part au susdit ambassadeur de ceux qu'il lui plaira de disposer, ce sera le vrai moyen de concerter et de combiner nos mesures réciproques et tout armement[1]. »

On pouvait difficilement se montrer plus pressant et plus nettement rappeler que, depuis neuf ans, l'Espagne s'était toujours inclinée devant les volontés de la France. Le 24, dans une lettre évidemment toute personnelle, le marquis de Grimaldi répondait à la confiance de Choiseul, son confrère par une égale confiance. Ce billet est certainement la meilleure justification qu'on puisse donner de la sincérité de ses sentiments pacifiques : « Il est juste, mon cher Confrère, que, puisque je suis instruit par notre ami Fuentès de la situation de votre Cour, des propos qu'on tient à votre égard relativement à l'affaire présente et des vues que les méchants ont pour semer des idées pareilles, je vous instruise à mon tour de ce qui se passe chez nous et des embarras insurmontables que j'ai pour amener la négociation avec les Anglais au point que vous désireriez. 1° Le Roi est d'une délicatesse sur ce qui regarde honneur et dignité, qu'il n'est pas possible de le vaincre, ni de lui faire adopter de tournures douteuses sur ce point. Je ne saurais vous expliquer combien Sa Majesté a été piquée de

1. Lettre du roi d'Espagne au roi de France, 27 décembre 1770. Aff. étr. Espagne, DLXI, f°s 461 et sq.

cette mode hautaine et législative avec laquelle le ministère anglais a traité constamment cette affaire, ayant prononcé au commencement sa demande. même en termes obscurs et n'ayant jamais depuis, ni voulu écouter propositions, ni fait d'autre réponse que de se rapporter à sa première sentence. 2° Vous sentez bien qu'une affaire de cette conséquence, je devais solliciter que Sa Majesté la fit examiner par ses ministres et autres personnes de son conseil. Tous ceux-ci ont été unanimes à déclarer que, sans sacrifier l'honneur du roi et de la nation, on ne pouvait pas souscrire aux demandes des Anglais. Tout ce qu'on a pu faire a été d'adopter mille expédients divers, ceux même que vous aviez proposés et qui auraient contenté tous autres que les Anglais. 3° A mesure que je gagnais sur le roi de se relâcher sur quelque article, on a commencé à répandre dans le public, qui était déjà échauffé contre l'orgueil et les vexations des Anglais, que la France et moi d'accord avec elle, je travaillais à sacrifier l'honneur et les intérêts du roi et de la nation. Cette rumeur qui a beaucoup gagné et fomentée peut-être à dessein, doit me rendre, comme vous sentez bien, circonspect. Il y aurait peut-être autant de l'intérêt de la France, si elle pensait au cas possible à venir, que du mien propre, de ne pas donner lieu aux plaintes d'une nation entière. Quant au fond de la question avec l'Angleterre, je crois que vous n'avez jamais bien entendu le principe sur lequel on a cheminé ici. On a regardé toujours comme humiliant de désavouer la démarche de Buccarelli, comme peu honorable et marquant faiblesse de consentir que les Anglais retournassent à l'endroit d'où on les avait obligés à partir. Mais on jugeait que cette humiliation et cette faiblesse restaient sauvées par la convention ou accord contemporain de l'évacuation des Anglais, parce que, disait-on, il sera public que l'Espagne a obtenu son but, c'est-à-dire qu'il n'y ait pas d'Anglais dans cette partie du monde. Parti de ce principe, on s'est prêté à toutes les variations qu'on a voulu sur l'explication des deux premières propositions, pourvu que la troisième soit ferme. Vous retranchez celle-ci, ou vous la renvoyez à un temps à venir; alors les deux premières restent dans toute leur rigueur, ne sont plus modifiées, donc elles ne sont pas acceptables et l'honneur du roi et de la nation est sacrifié si on y souscrit. Voilà, mon cher confrère, le raisonnement qu'on fait et qui étant celui de toutes les personnes que le roi consulte, je ne puis ni ne dois me charger tout seul de la décision contraire, d'autant plus que je vous ai dit qu'on l'attribue à une soumission à tout ce qui plaît à la France de nous insinuer, tantôt blanc, tantôt noir. Vous avez grande raison de dire que la dispute des Malouines est de l'Espagne, mais que la guerre appartiendra à l'Espagne et à la France. Ce qui a donné lieu à celle-là a été concerté à la vérité entre les deux Cours, mais que vous dirai-je à ce sujet? Je ne puis que vous répéter que je ne suis pas le maître d'amener les choses au point où je voudrais et que je doute qu'il y ait homme au monde qui puisse réussir à réduire le roi sur des articles où il croit son honneur intéressé ou sa dignité compromise, tout comme on l'aménera où l'on voudra quand on le prendra du côté de l'héroïsme et de la générosité. Je sais que ce caractère est quelquefois préjudiciable à la politique, mais qu'y faire? Je vous confierai même qu'ici il s'est expliqué que, à la place du roi son cousin, il n'aurait pas permis que son ministre à Londres, après que des ministres britanniques lui avaient déclaré par deux fois d'une façon assez hautaine qu'ils ne voulaient pas de la médiation de la France, que ce ministre reparlât tant de fois et revînt toujours à la charge sur l'affaire en question. Après vous avoir mis, mon cher Confrère, au fait de toute notre situation, je vous dirai que ce courrier n'est dépêché que pour porter une lettre que le Roi écrit au roi son cousin, que, quant à votre proposition ou projet d'accommodement que vous avez envoyé à M. Francès, le roi dit qu'il faut attendre et voir les réponses que vous en aurez reçues qui donneront jour pour juger de la disposition de l'Angleterre, tout comme nous attendons aussi les réponses au dernier courrier que nous avons dépêché au comte de Fuentès[1]. Ce que je souhaite par-dessous tout est que les tracasseries de votre Cour cessent, et que le roi votre maître sente que les affaires de son royaume ne prospéreront qu'en s'en rapportant entièrement à votre zèle et à votre intelligence[2]. »

Ces sentiments enfin étaient confirmés par une lettre du marquis de Grimaldi au comte de Fuentès : « Vous pouvez en informer le duc de Choiseul, dont le zèle et les désirs ardents d'empêcher la guerre lui font espérer peut-être avec trop de confiance que la hauteur anglaise aura des bornes et se compromettre lui-même en s'offrant au long et pénible voyage de Paris à Madrid, où il

1. Rappel discret des questions posées au duc de Choiseul par le marquis de Grimaldi sur ses préparatifs militaires.

2. Lettre particulière du marquis de Grimaldi au duc de Choiseul, 24 décembre 1770. Aff. étr. Espagne, DLXI, f°s 493 et sq.

serait certainement reçu mieux que personne, premièrement parce qu'il viendrait de la part du roi son maître et en second lieu par l'estime toute particulière qu'on a pour sa personne[1] ». Ces deux lettres ne parvinrent pas à la connaissance du duc de Choiseul. Au moment même où elles partaient de Madrid, sa chute était consommée.

La comtesse du Barry et ses amis, après leur échec du 13, n'avaient pas désarmé. Malgré leurs multiples défaites, ils ne se décourageaient pas. Battus sur la question des Parlements, ils se rabattirent sur les affaires d'Espagne. La favorite accusa le duc de Choiseul de négocier secrètement avec le gouvernement espagnol pour l'exciter à la guerre[2]. L'accusation, en la circonstance portait à faux. Il était vrai cependant que le ministre entretenait en dehors de ses bureaux une correspondance avec l'ambassadeur à Madrid, et qu'il écrivait directement au marquis de Grimaldi. Plusieurs fois, comme dans l'affaire des Jésuites et au sujet de Chandernagor, il avait traité à l'insu du roi, contre sa volonté, plus d'une fois il avait censuré amèrement les actes ou la conduite de son gouvernement. Une telle insinuation, auprès de Louis XV, était particulièrement dangereuse. Si le roi nouait sans scrupules des intrigues diplomatiques qu'il cachait à ses ministres, il entendait connaître tous leurs actes. Il voyait dans une correspondance indépendante un attentat contre son autorité royale, un crime de lèse-majesté qu'il ne pardonnait pas. En 1737,

1. Lettre du marquis de Grimaldi au comte de Fuentès, 24 décembre 1770. Aff. étr. Espagne, DLXI, f° 471.

2. Voir pour toute cette intrigue les *Mémoires* du baron de Besenval, éd. de 1827, I, p. 263 et suiv. On a parfois mis en doute son témoignage. Mais, admis dans l'intimité du duc de Choiseul, il connaissait beaucoup de détails qui le concernaient. Ses récits de l'ambassade à Rome, de l'affaire de M. de la Vauguyon en 1760, de la charge de colonel général des Suisses concordent exactement avec les récits des *Mémoires du duc de Choiseul*. Ici, en particulier, le baron de Besenval se montre très au courant de la situation diplomatique précise. Le projet *sub spe rati* ne lui est pas inconnu. L'existence, aux archives du ministère des Affaires étrangères, d'une lettre de la main de l'abbé de la Ville, précisément datée du 21 décembre, l'assertion du comte de Mercy dans sa lettre du 23 janvier 1771 à l'impératrice-reine : « Le dit abbé était instruit le 21 décembre que le duc de Choiseul serait exilé le 24, et ce même abbé a eu l'ordre secret de rédiger la minute de la lettre que le Roi a écrite au Roi d'Espagne pour le prévenir sur l'événement qui allait arriver », t. I, p. 124, confirment deux points importants du récit du baron de Besenval. Le prince de Talleyrand, dans l'étude sur le duc de Choiseul qui fait suite à ses mémoires, a également rapporté le fait, mais son récit n'est qu'une amplification littéraire, poussée au romanesque, des mémoires du baron de Besenval, t. V, p. 559 et sq.

sur le soupçon d'une correspondance secrète avec l'Espagne, il avait exilé M. de Chauvelin, garde des sceaux et secrétaire d'État des Affaires étrangères. On crut à une vengeance du cardinal de Fleury. Mais lorsque, après la mort du prélat, M. de Chauvelin adressa au monarque une timide supplique, il y gagna d'échanger son exil de Bourges contre une relégation plus rigoureuse au fond de ses terres et, jamais, le roi ne fit entendre en sa faveur une parole de clémence. Si d'une faute analogue on parvenait à persuader Louis XV, le duc de Choiseul était irrémédiablement perdu. « Le roi ne fit pas grand état des propos qu'on lui tint sur ce sujet. Cependant, à force de s'entendre répéter les mêmes choses par une maîtresse qui l'avait subjugué et par le chancelier, il commença à avoir de l'incertitude[1]. »

Mme du Barry chercha alors à porter le coup décisif. A la tête des relations diplomatiques avec l'Espagne, au ministère, se trouvait, en qualité de premier commis, l'abbé de la Ville, ancien jésuite, bel esprit, académicien, vieilli dans la diplomatie, où il s'était signalé depuis les négociations du traité d'Aix-la-Chapelle. A ces divers titres, il n'aimait point le ministre qui persécutait sa Compagnie, gardait pour lui seul la rédaction des dépêches importantes, et ne faisait pas, dans les circonstances délicates, appel aux talents d'écrivain dont se vantait l'abbé de la Ville. La favorite s'assura son concours et peut-être le comte de Broglie ne fut-il pas étranger à l'intrigue[2]. Mme du Barry dit alors au Roi que « puisqu'elle ne pouvait le persuader, il était de l'intérêt de l'État et de son repos de s'éclaircir; qu'il envoyât chercher l'abbé de la Ville, qu'il le questionnât avec ordre de lui dire la vérité, que ce témoin ne pouvait lui être suspect, puisqu'il était commis de M. de Choiseul chargé de la partie dont il était question[3]. »

Peu à peu, à mesure que la situation extérieure devenait plus critique, et sur les instances réitérées de sa favorite, Louis XV se laissa entraîner à appeler le premier commis : « Ce qu'il y a de certain, c'est que le roi le fit venir dans son cabinet, le vendredi 21 décembre 1770, et lui demanda où en étaient donc les négociations pour maintenir la paix et quelles étaient donc les intentions de M. de Choiseul. L'abbé répondit qu'il ne pou-

1. Baron de Besenval, *Mémoires*, I, p. 267.
2. Voir plus haut, p. 158.
3. Baron de Besenval, *Mémoires*, I, p. 267.

vait en rendre compte à Sa Majesté parce que ce ministre faisait toutes ses dépêches de sa main et ne les communiquait à personne[1] ». Une pareille réponse parut au roi la confirmation éclatante des soupçons émis par Mme du Barry. Plus de doute, le duc de Choiseul entretenait avec l'Espagne une correspondance secrète.

Avant de se décider pourtant, Louis XV tint à bien se rendre compte qu'il n'était pas dupe d'une intrigue de cour. Il accepta un subterfuge que lui proposait l'abbé de la Ville : inviter le duc de Choiseul à écrire un projet de lettre au roi d'Espagne « qui déclarât à ce prince que (le roi) voulait absolument la paix et qu'aucune considération ne lui ferait prendre part à la guerre si elle se déclarait. » Le même jour, au Conseil, « M. de Choiseul ayant commencé à entamer l'affaire d'Espagne, ce prince l'interrompit avec un certain tremblement dans le menton, qui était toujours la marque même du trouble de son intérieur[2] ». Il l'invita à rédiger un plan de lettre au roi catholique. Le ministre se déroba. Il attendait une réponse de l'Espagne à sa lettre du 19, déjà si pressante, et, d'autre part, il l'avait dit bien des fois, jamais lui ministre, la France ne manquerait aux stipulations du Pacte de famille. Cette résistance convainquit le roi : il ne vit plus dans le duc de Choiseul qu'un agent de l'Espagne. Néanmoins, par moments, il hésitait encore, ayant peine à croire à une perfidie pareille de son ministre.

« Ayant levé le conseil plus tôt que de coutume », il se borna à faire « de nouveau appeler l'abbé de la Ville et à lui commander de faire une lettre au roi d'Espagne », non pas, « pour prévenir ce prince qu'il voulait faire des changements dans son ministère[3] », mais simplement pour faire accomplir par le premier commis la tâche dont le ministre n'avait pas voulu se charger. Dans cette lettre, le roi insistait de la façon la plus pressante en faveur de la paix, laissait entendre qu'il aurait « encore besoin de

1. *Id.*, p. 269.
2. Baron de Besenval, I, p. 269.
3. Comme le dit à tort le baron de Besenval. Il existe, au ministère des Affaires étrangères, deux exemplaires, un brouillon et une copie, de la lettre, tous deux de la main de l'abbé de la Ville. Aff. étr. Espagne, DLXI, f° 451 et f° 453. Il n'y est pas le moins du monde question du renvoi du ministre. D'ailleurs, cette lettre ne fut jamais envoyée. Aux Archives nationales se trouve également un projet de lettre, tout différent, que M. E. Boutaric a publié. Il est d'une main inconnue, ne porte pas de date et semble se rapporter à cette circonstance. C'est peut-être aussi un brouillon. Arch. nat., K. 144, n° 18, et M. E. Boutaric, t. I, p. 412.

quelque temps de calme ». A la fin seulement une allusion à l'événement qui venait de se passer : « Je n'ai communiqué à aucun de mes ministres la lettre que j'écris à Votre Majesté et je lui demande de vouloir bien aussi en réserver la connaissance pour sa seule et secrète information. » Une fois rédigée, le roi ne put se résoudre à envoyer la lettre, il la garda en portefeuille. Il fit plus : resté seul, il en rédigea une autre, bien plus courte, de sa main propre où il se montrait alors décidé, pour la première fois, à renvoyer son ministre : « Monsieur mon frère et cousin. Votre Majesté n'ignore pas combien l'esprit d'indépendance et de fanatisme s'est répandu dans mon royaume. La patience et la douceur m'ont conduit jusqu'à présent, mais, poussé à bout, et mes Parlements s'oubliant jusqu'à vouloir me disputer l'autorité royale que je ne tiens que de Dieu, je suis résolu de me faire obéir par toutes les voies possibles. La guerre dans cet état serait un mal affreux pour moi et pour mes peuples. Mais ma tendresse extrême pour Votre Majesté, l'union intime qui règne entre nous, cimentées par notre Pacte de famille, me fera toujours tout oublier pour elle. Mes ministres ne sont que mes organes ; ainsi, quand je me crois obligé d'en changer, rien ne peut apporter de changement dans nos affaires et tant que je vivrai, nous serons unis. Si Votre Majesté peut faire quelques sacrifices pour conserver la paix, sans blesser son honneur, elle rendra un grand service au genre humain et à moi en particulier, dans les circonstances présentes où je me trouve. Sur ce, je prie Dieu qu'il vous aie[1]..... »

Ainsi, le 21 au soir, la perte du duc de Choiseul était résolue. On dit même que le roi avait rédigé le billet d'exil ; malgré tout, il gardait encore sur lui les deux documents. Le 23, il eut même une dernière entrevue avec le duc de Choiseul. Ce qui se passa entre les deux hommes, personne n'en sait rien. S'il en faut croire, Sir Horace Walpole, après une scène violente, le roi aurait dit à son ministre : « Monsieur, je vous avais dit que je ne voulais

1. Lettre du roi de France au roi d'Espagne. Aff. étr. Espagne, DLXI, f° 455. La minute est entièrement autographe. Elle porte en surcharge, d'une main postérieure, après plusieurs ratures, la date du 21. Cette date est confirmée par un passage de la lettre du marquis de Grimaldi au comte de Fuentès du 2 janvier 1771 : « la lettre que le Roi son cousin lui a écrite le 21 décembre dernier de sa main propre ». Aff. étr. Espagne, DLXII, f° 21, et la lettre du roi de France du 24 janvier 1771 « la réponse à ma lettre du 21 décembre dernier », Aff. étr. Espagne, DLXII, f° 115.

point la guerre[1]. » Mais ce sont là des bruits d'antichambre. En tout cas, au sortir de l'entretien, le duc de Choiseul expédia une nouvelle lettre particulière au marquis d'Ossun où il renouvelait ses instances dans les termes les plus pressants : « Je me borne à vous assurer que la France sera fort fâchée de faire la guerre pour un aussi petit objet et que, si j'avais l'honneur de conseiller le roi d'Espagne, je me flatterais de lui persuader de faire donner la déclaration de la satisfaction purement et simplement. Voilà mon avis, le roi vous autorise, monsieur, à le dire à Sa Majesté catholique[2]. »

De son côté, le roi prenait enfin un parti. Dans la journée du 23, il se décidait à expédier au roi d'Espagne la lettre autographe qu'il tenait depuis deux jours préparée. Il y joignit un billet d'envoi au marquis d'Ossun, rédigé par l'abbé de la Ville[3] : « Mon Cousin, je vous envoie par un courrier extraordinaire la lettre ci-jointe que vous aurez soin de remettre le plus secrètement possible à mon cousin le roi d'Espagne. Je vous impose le silence le plus absolu sur cette expédition, tant avec mes ministres qu'avec ceux du roi catholique. Votre zèle pour mon service me répond de l'exactitude du secret que vous observerez en cette occasion[4] ».

En l'absence de toute preuve, on doit supposer que l'entretien du roi avec le duc de Choiseul avait changé en certitude absolue, définitive les soupçons de Louis XV. Toujours est-il qu'à partir de cet instant jusqu'au dernier jour de sa vie, le monarque ne cessa de poursuivre le favori disgrâcié de la haine la plus vive. Le dénouement ne faisait plus d'illusion pour personne. Le soir du 23, comme le duc de Choiseul « présentait la plume au roi pour qu'il signât le contrat de mariage du duc de La Rochefoucauld, Louis XV, la figure décomposée, la lui arracha des mains avec tant de préoccupation et de colère que (le ministre) se dit qu'il

1. Cité par M. J. Flammermont, *o. c.*, p. 186 (Sir H. Walpole, *Lettres*, V, p. 273).

2. Lettre particulière du duc de Choiseul au marquis d'Ossun, 23 décembre 1770. Aff. étr. France, Mém. et Doc., DLXXV, f° 100.

3. La minute de la main de l'abbé de la Ville ne porte pas de date, mais la réponse du marquis d'Ossun permet de la fixer au 23 décembre. « J'ai reçu hier après-midi la lettre que Votre Majesté a daigné m'écrire le 23 de ce mois. » Lettre du marquis d'Ossun au roi, le 31 décembre 1770. Aff. étr. Espagne, DLXI, f° 506. Cette réponse semble d'ailleurs prouver que le roi ajouta au billet de l'abbé de la Ville quelques modifications. Voir plus loin, p. 193.

4. Lettre du roi de France au marquis d'Ossun, 23 décembre 1770. Aff. étr. Espagne, DLXI, f° 457.

était perdu et qu'il l'annonça à ses amis[1]. » Enfin, le 24 décembre 1770, à dix heures du matin, le duc de la Vrillière remit au duc de Choiseul le billet du roi : « J'ordonne à mon cousin le duc de Choiseul de remettre la démission de sa charge de secrétaire d'État et de surintendant des Postes entre les mains du duc de la Vrillère et de se retirer à Chanteloup jusqu'à nouvel ordre de ma part[2]. »

A Paris, comme dans le corps diplomatique, la stupeur fut générale. L'événement était attendu depuis si longtemps qu'on finissait par ne plus y croire : « Quoique cette nouvelle s'accréditât de plus en plus dans le public, écrivait le nonce pontifical, la résolution prise par le roi d'exiler les ducs de Choiseul et de Praslin est arrivée tellement à l'improviste à tous les ambassadeurs, que j'envoyai mes dépêches à la poste avant d'en avoir connaissance[3]. » Une foule de gens de toute qualité se porta à l'hôtel du ministre, rue de Richelieu, pour lui donner une preuve de leur sympathie et de leurs regrets. L'opinion manifesta bruyamment contre l'autorité royale. On était inquiet, on attendait anxieusement les conséquences. Sir Horace Walpole écrivait : « Le duc de Choiseul est tombé ! C'est une révolution ! C'est une nouvelle scène qui s'ouvre ! Cet événement avancera-t-il la guerre ? Procurera-t-il la paix ? Ce sont les questions que tout le monde se pose[4]. »

De son côté, le nonce laissait avec mesure et circonspection paraître son contentement : « Ses ennemis ont été les plus forts et par de bonnes ou mauvaises raisons (desquelles Dieu seul est juge), ils ont persuadé à ce très digne monarque de se résoudre à l'éloigner... La chute du duc de Choiseul peut faire certainement changer de face à une foule d'affaires. Je ne pense pas qu'elle entraîne rien de désavantageux à notre Cour ; il convient donc d'attendre les événements, ce coup étant trop récent pour pouvoir asseoir sur lui un jugement sérieux. Bien que le duc fût mon intime ami, nous n'étions pas d'accord sur les principes et souvent nous avons eu ensemble de vives contestations ; mais les

1. M. J. Flammermont, o. c., p. 185. D'après une lettre du comte de Mercy au prince de Kaunitz, 2 janvier 1771.
2. M. J. Flammermont, o. c., p. 185.
3. Lettre du nonce Giraud au cardinal Pallavicini, 31 décembre 1770, citée par le P. Theiner, t. I, p. 560.
4. Lettre de sir H. Walpole à sir Conway, 29 décembre 1770, v. p. 273, citée par M. J. Fammermont, p. 186.

circonstances ne permettaient pas de l'aigrir, et même bien souvent, j'étais contraint de mettre en avant mon affection pour lui afin d'éviter de nouveaux échecs[1]. »

Chacun alors chercha, comme de juste, à découvrir les dessous de l'intrigue, le secret du roi. Les imaginations se donnaient libre carrière. Dans une lettre ouverte au pape, le sieur du Pinier résumait les sentiments du public : « Le roi a dans les mains des preuves irréfutables qui démontrent par écrit que son ministre : 1° Voulait mettre l'Europe en feu, pour se rendre nécessaire et conserver sa place aux dépens, s'il le fallait, de plusieurs millions d'hommes et des nations; 2° Entretenait contre son maître et contre l'autorité monarchique, les magistrats factieux et républicains ; 3° Était le ressort général et le premier moteur de la persécution antijésuitique[2]. » L'ambassadeur vénitien, le seigneur Aloise Mocenigo, se faisait l'écho de tous les bruits les plus extravagants[3]. Le nonce, plus réservé, écrivait des considérations tout empreintes de dévotion : « On dit qu'outre la peine qu'avait fait éprouver au Roi l'opposition que le duc avait faite à l'élévation de Mme du Barry, on avait encore persuadé au monarque que le duc soutenait le Parlement dans sa résistance aux ordres de Sa Majesté, et c'est là ce qui a accéléré sa chute... Que cela soit vrai, ainsi qu'une quantité d'anecdotes que racontent des personnes bien informées et qui feraient la matière d'un volume, je ne saurais le dire : cela nous fournira plus tard matière à conversation, les règles de la prudence ne permettant pas de les confier au papier ; je vous dirai seulement que, dans cette circonstance, par suite du mouvement que je me suis donné et de l'attention que j'ai prêtée, j'ai appris tant de choses que je me suis entraîné à dire, suivant mon caractère naturel : Laudavi magis mortuos quam viventes, sed feliciorem utroque judicavi qui necdum natus est, et le reste[4]. » Le comte de Mercy, plus judicieux, analysait les divers motifs qui avaient concouru à la chute du ministre, selon toute vraisemblance : « Votre Majesté veut savoir les causes de la

1. Lettre du nonce Giraud au cardinal Pallavicini, 31 décembre 1770, citée par le P. Theiner, *o. c.*, p. 560.

2. Cité par le P. Theiner, *o. c.*, II, p. 105.

3. Voir à l'appendice V, lettre du 31 décembre 1770.

4. Lettre du nonce Giraud au cardinal Pallavicini, 31 décembre 1770, cité par le P. Theiner, I, 560. La citation est tirée de l'Eccl., IV, 2, 3 « Et j'ai félicité les morts plus que les vivants, et j'ai estimé plus heureux que les uns et les autres celui qui n'est pas encore né ».

disgrâce du duc de Choiseul. Voici ce qui est de plus exact à cet égard. L'humeur hautaine et le langage indiscret de la duchesse de Grammont et de la princesse de Beauveau son intime amie, la faiblesse avec laquelle le duc de Choiseul se livrait à toutes leurs impulsions, la guerre ouverte où il s'était laissé entraîner contre la favorite, les propos hardis qu'il a osé tenir à son maître sur cette femme et plus encore les plaisanteries publiques et piquantes qu'il faisait sur son compte, tout cela avait depuis longtemps établi dans le cœur du roi un levain de dégoût pour son ministre; les ennemis de ce dernier fomentèrent et aigrirent ces dispositions; enfin, ils en profitèrent pour persuader au roi que le duc de Choiseul excitait les Parlements dans leur désobéissance et qu'il pourrait s'ensuivre un soulèvement dans le royaume, si le ministre n'était promptement renvoyé. On produisit des faux témoignages, on fit intervenir le prince de Condé; le chancelier déclara qu'il allait quitter; enfin le roi, pressé de tous les côtés par sa favorite, par plusieurs de ses ministres, un peu effrayé du danger qu'on lui représentait comme si prochain, se décida finalement à éloigner le ministre[1]. » Toutes les remarques du comte de Mercy étaient profondément justes. Mais il oubliait l'essentiel, la correspondance directe entre le duc de Choiseul et la Cour d'Espagne. La perspicacité de l'impératrice-reine ne s'y trompait pas : « Leurs inconséquences et impertinences répétées depuis tant d'années ne peuvent être la seule cause de leur chute[2]. »

D'ailleurs le renvoi du duc de Choiseul ne suffisait pas à rétablir la paix entre l'Espagne et l'Angleterre. Pendant la fin de décembre et le début de janvier, jusqu'au retour du courrier expédié au roi d'Espagne, l'inquiétude fut extrême à Versailles. On multipliait les projets, on imaginait de nouvelles lettres au roi catholique[3]. Cependant, après la missive du 21 décembre, le roi Charles III ne pouvait plus continuer le débat sans rompre à peu près complètement avec la France. Le 30, la crise se produisit à Madrid. Dès le 31, le marquis d'Ossun, effaré, insistait dans un petit mémoire au roi sur les dangers de la politique suivie par la Cour

1. Lettre particulière du comte de Mercy à l'impératrice-reine, 23 janvier 1771, t. I, p. 127.

2. Lettre particulière de l'impératrice-reine au comte de Mercy, 4 janvier 1771, t. I, p. 116.

3. Il existe encore deux brouillons du même projet, et qu'on se décida à ne pas envoyer. Aff. étr. Espagne, DLXII, f° 3 et f° 5.

de France. Dans sa réponse, il ne cachait pas la mauvaise impression produite sur le roi d'Espagne : « Sire, j'ai reçu hier après-midi la lettre que Votre Majesté a daigné m'écrire le 23 de ce mois ; elle était accompagnée de celle de Votre Majesté au roi son cousin : j'ai eu l'honneur de la lui remettre, lorsqu'il est revenu de la chasse et l'informer que Votre Majesté avait été obligée de remercier MM. de Choiseul et de choisir d'autres ministres ; le roi d'Espagne, Sire, m'a dit qu'il était fâché pour le bien du service de Votre Majesté que MM. de Choiseul eussent mérité cette disgrâce et qu'il répondrait incessamment par la voie du comte de Fuentès à la lettre de Votre Majesté... Je renvoie sur-le-champ à Votre Majesté, conformément à ses ordres, la copie de sa lettre au roi d'Espagne, qu'elle a jugé à propos de me communiquer et dont je ne garde pas de double[1]. »

Le roi catholique, quoique profondément blessé, sentit enfin qu'il ne lui était pas possible de songer à une guerre. Il se décida à acquiescer aux propositions anglaises et, le 2 janvier 1771 fit connaître sa décision au roi de France : « J'ai toujours été peiné de voir la désobéissance des Parlements de France et le chemin qu'ils faisaient pour empiéter sur l'autorité royale. On ne peut que louer par conséquent la résolution que Votre Majesté a prise de se faire obéir. Si, pour un motif aussi essentiel, si intéressant pour Votre Majesté, il était besoin de secours, tous ceux qui dépendraient de moi seront toujours de votre disposition, trop heureux de trouver les occasions de satisfaire les sentiments de mon cœur envers la personne de Votre Majesté et aux devoirs de la famille. Par le même principe, je ferai sûrement tout ce qui sera possible pour éviter la guerre. » Charles III ajoutait cependant de manière à marquer sa désapprobation : « Il eût été heureux de pouvoir différer la juste résolution de Votre Majesté vis-à-vis des Parlements jusques après un moment si critique. » Il parlait même en faveur du ministre disgrâcié : « Je suis bien fâché, pour la même raison, que le duc de Choiseul ait déplu à Votre Majesté dans ce moment-ci, puisque nos ennemis jugeront, quoique sans fondement, que, comme il a été l'instrument du Pacte de famille, son éloignement du ministère pourra amener du refroidissement entre les deux couronnes... J'expose à Votre Majesté ce que je pense avec sincérité, en réponse à la confiance

1. Lettre du marquis d'Ossun au roi de France, 31 décembre 1770. Aff. étr. Espagne, DLXI, f°s 506 et sq.

qu'il lui a plu de me témoigner dans sa lettre du 21 du mois passé[1]. »

Le marquis de Grimaldi accentua encore ces réflexions : « Le roi, mandait-il au comte de Fuentès, a fait attention aux instances réitérées que la Cour de France nous a faites par le canal du duc de Choiseul, qui nous a proposé différents projets, qui a mis tout en œuvre pour obliger les Anglais à être raisonnables et pour nous réduire aux condescendances capables d'éviter la guerre. Sa Majesté a considéré surtout la lettre que le roi son cousin lui a écrite le 21 décembre dernier de sa main propre, dans laquelle Sa Majesté très chrétienne dit à Sa Majesté que si Elle peut faire quelque sacrifice pour la paix sans blesser son honneur, ce sera un vrai service qu'Elle lui rendra dans ce moment-ci. D'après ces considérations, Sa Majesté s'est déterminée à céder ». Mais il ajoutait : « Si, après cette première condescendance, les Anglais ne se réduisent pas à la raison, il faudra bien courir les risques et l'incertitude toujours fâcheuse de la guerre; le moment présent, pour ce qui regarde le gouvernement supérieur de la Cour de France en contraste avec le Parlement de Paris est très critique, et, on peut dire, très malheureux. Le roi très chrétien l'insinue assez clairement dans la lettre qu'il a écrite au roi son cousin[2]. » Enfin, dans une lettre au prince de Masserano, l'épigramme était encore plus sanglante : « Le roi... a déterminé ce dont je vais vous rendre compte... persuadé particulièrement par les instances du roi son cousin qui lui a demandé quelque sacrifice possible, attendu la situation actuelle de la France, et cela, précisément dans le temps que nous croyons hors du ministère le duc de Choiseul, qui a été l'instrument principal du Pacte de famille et qui a soutenu notre union avec un zèle analogue à l'attachement sincère avec lequel Sa Majesté très chrétienne regarde cette même union[3]. » Il était difficile de se montrer plus explicite.

Néanmoins, malgré toutes ces réserves, lorsque, le 10 janvier, le courrier arriva à l'ambassade espagnole à Paris et que le 11, le comte de Fuentès remit la lettre au roi de France, l'allégresse de Louis XV ne connut pas de bornes. Dans un long entretien avec

1. Lettre du roi d'Espagne au roi de France, 2 janvier 1771. Aff. étr. Espagne, DLXII, f° 11.

2. Lettre du marquis de Grimaldi au comte de Fuentès, 2 janvier 1771. Aff. étr. Espagne, DLXII, f° 21.

3. Lettre du marquis de Grimaldi au prince de Masserano, 2 janvier 1771. Aff. étr. Espagne, DLXII, f°s 24 et sq.

l'ambassadeur d'Espagne, il lui promit d'observer toujours scrupuleusement à l'avenir les stipulations du Pacte de famille[1]. Le 24, il adressa une lettre de remerciements, pleine d'effusions, au roi d'Espagne : « Nos liens sont indissolubles et aucun changement dans nos ministères ne peut les faire changer, ainsi que j'en ai déjà assuré Votre Majesté[2]. » L'Angleterre, qui ne voulait pas la guerre, fit aux propositions des deux cours un accueil favorable. Le seul membre du cabinet partisan de la guerre, le secrétaire d'État aux Affaires étrangères, lord Weymouth, avait quitté le ministère dès le 18 décembre. Son successeur, lord Bristol, agréa sans difficulté les ouvertures faites et le 22, l'accord fut signé. Le 27, par une nouvelle lettre, le Roi de France, en félicita le roi son cousin[3]. L'ambassadeur anglais à Madrid, sir Harris, qui avait déjà reçu l'ordre de se retirer, fut averti de l'accord, rejoint dans un village à vingt lieues de Madrid et rappelé[4]. L'affaire des îles Malouines se terminait pacifiquement, à la satisfaction du Roi de France.

Louis XV n'en avait pas fini avec le duc de Choiseul; l'Autriche et l'Espagne regrettaient la disparition d'un ministre sur lequel elles pouvaient compter, et les intrigues qu'elles firent en sa faveur auprès du roi de France le confirmèrent plus que jamais dans la pensée que son ancien conseiller était uni par des liens personnels à la Cour de Vienne et surtout au roi catholique. D'abord, la lettre du marquis de Grimaldi, écrite le 24 décembre[5], arriva à Versailles après le renvoi du ministre. Très certainement, elle passa sous les yeux du roi de France et lui montra dans quelle confidence les deux ministres traitaient réciproquement leurs affaires personnelles. Puis, ce furent les regrets de la Cour de Vienne. Sans doute, au début, le prince de Kaunitz, qui gardait rancune au duc de Choiseul de sa récente politique en Orient, ne témoigna pas un grand chagrin de sa chute. Il écrivit même cette belle oraison funèbre : « Je suis fâché, mais peu étonné, je l'avoue, de ce qui vient d'arriver à

1. M. J. Flammermont, *o. c.*, p. 193.

2. Lettre du roi de France au roi d'Espagne, 24 janvier 1771. Aff. étr. Espagne, DLXII, f° 115.

3. Lettre du roi de France au roi d'Espagne, 27 janvier 1771. Aff. étr. Espagne, DLXII, f° 137. Les deux minutes sont de la main de l'abbé de la Ville. Les lettres partirent en même temps, le 28.

4. Sir W. Coxe, *o. c.*, V, p. 99.

5. Voir plus haut, p. 183 et 184.

M. le duc de Choiseul. Ce devait être à la fois la suite de toutes les imprudences que dans tous les temps et surtout depuis deux ans nous lui avons vu commettre et comme ministre et comme courtisan... Dieu veuille seulement qu'il ne soit pas remplacé par quelqu'un qui soit encore plus brouillon qu'il ne l'a été[1] ! » Mais l'impératrice-reine, plus perspicace, exprimait ses inquiétudes : « J'avoue, la perte de Choiseul m'est très sensible et je crains que nous ne nous en ressentions que trop[2] ». Elle écrivit à la Dauphine : « Hier, un autre courrier nous vint porter la disgrâce des Choiseul. J'avoue, j'en suis bien affectée. Je n'ai vu dans leurs procédés que de l'honnête et humain et bien attaché à l'alliance... N'oubliez jamais que votre établissement était l'ouvrage des Choiseul, qu'ainsi vous n'oubliez jamais le devoir de la reconnaissance[3]. » Comme le comte de Mercy assurait que « par circonspection pour le duc lui-même et pour ma position, je n'ai pu le voir avant son départ[4] », l'impératrice l'autorisait à donner aux ministres disgraciés, avec discrétion, des marques de sa bienveillance : « Je regrette de cœur la disgrâce des Choiseul. Mandez-moi de temps à temps de leurs nouvelles et je vous permets encore de leur faire parvenir quelquefois, avec toute la circonspection nécessaire, quelque chose de gracieux et de consolant de ma part, selon que vous le trouverez à propos[5]. »

Ce que la Cour de Vienne faisait avec sa prudence ordinaire, l'Espagne devait le tenter, multipliant les instances en faveur du duc de Choiseul, et si maladroitement que, bien loin de le servir, elle le compromettait encore davantage. Plus que jamais, après l'humiliation qu'il avait subie de l'Angleterre, et surtout la difficulté des affaires des Jésuites, le roi Charles III sentait le vide laissé par la disparition de l'ancien ministre. Le 13 janvier, le marquis d'Ossun se risquait à dire : « Vous jugerez aisément que la disgrâce de M. le duc de Choiseul a fait ici de la sensation. Ce ministre, qui avait été l'un des principaux auteurs du Pacte de

1. Lettre particulière du prince de Kaunitz au comte de Mercy, 5 janvier 1771, t. II, p. 383.
2. Lettre particulière de l'impératrice-reine au comte de Mercy, 4 janvier 1771, t. I, p. 116.
3. Lettre de l'impératrice-reine à la dauphine, 6 janvier 1771, t. I, p. 116.
4. Lettre particulière du comte de Mercy à l'impératrice-reine, 23 janvier 1771, t. I, p. 124.
5. Lettre particulière de l'impératrice-reine au comte de Mercy, 11 février 1771, t. I, p. 131.

famille, s'était particulièrement appliqué à en resserrer le nœud et à captiver l'amitié et la confiance du roi d'Espagne et de son ministère. Ce ministère a d'abord craint de ne pas trouver la même chaleur dans celui qui remplacera le duc de Choiseul, je n'ai rien omis pour le rassurer[1]. »

A ces paroles, comme aux précédentes insinuations de la Cour d'Espagne, le gouvernement de Versailles opposait un mutisme persistant. Le duc de la Vrillière se borna à répondre que « l'union de la France avec l'Espagne est indissoluble[2] ». Devant une telle froideur, le marquis d'Ossun changea de tactique. Il se trouvait le dépositaire de la correspondance secrète du duc de Choiseul. Pour se mettre à l'abri de tout soupçon, il rappela le souvenir de ses débats avec le duc de Choiseul; il parlait légèrement de son ancien ministre. A propos d'une pension, il écrivait : « M. le duc de Choiseul n'a jamais été porté à m'obliger. Je me flatte d'avoir mérité son estime, mais non pas d'avoir eu part à son amitié et à sa confiance. C'est en vérité ce que je puis dire de plus modéré sur sa conduite à mon égard[3]. » Il laissait intercepter[4] une lettre que sa femme lui écrivait et où elle déclarait : « Vous n'avez que des reproches à faire contre le maître de Chanteloup[5]. » Il adressait au duc d'Aiguillon un billet de congratulation dans les termes les plus forts, pour le féliciter de sa nomination[6]. Mais, pas plus que la Cour d'Espagne, il ne parvenait à forcer le mutisme obstiné de la Cour de Versailles sur tout ce qui concernait le duc de Choiseul.

Alors, le roi d'Espagne, à mesure que l'affaire des Jésuites se compliquait, intervint avec plus de force auprès du roi de France. Le 16 mars 1771, dans sa réponse aux remerciements de Louis XV, il déclarait : « Il me revient de France que le changement de ministère en France a fait penser à cette Cour-là (la Cour de Rome) qu'on pourrait aussi changer de maximes à l'égard des

1. Lettre du marquis d'Ossun au duc de la Vrillière, 13 janvier 1771. Aff. étr. Espagne, DLXII, f° 73.
2. Lettre du duc de la Vrillière au marquis d'Ossun, 22 janvier 1771. Aff. étr. Espagne, DLXII, f° 110.
3. Lettre particulière du marquis d'Ossun au duc de la Vrillière, 9 avril 1771. Aff. étr. Espagne, f° 374.
4. C'est du moins la seule explication de sa place dans les archives officielles.
5. Lettre de Mme d'Ossun à M. d'Ossun, 20 septembre 1771, Espagne, DLXV, f° 287.
6. Lettres du marquis d'Ossun au duc d'Aiguillon, 20 juin 1771 et 30 juin 1771. Aff. étr. Espagne, DLV, f° 273.

Jésuites. Ils ignorent que Votre Majesté suit toujours ses propres principes et non ceux de ses ministres. L'habileté, le concert et une sage conduite contribuent seulement à les faire réussir. Ce sont les qualités que j'avais remarquées dans M. de Choiseul et qui me le faisait recommander à Votre Majesté en tant qu'il ne pût lui déplaire; avec cette même réserve, eu égard à sa bonne conduite passée par nos affaires politiques, j'ose encore intercéder de Votre Majesté en sa faveur, pour qu'il éprouve quelques traits de sa bonté et de son indulgence dans ce qu'il peut en être susceptible; je fais des vœux pour que Votre Majesté le remplace avec un successeur qui ait la même élévation politique, pour acquérir le même crédit chez l'étranger[1]. »

Sur un appel aussi pressant, le roi de France ne pouvait plus longtemps garder le silence. Il était cependant difficile de se montrer plus bref que Louis XV ne le fut dans sa réponse : « Votre Majesté peut être bien persuadée que je convaincrai la Cour de Rome, de l'inviolabilité de mes principes et de leur indépendance des idées personnelles de mes ministres. Il faut que j'aie eu de bien fortes raisons pour prendre le parti que j'ai pris sur le duc de Choiseul; il est dans sa terre avec ses parents et je ne pouvais pas le traiter plus doucement[2]. » C'était presque inviter le roi d'Espagne à ne plus se mêler de cette affaire. Louis XV n'exposait aucun des motifs qui l'avaient déterminé à congédier son ministre[3].

Malgré tout, la Cour de Madrid ne se tint pas encore pour battue. Le choix du duc d'Aiguillon lui déplaisait au suprême degré. Le 7 juin, le comte de Fuentès mandait à son propos : « J'ai toujours pensé que ce n'était pas celui dont le choix fût le plus avantageux à l'Espagne et même à la France[4]. » Mais, par une inconséquence assez maladroite, ce fut ce même duc d'Aiguillon que l'ambassadeur d'Espagne crut pouvoir prendre comme avocat

1. Lettre du roi d'Espagne au roi de France, 16 mars 1771. Aff. étr. Espagne, DLXII, f° 266.

2. Lettre du roi de France au roi d'Espagne, 8 avril 1771. Aff. étr. Espagne, DLXII, f° 369.

3. Ce seul fait suffit à montrer que la correspondance particulière du duc de Choiseul avec l'Espagne fut bien la cause de sa chute. Si, comme on l'a prétendu, il s'était agi simplement d'intrigues avec les Parlements, Louis XV n'aurait eu aucun motif, bien au contraire, de s'expliquer nettement avec le roi d'Espagne.

4. Lettre du comte de Fuentès au marquis de Grimaldi, 7 juin 1771. Aff. étr. Espagne, DLV, f° 269.

de ses désirs[1]. Il lui fit quelques ouvertures en faveur du duc de Choiseul, obtint une réponse encourageante, alla de l'avant et demanda que le roi voulût bien accorder à l'ancien ministre de rentrer à Paris, comme on venait de le faire pour le duc de Praslin. Le duc d'Aiguillon se borna à de vagues promesses : « sans doute le duc de Choiseul reviendrait à Paris dans un an ou un an et demi[2] ». Ces promesses suffirent cependant au comte de Fuentès qui les rapporta triomphant, à Madrid et reçut la plus entière approbation du marquis de Grimaldi : « Outre les qualités personnelles du duc de Choiseul, son zèle et l'application constante avec laquelle il tâcha toujours de resserrer les deux monarchies exigent de la justice du roi que Sa Majesté s'intéresse à ce qui regarde cet ancien ministre[3]. » Le duc d'Aiguillon n'était pas sincère ; il s'était empressé de rapporter au roi les demandes de l'ambassadeur espagnol.

Devant une telle insistance Louis XV n'y tint plus. Il se livra à une démarche véritablement inouïe et le 18 octobre, écrivit au roi d'Espagne : « Monsieur mon frère et cousin, je ne m'attendais pas aux nouvelles instances qui m'ont été faites au nom de Votre Majesté en faveur du duc de Choiseul. Elle est informée des sujets de mécontentement qu'il m'a donnés et je me flatte que Votre Majesté veut bien se reposer sur moi des résolutions que je prends par rapport à l'administration intérieure de ma cour. Elles ne seront jamais contraires aux tendres sentiments qui m'unissent à Votre Majesté et quels que soient mes ministres, ils ne pourront me plaire que par leur attention constante à resserrer de plus en plus les liens et la parfaite intelligence qui subsiste entre nous[4]. »

1. Le duc de Choiseul, dans ses *Mémoires*, p. 285, accuse le duc d'Aiguillon d'avoir fait « tomber M. de Fuentès dans (le) panneau en faisant semblant de vouloir suivre ses conseils sur la manière de traiter avec l'Espagne et pour ce qui me regardait en particulier, il eut l'air vis-à-vis de l'ambassadeur de ne chercher que les occasions de m'obliger ». D'ailleurs, dans tout ce chapitre de ses Mémoires, le duc de Choiseul s'est montré vis-à-vis du marquis de Grimaldi et du comte de Fuentès d'une sévérité et d'une injustice qui ne s'expliquent que par les malheurs dont il les accusait d'être la cause.

2. Lettre du comte de Fuentès au marquis de Grimaldi, 5 septembre 1771. Simancas, leg. 4 580, n° 921.

3. Lettre du marquis de Grimaldi au comte de Fuentès, 19 septembre 1771. Aff. étr. Espagne, DLV, f° 286.

4. Lettre du roi de France au roi d'Espagne, 18 octobre 1771. Aff. étr. Espagne. La minute n'est pas datée ; elle porte en surcharge, d'une autre écriture, cette suscription : *Vers la fin d'août 1771*. La réponse du roi d'Espagne permet de la dater, précisément.

Piqué au vif, le roi catholique riposta presque courrier par courrier. » Je suis toujours très flatté lorsque Votre Majesté veut bien me renouveler directement les assurances de son amitié et de la constante union de nos intérêts, mais j'ai été supris de ce qui y a donné lieu dans la lettre qu'Elle a bien voulu m'écrire le 18 de ce mois. Je n'ai jamais pensé à prendre la moindre part, ni à m'ingérer d'aucune façon sur ce que Votre Majesté juge convenable de régler par rapport à l'administration intérieure de sa Cour et de son royaume. Je la prie bien d'en être convaincue, car je connais pleinement la délicatesse de cet article et je suis bien fâché qu'on ait voulu donner une interprétation de cette nature à une recommandation très circonspecte que j'osais faire à Votre Majesté en faveur du duc de Choiseul, qui n'avait jamais porté que sur l'indulgence de Votre Majesté pour lui procurer quelque trait de ses bontés et non rien qui eût rapport à cet objet intéressant. Votre Majesté peut s'éclaircir sur ce point en se rappelant les phrases dont je me suis servi lorsque je lui ai parlé de cet ancien ministre. Il n'est pas possible que personne lui ait fait parvenir des instances en mon nom dans un sens différent, à moins de quelque équivoque. Votre Majesté peut donc être bien assurée que ni de M. de Choiseul, ni de rien qui ait rapport à l'administration de sa Cour ou de son Royaume, il lui sera jamais fait mention de ma part[1]. »

Les deux lettres avaient été expédiées dans le plus profond secret, tant et si bien que l'ambassadeur d'Espagne lui-même n'en eut pas connaissance et que ce fut par le duc d'Aiguillon qu'il apprit le fait. Le comte de Fuentès, surpris, indigné, voulut demander une audience pour justifier le roi son maître[2]. Le marquis de Grimaldi l'en dissuada[3]. Cette lettre demeura la dernière : entre les Cours de Versailles et de Madrid il ne fut plus désormais question du duc de Choiseul.

La chute du duc de Choiseul eut cependant un épilogue, le renvoi de l'abbé Beliardi. Depuis longtemps, la présence à Madrid de cet agent avait excité les soupçons. Lorsque après la disgrâce du ministre, on chercha à punir les instruments de sa correspon-

1. Lettre du roi d'Espagne au roi de France, 28 octobre 1771. Aff. étr. Espagne, DLXIV, f° 139.

2. Voir lettre du comte de Fuentès au marquis de Grimaldi, 11 novembre 1771. Aff. étr. Espagne, DLV, f° 303.

3. Lettre du marquis de Grimaldi au comte de Fuentès, 25 novembre 1771. Aff. étr. Espagne, DLV, f° 309.

dance secrète, M. Favier remit à la Cour une réédition de son mémoire de mars 1769, enrichi de notes et de compléments. Dans une des additions, il déclarait : « Un abbé Béliardi était (peut-être est-il encore) le canal de la correspondance secrète entre M. de Choiseul et le comte d'Aranda... Depuis cette époque (1760) il a été le confident des deux ministres français et espagnol, l'associé de M. de la Borde et l'instrument des intrigues les plus chatouilleuses, et celles pour amener une rupture entre l'Angleterre et l'Espagne et pour embarquer la France dans la guerre, ont passé par ses mains[1]. » Il l'accusait d'avoir combiné avec M. de la Borde, le financier du duc de Choiseul, un vaste plan, un marché scandaleux pour accaparer toute la cochenille qui se trouvait en Europe. Ainsi suspecté l'abbé Beliardi demeurait dans une situation précaire. Le marquis d'Ossun, à Madrid, lui témoignait peu de sympathie[2]. Le consul général fournit lui-même un prétexte à ses adversaires. Il commit l'imprudence de négocier avec M. de la Borde le recouvrement auprès de la Cour

1. Favier, o. c. Aff. étr. France, Mém. et Doc., DLXXXI, f° 139 en marge. Existait-il réellement, comme le déclare ici Favier, une correspondance secrète entre le duc de Choiseul et le comte d'Aranda ? C'est bien peu vraisemblable. Sans doute, les deux hommes se connaissaient. On a conservé une lettre au duc de Choiseul, du comte d'Aranda, alors ambassadeur à Varsovie, pour le féliciter de son élévation à la Toison d'Or. D'autre part, certains faits (voir plus haut, ch. v, p. 99, note 1), laissent croire que leurs relations n'étaient pas intimes. En tout cas, nulle part ailleurs on ne trouve confirmation de ce fait. L'existence de la correspondance avec le marquis de Grimaldi rend bien peu fondée cette hypothèse. Les deux ministres espagnols se détestaient. En jouant double jeu avec l'un et l'autre, le duc de Choiseul aurait risqué beaucoup sans aucun avantage. Mais on comprend très bien comment Favier est venu à parler du comte d'Aranda. Au début de 1771, à la suite de l'affaire de l'abbé de la Ville, l'entourage de Mme du Barry ne doutait plus d'une correspondance secrète entre le duc de Choiseul et la cour d'Espagne. On accusait le secrétaire d'État des Affaires étrangères de pousser, dans ces lettres, à la guerre. Comme on savait le marquis de Grimaldi partisan de la paix, le comte d'Aranda décidé à la guerre, on était tout naturellement amené à penser que le président du Conseil de Castille se trouvait le destinataire des billets secrets du duc de Choiseul. Il n'y a pas lieu d'attacher plus d'importance au témoignage de Favier. Mais ce qu'il en faut retenir, c'est qu'il donnait la correspondance secrète avec l'Espagne comme un fait démontré et reconnu par le roi.

2. On a accusé d'Ossun (M. F. Rousseau, o. c., II, p. 29) d'avoir contribué au renvoi de l'abbé Beliardi. Sans doute, il est permis de croire qu'il ne vit pas sa disgrâce avec déplaisir. Néanmoins, les relations du marquis d'Ossun avec le duc de la Vrillière et le duc d'Aiguillon étaient trop peu intimes pour qu'il risquât auprès d'eux de semblables démarches. Plus ou moins compromis dans les intrigues du duc de Choiseul, il tâchait surtout de se faire oublier et ne cherchait pas du tout à attirer l'attention sur lui-même..

de Madrid, d'anciennes créances au nom de la duchesse de Choiseul. Sa correspondance fut saisie et on s'empressa de le rappeler[1]. L'abbé de Frischmann, ancien chargé d'affaires à Madrid du temps du duc de Duras, qui s'était constitué à la Cour de Versailles après la chute du duc de Choiseul, le protecteur de l'abbé Beliardi[2] essaya en vain de retarder le dénouement. Le 29 octobre le rappel fut prononcé[3]. A deux reprises, le 20 et le 28 novembre, le marquis d'Ossun lui adressa des billets de condoléances où il paraissait surtout désireux de se disculper et de bien établir qu'il n'était pour rien dans toute cette affaire[4]. Le 2 décembre 1771, l'abbé Beliardi quittait Madrid. Le nouveau parti qui triomphait à la Cour s'ingéniait ainsi à frapper, les uns après les autres, tous ceux qui avaient pris quelque part, depuis 1758, aux relations intimes entre la France et l'Espagne.

1. C'est ce qui résulte d'une lettre de la duchesse de Choiseul à la duchesse d'Anville, en date du 14 novembre 1771, lettre faite, il y paraît assez par la fin, pour être interceptée. Elle se trouve aux archives des Affaires étrangères, Espagne, DLXIV, f° 234. Voir le texte à l'appendice VI.

2. Du moins on les voit alors entretenir une correspondance personnelle assez fréquente (aux archives des Affaires étrangères).

3. Bibl. Nat., mss. F. p. 10765, f° 268.

4. *Id.*, f° 281 et f° 283.

CONCLUSION

Ainsi, en 1771, l'alliance espagnole, après une suite ininterrompue de mécomptes, aboutissait à une véritable défection de la part de la France. Dans l'affaire des îles Malouines, il faut bien le dire, Louis XV avait formellement manqué aux engagements contractés. L'Espagne était en droit de ne plus faire aucun fond sur le Pacte de famille.

De part et d'autre, c'était un triste bilan. A la France, le traité valait le retard apporté en 1762 à la paix avec l'Angleterre, la perte de la Louisiane et des îles neutres, la ruine de ses privilèges commerciaux dans la péninsule ibérique, l'invasion des côtes de la Manche et de l'Océan par la contrebande espagnole, de multiples craintes de guerre depuis 1763, enfin l'aventure périlleuse des îles Malouines. L'Espagne y avait trouvé au point de vue économique, un avantage indiscutable; mais, par contre, que de déceptions dans le domaine politique ! Les ruines militaires et financières de la guerre de Sept ans, la perte de la Floride, nulle garantie sérieuse en Italie pour les infants, l'obligation de supporter toutes les insultes anglaises sans riposter, la presque certitude de se trouver abandonnée en cas de conflit armé. Aussi le comte de Broglie et Favier pouvaient-ils déclarer que le duc de Choiseul avait, pour des motifs personnels, conclu une alliance néfaste aux deux nations.

Et cependant si les résultats immédiats semblaient donner tort au duc de Choiseul, l'œuvre restait grande et s'appuyait sur une conception juste. L'union des puissances latines sous l'hégémonie de la maison de Bourbon, idée entrevue par Louis XIV, était parfaitement réalisable sous le règne de Louis XV. Bien plus, elle s'imposait encore plus qu'au temps du grand roi. La Suède, la Pologne, la Turquie, vieux débris d'une puissance passée ne restaient plus pour leurs alliés qu'une source d'embarras. En face de l'Angleterre, dont la grandeur croissait encore chaque jour, en face de la Prusse, trop forte pour n'avoir pas son indépendance, la France, renonçant aux vieux préjugés diplomatiques, devait s'allier intimement à ses deux anciennes ennemies, l'Autriche et l'Espagne. Le duc de Choiseul avait donné à la France un système politique. Moins de vingt ans plus tard, à la veille de la Révolution, elle se trouvait sur le point d'en recueillir tous les fruits. Une vaste coalition se formait prête à unir l'Espagne et la France à l'Autriche et à la Russie. Les pays de l'alliance s'étendaient sans interruption du détroit de Gibraltar et des bords de la Méditerranée à la Baltique et à l'Oural. Alors qu'à la fin du siècle précédent, la France devait tenir tête à toute l'Europe coalisée contre elle à la suite de l'Angleterre, par un renversement heureux, la Cour de Versailles dirigeait l'union des puissances contre l'Angleterre isolée ou réduite à l'alliance prussienne. Le système du duc de Choiseul parut donner alors de beaux résultats. Plus modestement, et laissant de côté ces rêves d'avenir, l'illustre ministre s'était attaché surtout à créer sur mer un obstacle puissant aux entreprises britanniques en liant intimement les deux seules couronnes qui, l'Angleterre excepté, possédassent une flotte, la France et l'Espagne. Sans doute, en 1770, l'entreprise avait échoué, mais ce sera toujours l'honneur du duc de Choiseul d'avoir, par le Pacte de famille, préparé l'entreprise qui jeta un dernier rayon de gloire sur les armes de la vieille monarchie française, la guerre d'Amérique.

APPENDICE I

TEXTE DU PACTE DE FAMILLE[1]

Au nom de la très sainte et indivisible Triniét, Père, Fils et Saint-Esprit. Ainsi soit-il ;

Les liens du sang qui unissent les deux monarques qui règnent en France et en Espagne et les sentiments particuliers dont ils sont animés l'un pour l'autre et dont ils ont donné tant de preuves, ont engagé Sa Majesté très chrétienne et Sa Majesté catholique à arrêter et conclure entre elles un traité d'amitié et d'union, sous la dénomination de Pacte de famille et dont l'objet principal est de rendre permanents et indissolubles, tant pour leurs dites Majestés que pour leurs descendants et successeurs, les besoins qui sont une suite naturelle de la parenté et de l'amitié. L'intention de Sa Majesté très chrétienne et de Sa Majesté catholique en contractant les engagements qu'elles prennent par ce traité, est de perpétuer dans leur postérité les sentiments de Louis XIV de glorieuse mémoire, leur commun et auguste bisayeul et de faire subsister à jamais un monument solennel de l'intérêt réciproque qui doit être la base des désirs de leurs cœurs et de la prospérité de leurs familles royales.

Dans cette vue et pour parvenir à un but si convenable et si salutaire, Leurs Majestés très chrétienne et catholique ont donné leurs pleins pouvoirs savoir, Sa Majesté très chrétienne au duc de Choiseul, pair de France, chevalier de ses ordres, lieutenant général des armées de Sa Majesté, gouverneur de Touraine, grand maître et surintendant général des courriers, postes et relais de France, ministre et secrétaire d'État ayant le département des Affaires étrangères et de la Guerre, et Sa Majesté catholique au marquis de Grimaldi, gentilhomme de sa Chambre avec exercice et son ambassadeur extraordinaire auprès du roi très chrétien, lesquels informés des dispositions de leurs souverains respectifs et après s'être communiqués leurs pleins pouvoirs sont convenus des articles suivants.

1. Aff. étr. Espagne, f°s 270-285.

ARTICLE PREMIER.

Le roi très chrétien et le roi catholique déclarent qu'en vertu de leurs intimes liaisons de parenté et d'amitié et par l'union qu'ils contractent par le présent traité, ils regarderont à l'avenir comme leur ennemie toute puissance qui le deviendra de l'une ou de l'autre des deux Couronnes.

ARTICLE 2.

Les deux rois contractants se garantissent réciproquement de la manière la plus absolue et la plus authentique tous les Etats, terres, îles et places qu'ils possèdent dans quelque partie du monde que ce soit, sans aucune réserve ni exception et les possessions, objet de leur garantie, seront constatées suivant l'État actuel où elles seront au premier moment où l'une et l'autre Couronne se trouvent en paix avec toutes les autres puissances.

ARTICLE 3.

Sa Majesté très chrétienne et Sa Majesté catholique accordent la même garantie absolue et authentique au roi des Deux-Siciles et à l'infant Don Philippe duc de Parme, pour tous les États, races et pays qu'ils possèdent actuellement, bien entendu que Sa Majesté sicilienne et le dit infant duc de Parme garantiront aussi de leur part tous les États et domaines de Sa Majesté très chrétienne et de Sa Majesté catholique.

ARTICLE 4.

Quoique la garantie inviolable et mutuelle à laquelle Leurs Majestés très chrétienne et catholique s'engagent doive être soutenue de toute leur puissance, et que Leurs Majestés l'entendent ainsi d'après le principe qui est le fondement de ce Traité, que, qui attaque une couronne attaque l'autre, cependant les deux parties contractantes ont jugé à propos de fixer les premiers secours que la puissance requise sera tenue de fournir à la puissance requérante.

ARTICLE 5.

Il est convenu entre les deux rois que la couronne qui sera requise de fournir le secours aura dans un ou plusieurs de ses ports, trois mois après la réquisition douze vaisseaux de ligne et six frégates armés à la disposition entière de la Couronne requérante.

ARTICLE 6.

La puissance requise tiendra dans le même espace de trois mois à la disposition de la puissance requérante, dix huit mille hommes d'infanterie et six mille hommes de cavalerie, si la France est la puissance requise et l'Espagne, dans le cas où elle serait la puissance requise, dix mille hommes d'infanterie et deux mille hommes de cavalerie. Dans cette différence de nombre on a eu égard à celle qui se trouve entre les troupes que la France a actuellement sur pied, celles qui sont entretenues par l'Espagne, mais s'il arrivait dans la suite que le nombre des troupes sur pied fût égal de part et d'autre, l'obligation serait dès lors pareillement égale de se fournir et à le mettre à portée de sa destination sans cependant le faire d'abord sortir de ses États, mais de le placer dans la partie des dits Etats qui sera indiquée pour la partie requérante, afin qu'il y soit plus à portée de l'entreprise ou objet pour lequel elle demandera les dites troupes. Et comme cet emplacement devra être précédé de quelque embarquement, navigation ou marches de troupes par terre, le tout s'exécutera aux frais de la puissance requise à qui le dit secours appartiendra en toute propriété.

ARTICLE 7.

Quant à ce qui regarde la différence du dit nombre des troupes à fournir Sa Majesté catholique excepté le cas où elles seraient nécessaires pour défendre le domaine du roi des Deux-Siciles son fils ou ceux de l'infant duc de Parme son frère, de sorte que reconnaissant l'obligation de préférence, quoique volontaire, que les liens du sang et de la proche parenté lui imposeraient alors, le roi catholique, dans ces deux cas, promet de fournir un secours de dix huit mille hommes d'infanterie et six mille de cavalerie et même toutes ses forces, sans rien exiger de Sa Majesté Très Chrétienne que le nombre de troupes ci-dessus stipulé et les efforts que sa tendre amitié pour les Princes de son sang pourra inspirer de faire en leur faveur.

ARTICLE 8.

Sa Majesté très chrétienne excepte aussi de son côté les guerres dans lesquelles elle pourrait entrer ou prendre part en conséquences des engagements qu'elle a contractés par les traités de Westphalie et autres alliances avec les puissances de l'Allemagne et du Nord, et considérant que les dites guerres ne peuvent intéresser en rien la couronne d'Espagne, Sa Majesté très chrétienne promet de ne point exiger aucun secours du roi catholique, à moins cependant que quelque puissance maritime ne prît part aux dites guerres ou que les événements ne fussent si contraires à la France qu'elle se vît attaquée dans son propre pays, par terre, et dans ce dernier cas, Sa Majesté catholique promet au roi très chrétien de lui fournir sans aucune exception non seulement les susdits dix mille hommes d'infanterie et deux mille hommes de cavalerie, mais aussi de porter, en cas de besoin, ce secours jusqu'à dix huit mille hommes d'infanterie et six mille de cavalerie, ainsi qu'il a été stipulé par rapport au nombre à fournir au roi catholique pour Sa Majesté très chrétienne, Sa Majesté Catholique s'engageant, si le cas arrive, de n'avoir aucun égard à la disproportion qui se trouve entre les forces de terre de la France et celle de l'Espagne

ARTICLE 9.

Il sera libre à la puissance requérante d'envoyer un ou plusieurs commissaires choisis parmi ses sujets, pour s'assurer par eux-mêmes que la puissance requise a rassemblé dans les trois mois à compter de la réquisition et tient dans un ou plusieurs de ses ports les douze vaisseaux de ligne et les six frégates armés en guerre, ainsi que le nombre stipulé de troupes de terre, le tout prêt à marcher.

ARTICLE 10.

Les dits vaisseaux, frégates et troupes agiront selon la volonté de la puissance qui en aura besoin et qui les aura demandés, sans que sur les motifs et sur les objets indiqués pour l'emploi des dites forces de terre et de mer, la puissance requise puisse faire d'une seule et unique représentation.

ARTICLE 11.

Ce qui vient d'être convenu aura lieu toutes les fois que la puissance requérante demanderait les secours pour quelque entreprise offensive ou défensive de terre ou de mer, d'une exécution immédiate et ne doit pas s'étendre pour les cas où les vaisseaux et frégates de la puissance requise iraient s'établir dans quelque port de ses Etats, puisqu'il suffira alors qu'elle tienne ses forces de terre et de mer dans les endroits de ses domaines qui seront indiqués par la puissance requérante, comme plus utiles à ses vues.

ARTICLE 12.

La demande que l'un des deux souverains fera à l'autre des secours stipulés par le présent traité suffira pour constater le besoin d'une part et l'obligation de l'autre de fournir le dit secours, sans qu'il soit nécessaire d'entrer dans aucune explication de quelque espèce qu'elle puisse être ni, sous quelque prétexte que ce soit, pour éluder la plus prompte et la plus parfaite exécution de cet engagement.

ARTICLE 13.

En conséquence de l'article précédent, la discussion du cas offensif ou défensif ne pourra point avoir lieu par rapport aux douze vaisseaux, aux six frégates et aux troupes de terre à fournir, ces forces devant être regardées dans tous les cas et *trois mois après la réquisition*, comme appartenant en propriété à la puissance qui les aura requises.

ARTICLE 14

La puissance qui fournira le secours soit en vaisseaux et frégates, soit en troupes, les payera partout où son allié les fera agir, comme si ces forces étaient employées directement pour elle-même, et la puissance requérante sera obligée, soit que les dites vaisseaux, frégates ou troupes restent peu ou longtemps, dans ses ports, de les faire pourvoir de tout ce dont elles auront besoin, au même prix que si elles lui appartenaient en propriété et à les faire jouir des mêmes prérogatives et privilèges dont jouissent ses propres troupes. Il a été convenu que dans aucun cas les dites troupes ou vaisseaux ne pourront être à la charge de la puissance à qui ils seront envoyés et qu'ils subsisteront à sa disposition pendant toute la durée de la guerre dans laquelle elle se trouvera engagée.

Article 15.

Le roi très chrétien et le roi catholique s'obligent à tenir complets et bien armés les vaisseaux, frégates et troupes que Leurs Majestés se fourniront réciproquement, de sorte qu'aussitôt que la puissance requise aura fourni les secours stipulés par les articles 5 et 6 du présent traité, elle fera armer dans ses ports un nombre suffisant de vaisseaux, pour remplacer sur-le-champ ceux qui pourraient être perdus par les événements de la guerre ou de la mer. Cette même puissance tiendra également prêtes les recrues et les réparations nécessaires pour les troupes de terre qu'elle aura fournies.

Article 16.

Les secours stipulés dans les articles précédents, selon le temps et la manière qui a été expliquée, doivent être considérés comme une obligation inséparable des liens de parenté et d'unité et de l'union intime que les deux monarques contractants désirent de perpétuer entre leurs descendants et ces secours stipulés seront ce que la puissance requise pourra faire du moins pour la puissance qui en aura besoin, mais, comme l'intention des deux rois est que la guerre commençant pour ou contre l'une de leurs couronnes, doit devenir propre et personnelle à l'autre, il est convenu que dès que les deux se trouveront en guerre déclarée contre le même ou les mêmes ennemis, l'obligation des dits secours stipulés cessera et à sa place succédera pour les deux couronnes l'obligation de faire la guerre conjointement en y employant toutes leurs forces et pour cet effet les deux autres parties contractantes feront alors entre elles les conventions particulières relatives aux circonstances de la guerre dans laquelle elles se trouveront engagées, concerteront et détermineront leurs efforts et leurs avantages respectifs et réciproques, comme aussi leurs plans et opérations militaires et politiques, et ces conventions étant faites, les deux rois les exécuteront ensemble d'un commun et parfait accord.

Article 17.

Leurs Majestés très chrétienne et catholique s'engagent et se promettent, pour le cas où elles se trouveraient en guerre, de n'écouter ni faire aucune proposition de paix, de ne la traiter ni conclure avec l'ennemi ou les ennemis qu'elles auront que d'un accord et consentement mutuel et commun et de se communiquer réciproquement tout ce qui pourrait venir à leur connaissance qui intéresserait les deux couronnes et en particulier sur l'objet de la pacification, de sorte qu'en guerre comme en paix, chacune des deux couronnes regardera comme ses propres intérêts ceux de la couronne son alliée.

ARTICLE 18.

En conformité de ce principe et de l'engagement contracté en conséquence, Leurs Majestés très chrétienne et catholique sont convenues que lorsqu'il s'agira de terminer par la paix la guerre qu'elles auront soutenue en commun, elles compenseront les avantages que l'une des deux puissances pourrait avoir eus avec les pertes que l'autre aurait pu faire ; de manière que sur les conditions de la paix, ainsi que sur les opérations de la guerre, les deux monarchies de France et d'Espagne, dans toute l'étendue de leur domination, seront regardées et agiront comme si elles ne formaient qu'une seule et même puissance.

ARTICLE 19.

Sa Majesté le roi des Deux-Siciles ayant la même liaison de parenté et d'amitié et les mêmes intérêts qui unissent intimement Leurs Majestés très chrétienne et très catholique, Sa Majesté catholique stipule pour le roi des Deux-Siciles son fils et s'oblige à lui faire ratifier tant pour lui que pour ses descendants à perpétuité tous les articles du présent traité ; bien entendu que pour ce qui regarde la proposition des secours à fournir par Sa Majesté sicilienne, ils seront déterminés dans son acte d'accession au dit traité, suivant l'étendue de sa puissance.

ARTICLE 20.

Leurs Majestés très chrétienne, catholique et sicilienne s'engagent non seulement à concourir au maintien et à la splendeur de leurs royaumes dans l'état où ils se trouvent actuellement, mais encore à soutenir sur tous les objets, sans exception, la dignité et les droits de leurs maisons de sorte que chaque prince qui aura l'honneur d'être issu du même sang pourra être assuré en toute occasion de la protection et de l'assistance des trois couronnes.

ARTICLE 21.

Le présent traité devant être regardé ainsi qu'il a été annoncé dans le préambule comme un Pacte de famille entre toutes les branches de l'auguste maison de Bourbon, nulle autre puissance, que celles qui seront de cette maison ne pourra être invitée ni admise à y accéder.

ARTICLE 22.

L'amitié étroite qui unit les monarques contractants et les engagements qu'ils prennent par ce traité les déterminent aussi à stipuler que leurs Etats et sujets respectifs participeront aux avantages et à la liaison établis entre les souverains et Leurs Majestés se promettent de ne pas souffrir qu'en aucun cas, ni sous quelque prétexte que ce soit, leurs dits Etats et sujets puissent rien faire ou entreprendre de contraire à la parfaite correspondance qui doit subsister inévitablement entre les trois couronnes.

Article 23.

Pour cimenter d'autant plus cette intelligence et ces avantages réciproques entre des sujets des deux couronnes, il a été convenu que les Espagnols ne seront plus reputés aubains en France, et en conséquence Sa Majesté très chrétienne s'engage à abolir en leur faveur le droit d'aubaine, en sorte qu'ils pourront disposer par testament, donation ou autrement de tous les biens sans exception, de quelque nature qu'ils soient, qu'ils posséderont dans son royaume et que leurs héritiers sujets de Sa Majesté catholique demeurant tant en France qu'ailleurs, pourront recueillir leurs successions même *ab intestat*, soit par eux-mêmes, soit par leurs procureurs ou mandataires quoiqu'ils n'aient point obtenu de lettres de nationalité et les transporter hors les Etats de Sa Majesté très chrétienne, nonobstant toutes lois, statuts, coutumes ou droits à ce contraires, auxquels Sa Majesté très chrétienne déroge autant que besoin serait. Sa Majesté catholique s'engage de son côté à faire jouir des mêmes privilèges et de la même manière dans tous les Etats et pays de sa domination tous les Français et sujets de Sa Majesté très chrétienne par rapport à la libre disposition des biens, qu'ils posséderont dans toute l'étendue de la monarchie espagnole, de sorte que les sujets des deux couronnes seront généralement traités en tout et pour tout ce qui regarde cet article dans les pays des deux nominations comme les propres et naturels sujets de la puissance dans les Etats de laquelle ils résideront. — Tout ce qui est dit ci-dessus par rapport à l'abolition du droit d'aubaine et aux avantages dont les Français doivent jouir dans les États du roi d'Espagne en Europe et les Espagnols en France est accordé aux sujets du roi des Deux-Siciles, qui sont compris aux mêmes conditions dans cet article et réciproquement les sujets de Leurs Majestés très chrétienne et catholique jouiront des mêmes exemptions et avantages dans les États de Sa Majesté sicilienne.

Article 24.

Les sujets des hautes parties contractantes seront traités relativement au commerce et aux impositions dans chacun des deux royaumes en Europe comme les propres sujets du pays où ils aborderont ou résideront; de sorte que le pavillon espagnol jouira en France des mêmes droits et prérogatives que le pavillon français et pareillement que le pavillon français sera traité en Espagne avec la même faveur que le pavillon espagnol. Les sujets des deux monarchies, en déclarant leurs marchandises, payeront les mêmes droits qui seront payés par les nationaux. L'importation et l'exportation leur sera également libre comme aux sujets naturels et il n'y aura de droits à payer de part et d'autre que ceux qui seront perçus par les propres sujets du souverain, ni de matières sujettes à confiscation que celles qui seront prohibées aux nationaux eux-mêmes ; et pour ce qui regarde ces objets, tous traités, conventions ou engagements antérieurs entre les deux monarchies resteront abolis ; bien entendu que nulle autre puissance étrangère ne jouira en Espagne non plus qu'en France d'aucun privilège plus avantageux que celui des deux nations ; on observera les mêmes règles en France et en Espagne à l'égard du pavillon et des sujets du roi des Deux-Siciles et Sa Majesté sicilienne les fera réciproquement observer à l'égard du pavillon et des sujets des couronnes de France et d'Espagne.

Article 25.

Si les hautes parties contractantes font dans la suite quelque traité de commerce avec d'autres puissances et leur accordent ou leur ont déjà accordé dans leurs ports ou États le traitement de la nation la plus favorisée, on préviendra les dites puissances que le traitement des Espagnols en France et dans les Deux-Siciles, des Français en Espagne et pareillement dans les Deux-Siciles et les Napolitains et Siciliens en France et en Espagne sur le même objet, est excepté à cet égard et ne doit point être cité ni servir d'exemple, Leurs Majestés très chrétienne, catholique et sicilienne ne voulant faire participer aucune autre nation aux privilèges dont elles jugent convenable de faire jouir réciproquements leurs sujets respectifs.

Article 26.

Les hautes parties contractantes se confieront réciproquement toutes les alliances qu'elles pourront former dans la suite et les négociations qu'elles pourront suivre, surtout lorsqu'elles auront quelque rapport avec leurs intérêts communs et en conséquence Leurs Majestés très chrétienne et sicilienne ordonneront à tous les ministres respectifs qu'elles entretiennent dans les autres cours de l'Europe de vivre entre eux dans l'intelligence la plus parfaite et avec la plus entière confiance, afin que toutes les démarches faites au nom de quelqu'une des trois couronnes, tendent à leur gloire et à leurs avantages communs, et soient un gage constant de l'intimité que Leurs dites Majestés veulent établir et perpétuer entre elles.

Article 27.

L'objet délicat de la présence dans les actes, fonctions et cérémonies publiques est souvent un obstacle à la bonne harmonie et à l'intime confiance qu'il convient d'entretenir entre les ministres respectifs de France et d'Espagne parce que ces sortes de discussions, quelque tournure qu'on prenne pour les faire cesser, indisposent les esprits. Elles étaient naturelles quand les deux couronues appartenaient à des princes de deux différentes maisons, mais actuellement, et pour tout le temps pendant lequel la divine Providence a déterminé de maintenir sur les deux trônes des souverains de la même maison, il n'est pas concevable qu'il subsiste entre eux une occasion continuelle d'altération et de mécontentement. Leurs Majestés très chrétienne et catholique sont convenus en conséquence de faire entièrement cesser cette occasion en fixant, pour règle invariable, à leurs ministres revêtus du même caractère dans des cours étrangères que dans des cours de famille comme sont présentement celles de Naples et de Parme, les ministres du monarque chef de la maison auront toujours la préséance dans tel acte, fonction ou cérémonie que ce soit, laquelle préséance sera regardée comme une suite de l'avantage de la naissance et que dans toutes les autres cours, le ministre soit de France, soit d'Espagne qui sera arrivé le dernier ou dont la résidence sera plus récente, cédera au ministre de l'autre couronne et de même caractère qui sera arrivé le premier ou dont la résidence sera plus ancienne, de façon qu'il y aura désormais à cet égard une alternative constante et fraternelle; à laquelle aucune autre Puissance ne pourra ni devra être admise, attendu que cet arrangement qui est uniquement une suite du présent Pacte de famille, cesserait, si des princes de la même maison n'occupaient plus les trônes des deux monarchies et qu'alors chaque couronne rentrerait dans ses droits ou prétentions à la préséance. Il a été convenu aussi que, si par quelque cas fortuit des ministres des deux couronnes arrivaient précisément en même temps dans une cour, autre que celles de famille, le ministre du souverain chef de la maison précédera à ce titre le ministre du souverain cadet de la même maison.

Article 28.

Le présent traité ou Pacte de Famille sera ratifié, et les ratifications en seront échangées dans le terme d'un mois au plus tôt si faire se peut, à compter du jour de la signature du dit traité.

En foi de quoi, nous ministres plénipotentiaires de Sa Majesté très chrétienne, de Sa Majesté catholique soussignés, en vertu des pleins pouvoirs qui sont transcrits littéralement et fidèlement en bas de ce présent traité, nous l'avons signé et y avons apposé les cachets de nos armes.

Fait à Paris, le quinzième août mil sept cent soixante et un.

APPENDICE II

CONVENTION SECRÈTE DU 15 AOUT 1761[1]

Toute l'Europe doit connaître à présent le danger auquel l'équilibre maritime est exposé, si l'on considère les ambitieux projets de la cour britannique et le despotisme qu'elle cherche à s'arroger sur toutes les mers. La nation anglaise le démontre clairement dans tous ses procédés et en particulier depuis dix années qu'elle veut se rendre maîtresse absolue de la navigation et ne laisser à toutes les autres qu'un commerce passif et précaire. Dans cette vue elle commença et soutient la présente guerre contre la France et avec la même intention son ministère s'est obstiné à ne point restituer les usurpations que les Anglais ont faites sur les domaines Espagnols en Amérique, et à s'approprier le privilège exclusif de la pêche de la morue et autres droits qui ne sont fondées que sur une tolérance temporelle. Le roi T. C. soutient et soutiendra la guerre et le roi catholique est résolu de la leur faire par une juste opposition à ces orgueilleux desseins, si la cour britannique ne se prête pas à la paix que S. M. T. C. lui offre à des conditions raisonnables: et si elle ne satisfait point aux plaintes fondées de Sa Majesté catholique dans les termes qui lui sont dûs, et afin de rendre uniformes leurs respectives négociations pacifiques ou, pour le cas que celles-ci rencontrent dans les Anglais une opiniâtre résistance à la réconciliation, joindre leurs forces contre eux, L. L. M. M. ont jugé convenable d'établir une convention particulière limitée aux circonstances présentes dans le temps même qu'elles établissent un Pacte perpétuel de famille lequel, avec l'aide de Dieu doit rendre heureuses et glorieuses toutes leurs branches de même que les nations qu'elles puissent gouverner de longs siècles, conformément à la résolution déterminée des souverains respectifs et en vertu de l'étendue qu'il y a pour traiter et ajuster cette convention temporelle en même

1. Aff. étr. Espagne, DXXXIII, f°s 290-294.

temps que le susdit Pacte perpétuel de famille dans les pleins pouvoirs accordés, savoir S. M. C. à
et S. M. T. C. à

Ils ont convenu et accordé les articles suivants :

ARTICLE PREMIER.

Au cas que l'Angleterre se refuse aux conditions modérées auxquelles la France s'est offerte à la paix et que celle-ci ne soit pas conclue le 1er mai de l'année prochaine 1762. le roi catholique offre au roi T. C. de déclarer ouvertement la guerre aux Anglais le susdit jour 1er mai 1762 et de la leur faire avec toutes ses forces.

ARTICLE 2.

De son côté le roi T. C. offre au roi catholique de comprendre dans ses négociations de paix à Londres les intérêts qu'actuellement traite dans ladite cour celle de Madrid, afin que les Anglais restituent les prises qu'ils ont faites pendant la présente guerre contre la neutralité de l'Espagne, afin qu'ils avouent le droit des Espagnols de pouvoir aller à la pêche de la morue à Terre-Neuve, et afin qu'ils sortent des établissements qu'ils ont occupés sur la côte espagnole de Terre-Neuve en Amérique et d'unir les affaires de la France avec celles de l'Espagne de telle façon que S. M. T. C. n'admettra aucun accommodement ni ne suspendra la guerre sans que le roi catholique se déclare content de l'issue et de la conclusion des siennes.

ARTICLE 3.

Si par une suite des engagements pris par les deux monarques contractants dans les deux articles précédents, ils se trouvassent dans une guerre ouverte contre les Anglais le 1er mai 1762, ils se promettent de la faire de bonne foi, de convenir des opérations avant de les entreprendre, apportant un esprit fidèle et constant pour que pertes ou avantages soient communes et pour se récompenser réciproquement au temps de la paix les unes avec les autres comme s'il ne s'agissait que d'une seule puissance qui les eut fait.

ARTICLE 4.

Conséquemment à ceci, les deux monarques contractants se promettent mutuellement dans les susdits cas de guerre de ne point ajuster ni paix ni trêve avec l'Angleterre si ce n'est en même temps et d'un commun consentement et de se communiquer fidèlement et promptement telles propositions que ce soit, directes ou indirectes tendantes à la paix qu'on fasse à l'un ou à l'autre.

ARTICLE 5.

Si le susdit jour 1er mai 1762 Sa Majesté très chrétienne n'a pas conclu sa paix avec le roi d'Angleterre, comme le cas de l'offre que S. M. catholique lui a fait de déclarer ainsi la guerre se vérifierait pour lors, S. M. T. C, promet à Sa Majesté catholique de lui remettre dès ce même moment l'île de Minorque avec la place de Mahon qu'il a conquise sur les Anglais, convenant les deux monarques secrètement d'avance afin que des troupes espagnoles passent l'occuper et que les troupes françaises qui y seront en garnison se retirent. S. M. T. C. conservera en dépôt la susdite île et place pendant la guerre et S. M. T. C. consent que la monarchie espagnole recouvre à la paix cette possession qui en a été démembrée, si Dieu bénissait leurs armes combinées de façon qu'elles ne fussent point obligées à la restituer.

ARTICLE 6.

La première chose que les deux hauts contractants devront faire, le cas arrivant de se joindre pour la guerre contre les Anglais, est de tâcher que le roi T. F. se joigne à eux, comme il le doit, puisque ses sujets souffrent plus que les autres du joug que la nation anglaise cherche à mettre à toutes celles qui ont une navigation et qui possèdent des domaines outre-mer. Il ne serait point juste que l'Espagne et la France se sacrifiassent à l'avantage du Portugal et que celui-ci non seulement ne les aidât point, mais qu'il continuât à enrichir son ennemi et à lui donner asile dans ses ports. Dans cette ferme supposition ils lui déclarent, en cas qu'il donne lieu d'en venir à cette extrémité, qu'il est indispensable qu'il ne reste point indifférent dans la guerre, mais on doit espérer qu'il se rendra plutôt à la raison et aux persuasions des deux monarques contractants, et en particulier du roi catholique eu égard à la parenté immédiate et à la sincère amitié qui les unit.

ARTICLE 7.

Il y a d'autres puissances maritimes intéressées également à abattre l'orgueil des Anglais par les raisons qui ont été alléguées, mais dont l'indifférence n'est pas si préjudiciable aux deux contractants, ni si irrégulière que celle du Portugal. C'est pourquoi, si quelque autre voulut prendre part dans la querelle, on l'écoutera et on l'admettra de commun accord, mais on ne l'y obligera point.

ARTICLE 8.

Il peut arriver que la cour britannique s'empresse à déclarer la guerre à l'Espagne sur les soupçons ou jalousies que pourrait lui causer l'union de ses affaires à celles de la France, comme il a été stipulé dans l'article second. Les deux hauts contractants déclarent que soit pour cette raison ou pour telle autre que l'Espagne entreprenne avec l'Angleterre conjointement avec la France avant l'époque déterminée du 1er mai 1762, se vérifient également et doivent avoir lieu les obligations réciproques contractées dans tous les articles précédents de la même façon que si la guerre à l'Espagne lui était venue pour avoir été déclarée en vertu de l'article premier du susdit jour 1er mai 1762.

ARTICLE 9.

Comme il convient à la dignité et sûreté de l'infant Don Philippe duc de Parme, frère du roi catholique, beau-fils et cousin du roi T. C. de sauver le point de la réversion du Plaisantin que le roi de Sardaigne réclame se fondant sur le traité d'Aix-la-Chapelle, les deux monarques promettent par amitié pour le susdit infant duc de lui procurer quelque récompense proportionnée au droit, et de plus S. M. T. C. parce qu'elle a offert à S. M. sarde et S. M. C. pour faire honneur à l'offre de S. M. T. C.

ARTICLE 10.

La nature des articles de cette convention prouve d'elle-même qu'ils doivent être conservés secrets. Les deux hauts contractants se le promettent ainsi l'un à l'autre et si quelque jour il convenait de le communiquer en tout ou en partie, cela devra être d'un consentement réciproque.

ARTICLE 11.

Cette convention sera ratifiée par les deux contractants et les ratifications échangées dans ce terme d'un mois ou plus tôt si faire se peut.

APPENDICE III

CONVENTION *du 2 janvier 1768, entre les cours de France et d'Espagne pour l'intelligence de l'article 24 du Pacte de famille et autres points relatifs à la navigation des deux nations*[1].

Au nom de la très sainte et indivisible Trinité Père, Fils et Saint-Esprit. Ainsi soit-il.

L'article 24 du Pacte de famille conclu le 15 août 1761 entre Sa Majesté très chrétienne et Sa Majesté catholique n'ayant pas assez clairement énoncé les avantages réciproques dont les Français et les Espagnols devaient jouir dans les royaumes respectifs et Leurs Majestés très chrétienne et catholique ne voulant laisser subsister à cet égard aucune incertitude, mais bien au contraire fixer invariablement le sens dans lequel le dit article doit être entendu et exécuté par rapport à la navigation et au commerce des deux nations, Leurs Majestés très chrétienne et catholique ont donné leurs pleins pouvoirs, savoir Sa Majesté très chrétienne au marquis d'Ossun chevalier de ses ordres, grand d'Espagne de la première classe, maréchal des camps et armées de Sa Majesté, conseiller d'Epée dans son Conseil d'Etat et son ambassadeur extraordinaire et plénipotentiaire auprès du roi catholique, et Sa Majesté catholique au marquis de Grimaldi, chevalier des ordres de la Toison d'Or et du Saint-Esprit gentilhomme, de sa Chambre avec exercice, son conseiller d'Etat, son premier secrétaire d'Etat et des Affaires étrangères et surintendant général des Postes. Lesquels, informés des dispositions de leurs souverains respectifs et après s'être communiqués leurs pleins pouvoirs, ont signé la Convention dont la teneur s'en suit.

Ayant mûrement réfléchi sur la négociation qui a donné lieu au Pacte de famille, on a vu clairement que l'esprit de ce traité par rapport au commerce et à la navigation des deux souverains a été non seulement d'assurer par le dit traité aux Français et aux Espagnols les avantages réciproques dont ils jouissaient en vertu des Conventions et des Traités qui existaient entre les deux couronnes depuis et y compris celui

1. Papiers de l'abbé Béliardi, Bibl. Nat., mss. F. fr. 10766, f°s 473-501.

des Pyrénées, mais encore de procurer aux deux nations des avantages bien supérieurs à ceux dont elles jouissaient auparavant, comme il paraît évidemment par l'article 24 du Pacte de famille dont la teneur s'en suit :

Article 24 du Pacte de famille célébré à Paris le 15 août 1761;

« Les sujets des hautes parties contractantes seront traités relativement au commerce et aux impositions dans chacun des deux royaumes en Europe comme les propres sujets du pays où ils aborderont et résideront, de sorte que le pavillon espagnol jouira en France des mêmes droits et prérogatives que le pavillon français et pareillement que le pavillon français sera traité en Espagne avec la même faveur que le pavillon espagnol. Les sujets des deux monarchies en déclarant leurs marchandises payeront les mêmes droits qui seront payés par les nationaux, l'importation et l'exportation leur sera également libre comme aux sujets naturels et il n'y aura de droits à payer de part et d'autre que ceux qui seront payés par les propres sujets du souverain, ou de matière sujette à confiscation que celles qui seront prohibées aux nationaux eux-mêmes ; et pour ce qui regarde ces objets, tous traités, conventions ou engagements antérieurs entre les deux monarchistes resteront abolis, bien entendu que nulle autre puissance étrangère ne jouira en Espagne non plus qu'en France d'aucun privilège plus avantageux que celui des deux nations. »

Il résulte de la teneur de cet article que les deux cours ayant voulu resserrer plus fortement les liens qui les unissent, formeront le projet de ne faire des Français et des Espagnols qu'un seul et même peuple, afin que de la communication réciproque des avantages dont chaque nation jouit dans son propre pays, il s'établit en faveur du commerce et de la navigation des deux royaumes une telle combinaison d'avantages qu'aucune autre nation étrangère ne fût plus favorisée que les sujets respectifs dans les domaines des deux souverains.

N'étant donc pas juste que les doutes qui ont pu s'élever sur l'intelligence et l'interprétation du dit article 24 privent les Français en Espagne et les Espagnols en France de continuer à jouir de tous les privilèges, exemption et droits dont ils jouissent avec ledit Pacte et dont jouissent en vertu de leurs traités de paix et de commerce les nations les plus favorisées, attendu qu'ils n'y ont pas renoncé et que ces mêmes doutes soient un obstacle pour qu'ils ne participent pas aux privilèges, droits, exemptions et prérogatives dont les propres sujets jouissent dans chaque royaume puisqu'ils leurs sont devenus communs et réciproques en vertu du Pacte de famille, à cet effet on est convenu de ce qui suit :

Article premier.

Afin que la France ne soit pas privée en Espagne des avantages dont jouit le commerce des autres nations en vertu des traités qui les favorisent et surtout de celui célébré à Utrecht entre l'Espagne et l'Angleterre en l'année 1713 dans lequel est rappelé celui de l'année 1667 avec les articles explanatoires de l'année 1715 et autres postérieurs qui leur sont relatifs, tandis que l'esprit du Pacte de famille a été d'améliorer considérablement le commerce des Français et des Espagnols, on est convenu que tous les privilèges, prérogatives et grâces dont jouissent les autres nations, et qui sont contenus et détaillés dans les susdits traités, quoiqu'ils ne soient pas indiqués dans le Pacte de famille, subsisteront en faveur des Français, dans toute leur force et vigueur tant qu'il ne sera pas fait entre les deux cours un nouveau traité de commerce, comme s'ils avaient été directement arrêtés entre les deux couronnes. La même chose doit s'entendre pour toutes les grâces, distinctions et prérogatives qui seraient accordées dans la suite au commerce des autres nations, dans la supposition qu'on ne refusera pas en France aux Espagnols les mêmes prérogatives et toutes celles que cette couronne pourrait accorder pour quelque autre motif à d'autres puissances.

Article 2.

Il a été convenu que tous les privilèges que l'une des deux couronnes accorderait dans ses domaines d'Europe, îles adjacentes et Canaries en faveur de la navigation et du commerce de ses propres sujets seront aussitôt communs aux deux nations, de manière qu'elles jouiront sans aucune différence des diminutions de droits qu'il y a ou qu'il y aura à l'avenir tant en France qu'en Espagne sur l'entrée et sortie des bâtiments nationaux, sur les droits d'arimage, tonnelage et lestage ainsi que sur les marchandises, les denrées et les comestibles qui s'embarqueront ou qui viendront au nom et à la consignation des naturels du pays, sans qu'il y ait entre les deux nations aucune préférence pour les frêts, ni l'obligation pour l'exportation et le commerce de certaines marchandises et denrées de devoir se servir précisément des seuls bâtiments nationaux, ainsi que Sa Majesté très chrétienne l'a fait observer en faveur des bâtiments espagnols, à l'occasion de l'exportation et du libre commerce des grains.

Article 3.

Les pêches sur les côtes de France et d'Espagne seront également communes aux deux nations à condition que les Français et que les Espagnols s'assujettiront respectivement, dans les endroits où ils se détermineront de pêcher, aux lois, statuts et pragmatiques qui se trouveront établies pour les pêcheurs nationaux, conformément à ce qui a été décidé et prescrit par Sa Majesté catholique dans ses ordonnances du 12 mai 1742 pour la pêche des tartanes françaises sur la côte et baie de Cadix et du 27 janvier 1766 pour les pêcheurs des côtes de Catalogne et de Provence.

ARTICLE 4.

Comme il est survenu depuis l'année 1760 plusieurs doutes sur l'intelligence des privilèges, les Français ayant prétendu que conformément au traité de l'année 1649 et surtout particulièrement aux articles 10, 14 et 15 de celui des Pyrénées, leurs bâtiment fussent maintenus dans la possession où ils étaient de n'être pas visités par les officiers des rentes et des douanes sous quelque prétexte que ce fût, et d'un autre côté la cour d'Espagne ayant prétendu que selon l'article du traité d'Utrecht elle était en droit de faire visiter les bâtiments français dans la forme prescrite par le dit article qui s'observe à l'égard des Anglais. on est convenu que, quant à la visite des bâtiments, on se conformera désormais à ce qui est porté par le dit article 10 du traité d'Utrecht et que pour ce qui concerne le débarquement et la visite des marchandises, on se conformera aux règles prescrites par l'article onzième dudit traité. A cet effet on a inséré ici, mot à mot les dits deux articles afin qu'on n'en puisse pas prétendre cause d'ignorance et pour qu'ils servent de règle aux administrateurs des rentes et des douanes.

Article 10 du traité de commerce entre l'Espagne et l'Angleterre fait en 1667 et inséré dans celui d'Utrecht de l'année 1713.

« Que les vaisseaux ou autres bâtiments appartenant au roi de la Grande-Bretagne ou à ses sujets et habitants qui navigueront dans les domaines du roi d'Espagne ou qui entreront dans quelqu'un de ses ports, ne seront pas visités par les ministres ou juges de la contrebande ou par toute autre personne agissant de sa propre autorité; il ne sera point mis de soldats, hommes armés ou autres officiers à bord d'aucun des dits vaisseaux ou bâtiments avant qu'ils soient déchargés ou qu'ils aient mis à terre la partie des marchandises qu'ils ont résolu de débarquer dans le port. Le capitaine, maître ni aucune autre personne desdits vaisseaux ou bâtiments ne pourront être emprisonnés ni leurs vaisseaux arrêtés, mais dans l'intervalle, les officiers royaux et de la douane pourront rester à bord des dits bâtiments en n'excédant pas le nombre de trois, pour veiller à ce qu'il ne soit pas débarqué des dits navires aucuns effets et marchandises sans avoir payé les droits qui seront réglés par ces articles, lesquels officiers ne seront point à la charge du navire ou navires, bâtiment ou bâtiments, de leurs officiers, matelots, compagnies, marchands, facteurs ou propriétaires, et lorsque le maître ou patron aura déclaré qu'il débarquera toute la cargaison de son navire dans quelque port la déclaration et la remise des dites marchandises se fera à la douane en la forme usitée. Si, après qu'elle aura été faite, il se trouve dans les dits navires quelques effets au delà de ceux contenus dans la dite déclaration on accordera huit jours de termes qui seront comptés en excluant les fêtes depuis celui où la décharge aura commencé afin de déclarer et d'introduire les dits effets non manifestés et de les sauver de la confiscation, et si l'introduction n'en est pas faite dans ledit terme, alors les effets particuliers qui se trouveront à bord, encore que la décharge n'ait pas encore été terminée, seront confisqués seulement et non les autres, sans que les marchands et propriétaires des dits navires soient molestés ni chatiés en aucune chose et si les dits navires ou bâtiments sont chargés ils pourront sortir librement. »

« Article 11 du traité fait avec l'Angleterre en l'année 1713. »

Les capitaines des bâtiments marchands qui entreront dans quelque port d'Espagne seront obligés de remettre dans l'espace de 24 heures après leur arrivée deux déclarations ou inventaires des marchandises qu'ils auront apportées ou de la partie qu'ils voudront décharger dans le port; savoir une déclaration au receveur ou commissaire de la douane, l'autre au juge de la contrebande; ils ne pourront pas ouvrir les écoutilles avant ou qu'ils aient été visités ou que le receveur de la douane leur en ait accordé la permission; ils ne pourront décharger aucunes marchandises sous d'autre prétexte que celui de les faire transporter directement à la douane, suivant cette permission qu'à cette fin on leur aura remise par écrit; il ne sera pas permis à aucun des juges de la contrebande ou autres officiers de la douane d'ouvrir sous quelque prétexte que ce soit les ballots, caisses, barriques ou autres paquets de quelques marchandises que ce soit appartenant aux sujets de la Grande-Bretagne, pendant qu'on les transporte à la douane, et avant d'y être arrivées; puisque cette opération doit se faire dans la même douane devant le propriétaire des marchandises ou commis qui sera chargé d'en payer les droits et de les retirer; mais les juges de la contrebande ou ses préposés pourront assister à l'opération de la décharge des marchandises aussi bien que dans la douane, lorsqu'on reprend les registres et qu'on les dépêche. S'il y avait cependant, quelque soupçon de fraude ou qu'on remarquât qu'on veut faire passer une marchandise pour une autre, les juges pourront faire ouvrir tous les ballots, caisses ou barriques, pourvu que cela se passe dans la douane même et non ailleurs, mais toujours en présence du marchand ou de son commis, non autrement. Lorsque les marchandises auront été dépêchées dans la forme susdite, et que les caisses, barriques ou autres ballots dans lesquels elles se trouveront renfermées auront été marqués du sceau et du plomb de la douane, aucun juge de la contrebande ou autres officiers ne pourront plus les faire ouvrir ou empêcher que le marchand les fasse transporter chez lui; ils ne pourront pas non plus, sous quelque prétexte que ce soit, empêcher que les marchandises expédiées de la façon susdite puissent être échangées d'une maison ou d'un magasin à un autre dans les murailles ou enceintes de la même ville ou village, pourvu que ce transport se fasse depuis 8 heures du matin jusqu'à 5 heures du soir; ils devront cependant prévenir les officiers des Alcavales y Cientos du motif de ces changements, c'est-à-dire si c'est pour les vendre afin que les droits des Alcavales y cientos qui n'auraient pas été payés soient perçus sur les lieux ou dans l'endroit où les marchandises seront vendues ou afin qu'on délivre au marchand ou à un commis le passavant ou acquit à cautions suivant l'usage. Dans tout le reste, la liberté et le droit qui a été accordé de pouvoir passer les marchandises d'un port à l'autre ou d'un village à l'autre sera conservée dans toute sa force en vigueur, pourvu que ce transport se fasse dans les domaines du roi d'Espagne tant par terre que par mer et sous les conditions spécifiées dans l'article 5 de ce traité. »

Pour ôter toute espèce de difficulté sur la manière d'entendre et d'exécuter les articles 10 et 11 du traité d'Utrecht, on est convenu que tous navires, soit français, soit espagnols qui vont dans un port de l'une ou l'autre puissance, seront tenus ainsi qu'il est prescrit par ledit article 10 de donner leur déclaration dans les 24 heures de leur arrivée : après cette déclaration, que le vaisseau soit de transit ou chargé pour le même port, les employés de la douane seront mis à bord n'excédant pas le nombre de trois ; on donnera la permission de décharger et à commencer du jour du débarquement, le capitaine aura huit jours en excluant ceux des fêtes pour réformer sa déclaration ou pour redresser les omissions et erreurs qui auraient pu la rendre défectueuse ; après lesquels huit jours expirés, les administrateurs des douanes ou employés de fermes auront la faculté de faire la visite une seule fois et pas davantage, laquelle visite se dirige à vérifier à bord du bâtiment, la déclaration de la cargaison faite à la douane et dans le cas qu'il aurait à bord des dits navires quelques marchandises de contrebande, elles devront être déclarées dans les 24 heures de l'arrivée du bâtiment, sans que par rapport aux dites marchandises de contrebande la déclaration en puisse être réformée ; de sorte que celles qui n'auront pas été déclarées seront confisquées, sans que les capitaines des dits navires puissent profiter pour les dites marchandises de commerce illicite des huit jours de grâce accordés pour le reste du chargement. Le surplus desdits articles 10 et 11 du traité d'Utrecht sera exécuté suivant sa forme et teneur.

ARTICLE 5.

Ayant établi dans l'article précédent la manière dont on devra procéder généralement à la visite de fondeo et à la garde des bâtiments, les deux cours ont jugé à propos de convenir et de déclarer que les règles prescrites par l'article 10 du traité d'Utrecht auront seulement lieu pour les bâtiments qui excèdent la portée de cent tonneaux, mais que quant à ceux dont la portée est moindre de cent tonneaux, ils pourront être visités après avoir donné le manifeste de leur cargaison sans qu'on soit obligé d'attendre les huit jours écoulés pour les autres bâtiments, soit que la décharge ait commencé ou non ou qu'elle soit entièrement achevée ; cependant pour éviter qu'on n'abuse pas de cette visite arbitraire, il conviendra qu'elle ne soit pas répétée sans qu'il y ait quelque soupçon bien fondé qu'on a pu introduire quelques effets de contrebande dans ces bâtiments au-dessous de cent tonneaux et si par le manifeste, il appert que la cargaison de ces bâtiments est en tout ou en partie en marchandises prohibées ou de contrebande, l'administrateur de la douane pourra exiger que le capitaine les fasse descendre à terre afin d'éviter qu'elles ne soient vendues dans le temps que le bâtimant restera dans le port; bien entendu qu'elles lui seront rendues au moment de son départ sans exiger aucun droit de dépôt ni lui occasionner le moindre faux frais; en cas de contrebande, l'équipage et le bâtiment ainsi que les autres effets de libre commerce seront traités quant à la peine suivant ce qui a été déjà établi dans l'article dixième du traité d'Utrecht sans qu'il soit fait sur ce point aucune différence entre les vaisseaux inférieurs et ceux au-dessus de cent tonneaux, parce que tous également doivent être compris indistinctement dans les dispositions portées par les dits articles. Les administrateurs de la douane seront toujours tenus de procéder à tous ces actes visés et précautions d'accord avec le consul conformément à ce qui sera réglé dans l'article sixième de la présente convention, leur présence et leur intervention étant absolument nécessaires pour éviter toute espèce de violence et de mal entendu, sous peine de donner pour nulles toutes les provisions et saisies qu'il sera vérifié avoir été pratiquées ou faites sans avoir observé cette formalité précise, à moins qu'on ne prouve que le consul a manqué d'y assister par sa faute après avoir été dûment averti. Ces règles fixant de part et d'autre les visites arbitraires, on les adoptera également en France pour les bâtiments espagnols de même nature et portée.

Article 6.

Les consuls, vice-consuls, députés, etc... étant les interprètes naturels de la nation qu'ils représentent, il a été ci-devant décidé qu'ils devraient accompagner les capitaines, maîtres et patrons dans tout ce qu'ils auront à faire pour le manifeste de leurs marchandises, dépêches de patentes et lettres de mer, comme aussi les ministres de la douane lorsqu'ils doivent aller à bord des bâtiments pour y pratiquer la visite de fondeo; on est en conséquence convenu qu'elle observera cette pratique sans restriction, omission et qu'en outre aucun juge du pays ne pourra prendre la déclaration d'un capitaine, patron ou autre que ce soit de l'équipage d'un bâtiment, sans que le consul y soit présent, parce que c'est le seul moyen d'éviter toute espèce de surprise et désagrément et d'obtenir que la justice s'administre sans opposition; car il est prescrit par les ordonnances à tous les navigateurs d'obéir aux consuls et de les respecter comme leurs supérieurs immédiats le tout conformément à l'article 6 du traité de 1725; bien entendu qu'on devra indiquer une heure précise au consul et que s'il tardait à intervenir lui-même ou à envoyer une personne qui le représente l'obligation portée par cet article sera aussi remplie, puisque ce sera sa faute de n'avoir pas assisté aux dites procédures.

Article 7.

Comme on a obligé quelquefois les capitaines à prendre pratique et à débarquer leurs marchandises malgré eux ou contre la volonté de leurs consignataires, on est convenu qu'il sera toujours libre au capitaine de faire ou de ne pas faire son débarquement à moins que son chargement ne consiste en blé, auquel cas la nécessité publique du port où il relâchera pourra donner droit sur son chargement en le lui payant, selon les circonstances et les prix.

Article 8.

Les officiers de douanes retardent souvent, sans aucune cause légitime, la dépèche des chargements ou l'examen des marchandises qui doivent être chargées ou introduites ; afin d'éviter les préjudices qui s'en suivent au commerce, il a été convenu qu'on observera ce qui a été prescrit sur cette matière par les traités et qu'en outre on recommandera et qu'on tiendra la main à ce que les dites dépèches soient expédiées dans le terme le plus court qu'il sera possible et qu'on préviendra les administrateurs de ne donner aucun motif de plainte sur un objet aussi important pour le commerce.

Article 9.

Ayant remarqué que quelques administrateurs des douanes, malgré ce qui est stipulé dans l'article 11 du traité d'Utrecht rapporté ci-dessus, obligeaient les capitaines à payer les droits des marchandises qu'ils déclarent devoir consigner ou vendre dans un autre port de la côte, il a été convenu qu'on ordonnera expressément aux dits administrateurs de s'abstenir de cette vexation et de percevoir uniquement les droits sur les marchandises qui se débarquent dans le port laissant que les droits de celles qui ne le sont pas réellement soient acquittés dans des ports pour lesquels elles sont destinées ; toutefois il y aura dans les dits ports des bureaux de douane, établis pour les percevoir, défendant également auxdits administrateurs de rompre ni de visiter les chargements et les ballots qui auront été déclarés être destinés pour un autre port ou pour un autre pays.

Article 10.

Il est convenu par les traités qu'on doit ajouter foi aux certificats, patentes, polices et lettres de mer tant pour ce qui regarde la santé du vaisseau et de son équipage que la qualité des changements et les lieux d'où ils proviennent : les administrateurs et officiers de la douane sans s'écarter de ces règles feront dans la douane même l'examen qu'ils jugeront convenable, mais une fois que les marchandises auront été dépêchées, on ne pourra plus empêcher les consignataires et acheteurs d'en disposer par vente ou autrement ou de les envoyer d'un endroit à l'autre pourvu qu'elles soient accompagnées des dépêches ou acquis à caution légitimes ; et dans le cas où on s'apercevrait de quelque faute, on procédera contre ceux qui peuvent y avoir donné lieu, défendant contre le commerce toute perquisition qui peut en altérer l'ordre et la bonne foi avec laquelle il se fait.

Article 11.

Les capitaines sont tenus de déclarer de bonne foi les marchandises qu'ils apportent de contrebande ou celles qui sont prohibées dans le port où ils entrent, et il leur sera permis dès qu'ils auront donné le manifeste de leur changement de garder à bord les marchandises prohibées, sous condition cependant de fournir, lorsqu'ils iront prendre leur patentes pour leur départ, une pleine satisfaction aux employés de douane, sur l'existence à leur bord, des effets prohibés et, dans le cas que pour plus grande sûreté les capitaines ou employés des douanes voulussent les faire mettre à terre, ils pourront l'exécuter en les mettant par voie de dépôt à la douane et les y retenir jusqu'au moment du départ du bâtiment sans exiger des droits ni causer aucun dommage.

Article 12.

Afin de combiner autant qu'il est possible la liberté du commerce avec les précautions nécessaires pour éviter qu'à la faveur des privilèges et exemptions rapportés ci-dessus, on n'en prenne occasion de faire un commerce illégitime, et de frauder les droits dus aux finances des deux couronnes, il a été établi par l'article 11 du traité d'Utrecht que toutes les marchandises saisies en contrebande actuelle seront confisquées sans que pour cela le navire, le capitaine et son équipage soient détenus, ni que les autres marchandises de son chargement soient mêlées ni comprises dans la confiscation. En conséquence de quoi il a été convenu entre la France et l'Espagne que les seuls effets qui seront saisis dans le moment de leur introduction ou exportation en contrebande seront confisqués et que de plus, si celui qui les introduit est pris à terre, il sera procédé contre lui, quoiqu'il soit de l'équipage du vaisseau, sans que pour cela on puisse retenir le bâtiment ni procéder contre le reste de l'équipage.

Article 13.

Il arrive souvent que les vaisseaux, pour se garantir des accidents qu'on éprouve à la mer ou de la poursuite de l'ennemi, se voient contraints d'entrer dans un port, sans que leur chargement y soit destiné ; il a été convenu que les motifs de ces relâches n'étant point supposés, mais réels, il est conforme à la bonne foi et à l'humanité de permettre qu'on dépose à terre les marchandises et qu'on les transborde sur un autre bâtiment pour éviter qu'elles ne dépérissent, en y procédant néanmoins avec la permission et l'intervention des employés des douanes, sans que pour le dépôt pour le transbordage il soit payé aucuns droits ni occasionné d'autres frais que ceux des loyers et magasins qui seront nécessaires pour réparer les avaries et mettre le bâtiment en état de continuer sa navigation, mais ces cas qui sont dictés par la nécessité ne doivent pas être confondus avec les transbordages des marchandises qui se font avec la permission des employés de douanes, à titre de vente et pour la convention du commerce en payant les droits établis.

ARTICLE 14.

Il a été déclaré par une ordonnance de Sa Majesté catholique du 17 juillet 1751, adressée à l'intendant de la Marine de Cadix que toutes les fois que quelque bâtiment français échouerait dans les plages et ports de la côte de son royaume pour tempête ou autre accident ayant à son bord le tout ou partie de son équipage, et dans lesquels endroits il y aurait le consul ou vice-consul de la même nation, on leur laissait le soin de pratiquer tout ce qu'ils jugeraient convenable pour sauver le vaisseau, son chargement et appartenance pour le magasinage des marchandises, frais et autres choses qui aient rapport à cet incident; sans que les ministres, officiers de marine, de terre, et les justices ordinaires s'en mêlent autrement que pour faciliter aux consuls, vice-consuls et capitaines des vaisseaux échoués tous les secours et faveurs qui leur seront demandés pour la sécurité et la sûreté du sauvetage de tout ce qui sera possible et afin d'éviter les désordres et les vols qui accompagnent régulièrement ces incidents fâcheux. On est en conséquence convenu qu'on observera à l'avenir avec les bâtiments français, la pratique établie par ladite ordonnance du 17 juillet 1751. Et afin d'éviter toute espèce de compétence dans les discussions des naufrages, on est convenu que toutes les fois qu'on aura besoin de l'intervention du juge pour la légalité de l'inventaire, authenticité des effets naufragés, leurs dépôts et autres incidents qui pourraient faire soupçonner la conduite du capitaine, pilotes et autres conducteurs des vaisseaux échoués, cette juridiction sera privativement exercée en Espagne par les ministres de la Marine et en France par les juges de l'Amirauté, comme il est prescrit dans les ordonnances de la marine des deux couronnes. Les marchandises sauvées du naufrage devront être déposées à la douane avec inventaire, afin que devant être réapportées pour leur destination, elles soient embarquées sans payer aucune espèce de droits d'entrée ou de sortie.

ARTICLE 15.

Étant également nécessaire de régler avec uniformité dans tous les ports d'Espagne les frais et droits, à l'occasion de la visite de santé, qui ont été jusqu'à présent imposés et perçus arbitrairement avec une grande différence d'un port à un autre, il a été convenu qu'on demanderait aux capitaines généraux et aux gouverneurs des ports une note exacte de ces droits pour en dresser avec connaissance le tarif qui sera rendu public afin de prévenir toute vexation.

ARTICLE 16.

Les bâtiments français sont assujettis dans quelques ports d'Espagne à une visite appelée l'Inquisition, laquelle ne laisse pas que d'occasionner des droits onéreux à la navigation. Pour éviter la surcharge qui en pourrait résulter pour le commerce, on est convenu qu'on ordonnerait à l'inquisiteur général d'exposer et de faire connaître authentiquement les droits que sous prétexte ou sous le nom de l'Inquisition on perçoit sur les bâtiments qui entrent dans les ports d'Espagne et d'en spécifier le pavillon afin de pouvoir, avec connaissance de cause, arrêter ces abus et disposer qu'il ne soit pas perçu sur les Français d'autres droits que ceux que peuvent contribuer à ce titre les Anglais, les Hollandais et les autres nations du Nord.

ARTICLE 17.

On sait que dans les mers de Catalogne, et dans les terres limitrophes à la France, on exige sur les bâtiments et sujets français des droits appelés de Llenda sans que les naturels du pays y soient assujettis. On est convenu de faire vérifier dans quels ports de la principauté de Catalogne et dans quels passages des Pyrénées on perçoit les dits droits de Llenda, afin de pouvoir soulager de cet impôt les sujets et les bâtiments français dans le cas que les naturels du pays en soient exempts ; bien entendu que les sujets espagnols ne payeront dans les frontières de France limitrophes d'Espagne d'autres droits que ceux que payent les naturels français.

ARTICLE 18.

Sa Majesté catholique, ayant égard à l'exemption de droits accordés à sa marine dans les ports de France pour les vivres et effets qu'elle serait dans le cas d'y prendre pour son service ou par réciprocité a rendu une ordonnance le 21 juillet 1765, par laquelle ce monarque supprime la perception des droits sur les vivres et effets dont les vaisseaux de Sa Majesté très chrétienne se trouveraient avoir besoin dans les ports d'Espagne, et en conséquence il a été convenu de ratifier par cet article, les dites déclarations afin qu'elles aient leur entier effet et vigueur pour tout le temps qu'on jugera à propos de les observer de part et d'autre.

ARTICLE 19.

Rien n'est plus préjudiciable au service et au commerce maritime que la désertion des matelots pendant que les vaisseaux sont dans les ports ; on est convenu à cet effet qu'il ne soit point donné d'asile aux matelots qui déserteront les dits bâtiments et qu'on ne consentira pas que les matelots qui se retirent avec passeport et conduite des consuls à leurs départements, prennent parti dans les troupes de terre ; mais au contraire, les gouverneurs, justices, chefs militaires de terre et de mer, seront tenus de donner main forte et secours pour les arrêter et remettre au consul ou aux bâtiments qui les réclament.

Article 20.

La célérité avec laquelle on a désiré déterminer cette convention pour mettre fin aux disputes qui se sont élevées dans les ports respectifs entre les navigateurs et les employés des rentes n'ayant pas permis d'y insérer différents articles essentiels qui regardent le commerce des deux nations et qui exigent un examen plus long et plus réfléchi, on est convenu de discuter et de régler ces points séparément pour établir ce qu'on devra observer à leur égard pour le plus grand avantage des sujets des deux couronnes, et on a déclaré que dans chaque article de la présente convention doit être sous-entendu le droit de la réciprocité comme s'il y était expressément stipulé, afin que les Français en Espagne et les Espagnols en France soient traités et puissent y commercer suivant les règles qui y sont établies.

Article 21.

Cette convention doit être regardée comme faisant partie du Pacte de famille, attendu que ce qui l'a motivée a été l'interprétation de l'article 24 dudit Pacte, mais on est convenu que les 20 articles qui ont été dressés à ce sujet resteront secrets entre les deux cours, promettant chacune de son côté de donner des ordres et prendre des mesures suivant que les cas particuliers l'exigeront et y donneront naturellement lieu, pour que les gouverneurs des places maritimes, les administrateurs des douanes et autres officiers chargés de leur exécution s'y conforment et se règlent suivant ce qui a été convenu et expliqué dans lesdits articles et conventions ; auquel effet Leurs Majestés très chrétienne et catholique ont offert de le ratifier dans la forme la plus authentique pour sa plus grande force et validité. En foi de quoi, Nous ministres plénipotentiaires de Sa Majesté très chrétienne et de Sa Majesté catholique soussignés en vertu des pleins pouvoirs qui sont transcrits littéralement et fidèlement au bas de la présente convention, nous l'avons signée et avons opposé les cachets de nos ordres.

Ecrit à Madrid ce 2 janvier mil sept cent soixante-huit.

APPENDICE IV

CONVENTION DU 13 MARS 1769[1] SUR LES CONSULS

Pour mieux éclaircir les fonctions des consuls et vice-consuls de France et d'Espagne dans les ports et domaines respectifs des deux couronnes, cette convention a été arrêtée, réglée et signée par messire Pierre-Paul Chevalier, marquis d'Ossun, grand d'Espagne de première classe, conseiller d'État d'épée de Sa Majesté très chrétienne, chevalier de ses ordres, maréchal de ses camps et ses armées, et son ambassadeur extraordinaire et plénipotentiaire auprès de Sa Majesté catholique et don Gérôme de Grimaldi, chevalier de l'insigne ordre de la Toison et de celui du Saint-Esprit, gentilhomme de la Chambre de Sa Majesté catholique avec exercice, son conseiller d'État, son premier secrétaire d'État et des dépêches, surintendant général des courriers et postes au dedans et au dehors de l'Espagne, en vertu des ordres respectifs de leurs souverains.

Article premier.

Les consuls qui seront nommés doivent être admis et reconnus réciproquement, en présentant des provisions ou patentes de leur souverain et en obtenant l'exequatur ou dépêche d'approbation du prince chez qui ils doivent résider. Ils devront présenter les deux susdites dépêches aux gouverneurs ou justices du pays où ils doivent exercer leurs fonctions, comme on l'a pratiqué ou qu'on a dû le pratiquer jusqu'à présent.

Article 2.

Les consuls étant sujets du prince qui les nomme jouiront de l'immunité personnelle sans qu'ils puissent être arrêtés ni traduits en prison, excepté le cas de crime atroce, et celui où les consuls seraient des négociants, puisque pour lors cette immunité personnelle doit seulement s'entendre pour dettes ou autres causes civiles, qui n'impliquent

1. Papiers de l'abbé Beliardi, Bibl. Nat., F. fr. 10766, f°s 545-655.

pas crime ou presque crime ou qui ne proviennent pas du commerce qu'ils exercent par eux-mêmes ou par leurs commis, mais en correspondance, les consuls ne devront pas manquer aux attentions dus aux gouverneurs, magistrats et juges qui représentent le roi et la justice. Ils seront exempts du logement des gens de guerre, excepté le cas de nécessité absolue et lorsque toutes les maisons du lieu, sans exception d'aucune, seraient occupées, et ils ne pourront être assujettis à aucune charge et service personnel. Il leur sera permis de porter l'épée et la canne comme un ornement extérieur de leur personne ; ils pourront placer au-dessus de la porte extérieure de leur maison un tableau sur lequel sera peint un vaisseau avec une inscription qui dira : *Consul de France* ou *Consul d'Espagne*: bien entendu que cette marque extérieure ne pourra jamais être interprétée comme un droit d'asile, incapable de soustraire la maison et ceux qui l'habitent aux poursuites de la justice du pays, mais uniquement comme un signe pour indiquer aux matelots et aux nationaux le logement de leur consul. On ne pourra pas toucher, sous quelque prétexte que ce soit, à leurs papiers ni a ceux de leurs chancelleries, à moins que le consul ne soit négociant ; auquel cas pour les affaires qui regardent son commerce, on se comportera avec lui conformément à ce qui a été déterminé dans les traités au sujet des négociants étrangers transeuntes. Et quand la justice du pays aura besoin de prendre quelque déclaration juridique du consul, on y procédera, par la voie du tribunal de guerre, où il s'en trouvera, et à défaut par la justice ordinaire, et le gouverneur ou juge ordinaire sera tenu de lui envoyer d'avance un compliment de politesse pour le prévenir de la nécessité dans laquelle on se trouve d'aller chez lui, afin de prendre quelques déclarations qui intéressent la police et l'administration de la justice, mais le consul ne pourra retarder l'exécution des dites démarches, s'excuser ni prétendre d'en déterminer le jour et l'heure.

Article 3.

En vertu de la faculté qu'ont les consuls de nommer les vice-consuls pour les différents ports de leur département et supposer l'approbation du souverain territorial qu'ils devront solliciter suivant la formule, après avoir exhibé ces deux pièces au gouverneur ou justice du lieu où ils doivent servir, ils seront reconnus pour vice-consuls. On leur permettra de porter comme aux consuls l'ornement de la canne et de l'épée, et l'exercice des fonctions de vice-consuls à tous ceux que les consuls présenteront dans la forme susdite, et il leur sera libre de nommer, à ces places, des naturels du pays, conformément à l'ordonnance établie à ce sujet et à ce qui a été convenu entre les deux couronnes.

Article 4.

Les consuls et vice-consuls pourront se transporter à bord des vaisseaux de leur nation, dès qu'ils auront été admis à pratiquer, questionner les capitaines et équipages, vérifier leurs rôles, leur prendre des déclarations sur leur route, destination et accidents qui leur seraient arrivés à la mer, les accompagner à la douane, chez les ministres et officiers du pays, pour leur servir d'agents et d'interprètes, dans les affaires qu'ils ont à suivre et à solliciter. Et ayant été déterminé que les gens de justice, gardes et officiers de la douane ne pourront jamais se transporter à bord d'aucun bâtiment sans être accompagnés du consul ou du vice-consul il leur sera particulièrement enjoint de ne pas manquer aux heures marquées ni aux rendez-vous qui leur seront indiqués par la justice et chefs de la douane, toutes les fois que ces officiers devront se transporter à bord de quelques vaisseaux, accompagnés du consul ou vice-consul, car s'ils manquaient au rendez-vous et aux heures indiquées, on ne sera pas tenu de les attendre.

Article 5.

Les consuls et vice-consuls ne s'ingéreront pas dans les affaires des vaisseaux de leur nation autrement que pour accommoder par voie d'arbitrage les différends qui peuvent survenir entre les capitaines et les équipages relativement au temps de leur service, frêt et salaires, et ils ne se mêleront pas autrement ni d'autre façon des différends entre leurs nationaux transeuntes, que lorsque ceux-ci viendront se soumettre volontairement à l'arbitrage du consul ou vice-consul, laissant à chacun d'eux soit capitaines, matelots ou nationaux transeuntes le droit d'avoir recours à la justice du pays, lorsqu'ils se sentiront préjudiciés ou opprimés par le consul ou vice-consul.

Article 6.

Ils auront le droit de réclamer les matelots et de dénoncer à la justice du pays les vagabonds transeuntes de leur nation, afin qu'on procède contre eux, conformément au droit, aux traités et aux ordonnances du souverain territorial ; on leur donnera main forte pour faire arrêter et garder ces sortes de gens dans les prisons du pays, en pourvoyant à leur subsistance, jusqu'à ce que le gouvernement consente de le leur remettre pour les renvoyer dans leur pays : bien entendu que les matelots qu'on vérifierait avoir déserté de leurs bâtiments, ou ceux qui se restituent à leurs pays avec passe ports et conduite des consuls pour se rendre à leur département ne pourront être pris ni engagés, mais au contraire seront rendus sans difficulté à leur bannière ou au consul qui les réclamera à moins qu'ils n'aient commis quelque crime qui les rende répréhensibles de la justice du pays où ils seront réclamés.

Article 7.

Il a été déclaré par une ordonnance de Sa Majesté catholique du 17 juillet 1751, adressée à l'intendant de la marine de Cadix, que toutes les fois que quelque bâtiment français échouerait dans les places et ports de la côte de son royaume, par tempête ou autre accident, ayant à son bord le tout ou partie de son équipage et dans lesquels endroits il y aurait un consul ou vice-consul de la même nation, on leur laissât le soin de pratiquer tout ce qu'ils jugeront convenable pour sauver le vaisseau, son chargement et appartenances pour le magasinage des marchandises, frais et autres choses qui aient rapport à cet incident, sans que les ministres, officiers de marine, de terre et les justices ordinaires puissent s'en mêler autrement que pour faciliter aux consuls, vice-consuls et capitaines des vaisseaux échoués tous les noms et faveurs qui leur seront demandés pour la célérité et la sûreté du sauvetage de tout ce qui sera possible et afin d'éviter le désordre et les vols qui accompagnent régulièrement ces accidents fâcheux ; on est convenu qu'on observera à l'avenir avec les bâtiments français en Espagne et respectivement et réciproquement en France avec les bâtiments espagnols la pratique établie par ladite ordonnance du 17 juillet 1751, et afin d'éviter toute espèce de compétence dans les discussions des naufrages, on est convenu que toutes les fois qu'on aura besoin de l'intervention du juge pour la légalité de l'inventaire, authenticité des effets naufragés, leurs dépôts et autres incidents qui pourraient faire soupçonner la conduite des capitaines, pilotes et autres conducteurs des vaisseaux échoués : cette juridiction sera privativement exercée en Espagne par les ministres de la Marine et en France par les juges de l'amirauté, comme il est prescrit dans les ordonnances de la marine des deux Couronnes. Les marchandises sauvées du naufrage devront être déposées à la douane avec inventaire, afin que, devant être réexportées pour leur destination, elles soient embarquées sans payer aucune espèce de droits d'entrée ni de sortie.

Article 8.

Les successions des Français transeuntes en Espagne ainsi que des Espagnols transeuntes en France morts avec testament ou *ab intestat* seront liquidés par les consuls ou vice-consuls aux termes des articles 33 et 34 du traité d'Utrecht ; le produit entier en sera remis aux héritiers soit qu'ils se trouvent sur les lieux, ou absents, sans que le tribunal de la Croisade ou autre juge ecclésiastique puisse se mêler dans de pareilles successions. Cependant, pour vérifier et sauver les droits et intérêts que pourrait déduire contre les mêmes successions quelque sujet territorial ou d'autre nation, en qualité de créancier ou autrement, la juridiction militaire, s'il y en a sur les lieux, et à son défaut la justice ordinaire procédera avec l'intervention du consul ou vice-consul et non autrement, à former l'inventaire et à veiller et pourvoir à ce que les effets des dites successions soient mis en dépôt pour la sûreté du droit des parties intéressées, chez un ou plusieurs négociants du consentement et de la satisfaction du consul, conformément audit article 34. Les consuls ou vice-consuls auront la faculté de vérifier les fonds, effets ou biens quelconques appartenant de quelque manière que ce soit à leurs souverains respectifs.

ARTICLE 9.

Les éclaircissements convenus et les droits au privilège spécifiés en faveur des consuls et vice-consuls français et espagnols réciproquement serviront dorénavant de règle fixe ou invariable pour les affaires respectives sans qu'il en puisse citer d'autre pacte ou instrument par rapport aux objets qui sont traités dans les articles précédents. Et si quelqu'autre nation voulait participer à la présente convention, pour en jouir en Espagne ou pour alléguer quelqu'une ou quelques-unes des des déclarations que contient ladite convention ou quelqu'un ou quelques-uns des droits ou privilèges qu'elle accorde aux consuls et vice-consuls français et espagnols, Sa Majesté catholique ne s'y refusera pas sous la condition précise que telle nation prétendante accède en même temps, en tout et pour tout, en ce qui touche l'Espagne à la présente convention, afin que la nation qui se rendra habile à jouir des avantages de la dite convention, s'assujettisse en même temps aux obligations qu'elle prescrit, Sa Majesté catholique ne s'opposant point à ce que les uns et les autres soient communs et réciproques, parce que son seul désir est d'établir à cet égard des règles fixes et raisonnables pour éviter les embarras et les discussions relatives aux fonctions et au service des consuls et vice-consuls.

ARTICLE 10.

Cette convention sera ratifiée par Sa Majesté très chrétienne et par Sa Majesté catholique et les ratifications respectives seront échangées dens le terme de quarante jours à compter de celui de sa date. En foi de quoi, nous les soussignés marquis d'Ossun et marquis de Grimaldi et en conformité des ordres de nos maîtres, avons signé le présent instrument de convention et y avons apposé le sceau de nos armes.

Au Prado, le 13 mars 1769.

APPENDICE V

ÉCRIT DE LA CHUTE DU DUC DE CHOISEUL, MINISTRE DE LOUIS XV, ENVOYÉ PAR L'AMBASSADEUR VÉNITIEN A SON GOUVERNEMENT

Prince Sérénissime,

Durant l'espace de 12 ans et un mois que le duc de Choiseul fut ministre, son influence ainsi que celle de ses proches ne firent que s'accentuer, leur fortune devint considérable et ils furent comblés d'honneurs. On ne serait pas surpris de sa ruine et de celle de son cousin secrétaire d'Etat de la marine, qui en est la conséquence, si ce n'était à l'époque où l'Angleterre menaçait l'Espagne d'une guerre à laquelle la France aurait dû prendre part en s'unissant avec l'Espagne, en raison du Pacte de famille. Selon l'opinion universelle on ne pouvait s'attendre à ce que le ministre fût alors renvoyé, car on le croyait favorable à la paix et d'accord en cela avec les désirs de son souverain.

On affirme qu'il a été de connivence avec le Parlement, ainsi que pourraient le faire supposer les rapports particuliers qu'il entretenait avec certains parlementaires; bien que ses partisans aient prétendu que ses relations n'avaient d'autre objet que d'amener les parlementaires à se conformer aux édits royaux. Toutefois, sa conduite étant suspecte à la cour, ce fait seul aurait suffi à amener sa disgrâce.

Mais celui qui connaît mieux et de plus près la marche des affaires peut supposer que non seulement il cherchait à faire naître les vrais obstacles qui auraient pu produire un empêchement à l'entente avec l'Angleterre, mais qu'il feignait seulement de se montrer partisan de la paix, afin de pouvoir préparer une rupture qui lui aurait valu le grade de maréchal de France, seule distinction qui lui manquait et à laquelle son ambition tenait essentiellement.

On l'accuse encore d'avoir contribué pour une grande part à la ruine des finances par des dépenses politiques comme par exemple la guerre suscitée entre la Porte et la Russie, guerre qui certainement n'a produit jusqu'à présent que des avantages pour le commerce de cette nation; en outre il s'était rendu odieux aux personnes qui l'approchaient, lesquelles ne lui pardonnaient pas de n'avoir pas su par lui le ton prédominant à la cour et en faveur auprès du souverain afin de pouvoir y adapter leur conduite.

Comme j'ai eu l'honneur de vous le dire dans ma dernière lettre, il est exilé dans sa terre en Touraine avec toutes les rigueurs qui se rattachent à cette mesure. Il ne peut donc voir que ses parents les plus proches. Ainsi plusieurs personnes de la haute distinction qui sous le couvert de parenté ont essayé de se rendre auprès de lui n'y sont pas parvenues.

Il fut question ces jours derniers de la suppression du bénéfice de l'évêque d'Orléans par la cour, et du retrait du gouvernement de Paris à M. de Sartine, deux personnalités de son parti, mais les bruits de disgrâce de ces deux sujets sont aujourd'hui plus modérés. Cependant en modifiant actuellement le système de cabinet en France, il est possible que le remplacement général des personnages qui étaient en relation avec le premier ministre amène un progrès comme conséquence naturelle. Un fait certain, c'est que depuis la chute du duc les parlementaires sont venus à l'envi faire leur cour au chancelier de la Couronne, et celui-ci semblait disposé à s'employer auprès de son souverain pour obtenir quelques adoucissements aux édits émis de sorte qu'il y a lieu d'espérer de voir se rétablir la bonne entente sans laquelle la cour serait acculée à prendre des mesures extrêmes.

Paris, le 31 décembre 1770.

ALVISE MOCENIGO, 5e Anbr Dado.

Dépêches des ambassadeurs vénitiens Filza 252 ff. 209, 210. Bibl. Nat. Fonds Italien, 1977.

APPENDICE VI

LETTRE DE LA DUCHESSE DE CHOISEUL A LA DUCHESSE D'ANVILLE

Chanteloup, 14 novembre 1771.

Vous me conseillez, vous me rassurez, Madame, sur l'effet de ce malheureux mémoire qui m'a fait tant de peine ; on dit qu'il n'est pas répandu dans le public. Tant qu'il restera dans l'obscurité, il vaut mieux s'en taire ; s'il paraît, je vous serais bien obligée, Madame, de dire ce que vous en savez et ce que vous en pensez ; mais j'ai à présent bien autre chose en tête, car il nous arrive tous les jours de nouvelles chicanes qui sont pour moi autant de sujets d'alarmes ou de douleur ; vous savez peut-être que M. l'abbé Beliardi, consul de France en Espagne est rappelé ; mais vous ignorez sans doute la cause de son rappel. La voici :

J'ai en Espagne une créance de mon grand-père contractée par Philippe V ; il y a quelques années que je me suis avisée de réclamer cette créance. Le roi peut le savoir, s'il l'a voulu, parce que comme il me paraissait fort innocent de demander mon dû, toutes les lettres que j'ai écrites à ce sujet à l'abbé Béliardi et les mémoires que je lui ai adressés l'ont été par la poste. M. de Choiseul refusa alors de joindre son nom au mien, de m'accorder sa protection dans la poursuite de mon affaire et me défendit même d'en parler à M. l'ambassadeur d'Espagne, ne voulant pas que son crédit influât ou parût influer sur la décision du conseil de Madrid et la détermination de Sa Majesté catholique ; il me permit seulement de la suivre auprès du consul de France obligé par sa place à veiller aux affaires contentieuses des Français ; avec ces petits moyens vous croyez bien que mon affaire a cheminé aussi petitement tant qu'a duré le ministère de M. le duc de Choiseul. Quand il est sorti de place, ne voyant plus les mêmes motifs de délicatesse pour l'empêcher de suivre les intérêts de la fortune de sa femme, il s'est mis au fait de cette affaire, l'a crue juste, a cru pouvoir et devoir en tirer parti, en a parlé avec M. de la Borde quand il est venu, qui, par ses relations avec l'Espagne et la connaissance qu'il a de la manière dont on y fait suivre les affaires, pouvait lui rendre de grands services par ses conseils. M. de la Borde lui en a donné en effet et a chargé M. Noguez, son beau-frère qui, étant à Bayonne, était plus à portée de veiller à ce qui se passe en Espagne, de suivre l'affaire et de lui en rendre compte. En conséquence, la correspondance à ce sujet s'est établie entre l'abbé Béliardi, M. Noguez, M. de la Borde et M. de Choiseul. Dernièrement l'abbé Béliardi a envoyé à M. Noguez, une lettre pour M. de Choiseul où il lui rend compte de l'état de son affaire. M. Noguez, pour je ne sais quelle raison, s'est imaginé d'envoyer cette lettre à M. de Choiseul, par un courrier ayant la plaque de courrier du cabinet. M. de Choiseul, en répondant à l'abbé Béliardi par le courrier de M. Noguez, écrit à celui-ci qu'il a mal fait de lui envoyer un courrier, parce que c'est un moyen qui peut être suspect au gouvernement et qu'il a encore plus mal fait de lui faire prendre la plaque de courrier du cabinet parce qu'il n'en avait pas le droit. M. de Noguez, en écrivant à M. de la Borde à Paris, lui rend compte de ce petit incident et c'est par lui qu'il a été su qu'on avait envoyé un courrier à M. de Choiseul et que ce courrier avait sa plaque de courrier du cabinet. Beau prétexte pour les ennemis de M. de Choiseul de broder, d'envenimer et de dire tout ce qu'il leur plaisait, quoiqu'ils sussent parfaitement bien que ce courrier et cette correspondance était aussi étrangère à la politique que la lettre que j'ai l'honneur de vous écrire! En conséquence, ils ont si bien rendu la chose au roi que le roi en sortant du conseil a dit à M. de Boynes : « *Il faut rappeler tout à l'heure l'abbé Béliardi.* » Voilà Madame, ce que j'appelle un vrai malheur d'occasionner celui d'un galant homme. C'en est d'ailleurs un grand pour le roi de perdre dans cette affaire l'homme qui l'y avait servi le mieux et qui pouvait l'y servir le mieux par son zèle, ses lumières et la considération qu'il a en Espagne. Cette aventure est encore une de celles que je ne confie qu'à vous et à la poste ; mais si on lui donnait des motifs et des interprétations différentes, je vous serais infiniment obligée de vouloir bien dire la vérité pour l'honneur de l'abbé Béliardi qui peut bien perdre sa place, mais non pas son honneur, parce qu'on ne dispose pas aussi arbitrairement de l'honneur que des places.

TABLE DES MATIÈRES

CHARTRES. — IMPRIMERIE DURAND, RUE FULBERT.

CHARTRES. — IMPRIMERIE DURAND, RUE FULBERT.

www.ingramcontent.com/pod-product-compliance
Ingram Content Group UK Ltd.
Pitfield, Milton Keynes, MK11 3LW, UK
UKHW012024240726
13965UKWH00002B/558